Linnea Dayton   Jack Davis

Photoshop-Praxis

Tricks und Techniken
für den effektiven Einsatz
von Adobe Photoshop

Aus dem Amerikanischen übersetzt
von Helmut Kraus

Durchgehend farbig illustriert
Mit Diskette

Springer-Verlag

Berlin Heidelberg New York
London Paris Tokyo
Hong Kong Barcelona
Budapest

Autoren
Linnea Dayton
Jack Davis
Peachpit Press, Inc.
2414 Sixth Street
Berkeley, CA 94710
USA

Übersetzer
Helmut Kraus
Siegfriedstraße 26
40549 Düsseldorf

Titel der amerikanischen Originalausgabe:
The Photoshop Wow! Book
© 1993 by Linnea Dayton and Jack Davis/Peachpit Press
All rights reserved.

ISBN 3-540-56838-7 Springer-Verlag Berlin Heidelberg New York

Die Deutsche Bibliothek - CIP-Einheitsaufnahme. Dayton, Linnea: Photoshop-Praxis: Tricks und
Techniken für den effektiven Einsatz von Adobe Photoshop / Linnea Dayton; Jack Davis. Aus dem
Amerikan. übers. von Helmut Kraus. – Berlin; Heidelberg; New York; London; Paris; Tokyo; Hong
Kong; Barcelona; Budapest: Springer, 1994
Einheitssacht.: The photoshop wow! book <dt.>
ISBN 3-540-56838-7
NE: Davis, Jack:

Die Wiedergabe von Gebrauchsnamen, Handelsnamen, Warenbezeichnungen usw. in diesem Werk
berechtigt auch ohne besondere Kennzeichnung nicht zu der Annahme, daß solche Namen im
Sinne der Warenzeichen- und Markenschutz-Gesetzgebung als frei zu betrachten wären und daher
von jedermann benutzt werden dürften.

Die in diesem Buch vorgestellten Beispielprogramme dürfen ohne Genehmigung und weitere Ver-
gütungen als Grundlage für die Erstellung kommerzieller Programme verwendet werden. Werden
die Beispielprogramme erweitert, so darf die Copyright-Erklärung im Quelltext der Beispielprogramme um eigene Urheberrechtserklärungen erweitert werden. Die Verwendung der Quelltexte für
Schulungen oder Publikationen ist, auch bei auszugsweiser Verwendung, grundsätzlich genehmi-
gungs- und vergütungspflichtig.

Der Springer-Verlag ist nicht Urheber der Beispielprogramme, sondern stellt diese nur zur Verfügung. Der Verlag weist darauf hin, daß Software nicht fehlerfrei erstellt werden kann; der Leser muß
daher die Korrektheit der Beispielprogramme in geeigneter Weise überprüfen.

Umschlaggestaltung: Konzept & Design, Ilvesheim
Satz: Reproduktionsfertige Vorlage vom Autor und Übersetzer
Druck und Einband: Appl, Wemding
33/3140 – 5 4 3 2 1 0 – Gedruckt auf säurefreiem Papier

*Shilawn Williams gewidmet,
die vielleicht eines Tages ihr
eigenes Buch schreiben wird.*

Linnea Dayton

*All den Künstlern und Desi-
gnern, die in die Welt der neu-
en, kreativen Kommunikations-
medien vordringen; unserer
Familie und unseren Freunden;
und der Quelle aller Kreativität,
die uns in ihrer unermeßlichen
Güte erlaubt, am Akt der
Schöpfung teilzuhaben.*

Jack and Jill Davis

DANKSAGUNGEN

Dieses Buch wäre ohne ein hohes Maß an Unterstützung nicht möglich gewesen. Zuallererst möchten wir den Photoshop-»Künstlern«
danken, die uns die Erlaubnis gaben, ihre Arbeiten in diesem Buch
vorzustellen und die angewandten Techniken zu beschreiben; sie
sind im Anhang namentlich aufgeführt. Wir sind darüber hinaus vielen Photoshop-Experten zu Dank verpflichtet, deren Arbeiten nicht
in diesem Buch erscheinen, die aber ihr Wissen und ihre Erfahrung
mit Photoshop zur Verfügung stellten, wie unter anderen Russell
Brown, Daniel Clark, Robert Swartzbach, Michael Ulrich und Mark
Siprut. Wir bedanken uns bei Adobe System Inc. für die intensive
Unterstützung, insbesondere durch Steve Guttman, Jeff Parker, Rita
Amladi, LaVon Peck und den Leuten vom technischen Support, die
uns beschwören, die Entwicklung der Version 2.5 abzuwarten, uns
mit Beta-Versionen versorgten und uns bei der Beantwortung techni-
scher Fragen zur Seite standen.

Aufrichtiger Dank gilt den Mitarbeitern unseres Dienstleistungs-
büros, Laser Express in San Diego, denen es große Freude bereitete,
unsere PageMaker-Dateien mit Aldus PrePrint zu separieren und auf
ihrem Belichter auszugeben, und die diese Aufgabe meisterhaft ausführten. Auch wissen wir den Zeitaufwand und die fortwährenden
Bemühungen der Leute von Color 4, einem Farbseparationsstudio in
San Diego, zu schätzen, die bei unserem ersten Versuch nicht unbe-
trächtliche Zeit damit verbrachten, ihren Belichter auf unsere Page-
Maker-Dateien abzustimmen.

Auch unseren Freunden und unseren Familien sei Dank ausgespro-
chen, die während der anstrengenden Zeit niemals ihre Unterstützung versagten und uns nur ab und zu daran erinnerten, daß es
neben diesem Buch auch andere Dinge im Leben gibt. Auch sind wir
unseren Kollegen sehr dankbar, die sich während der ganzen Zeit des
Projekts, das sehr viel länger dauerte als ursprünglich veranschlagt, in
Geduld übten oder andere, brachliegende Aufgaben wahrnahmen.

Zu guter Letzt danken wir von ganzem Herzen Jill Davis, dem dritten Mitglied in unserem Team, einem der überzeugendsten und kom-
petentesten menschlichen Wesen, das wir kennen. Sie gestaltete den
Satz der amerikanischen Ausgabe und leitete deren Produktion, vom
groben Layout bis hin zum fertigen Film. Wir wüßten nicht, was wir
ohne sie getan hätten.

INHALT

VORWORT DES ÜBERSETZERS

Obwohl ich bereits einige Bücher vom Amerikanischen ins Deutsche übertragen habe, und auch Autor ebensovieler eigener Computerbücher bin, stellte die Arbeit am Photoshop Wow! Book doch etwas ganz Besonderes dar – dies aus zweierlei Gründen. Einerseits schien es anfangs, daß die Vorgaben des Springer-Verlages nicht einzuhalten seien. Der deutsche Text sollte in das Original-Layout hineinmontiert werden, so daß für die Produktion des Buches lediglich die Schwarzfilme neu anzufertigen und mit den Filmen für die übrigen Prozeßfarben zu montieren wären. Grund dafür war, daß die amerikanischen Autoren nicht die hochauflösenden Bilddateien weitergeben konnten. Dieses eher technisch wirkende Problem löste eine Kette von weiteren Schwierigkeiten aus, die besondere Anforderungen an den deutschen Text stellte (die übersetzten Textpassagen durften nicht wesentlich länger sein als die Originaltexte) und auch die Eindeutschung der Abbildungen einschränkte. Alle vierfarbig gedruckten Dialogfelder mußten entweder so belassen werden oder aber durch ein in Graustufen dargestelltes Dialogfeld der deutschen Photoshop-Version ersetzt werden. Im Buch sind daher teilweise auch Dialogfelder abgebildet, die die amerikanische Programmversion zeigen. Dies alles soll weniger als Entschuldigung dienen, als vielmehr auf die Probleme aufmerksam machen, die bei jeder Übersetzung auftauchen und unter Berücksichtigung der unterschiedlichen Aspekte von Verlag, Übersetzer und Leser bewältigt werden müssen.

Die Arbeit am Wow!-Buch war aber auch in anderer Hinsicht etwas Besonderes. **The Photoshop Wow! Book** zeigt eindrucksvoll, daß das Medium Buch auch im Zeitalter des Computers noch nichts an Attraktivität und Effektivität eingebüßt hat. Zwar handelt das Buch von Photoshop und damit im weitesten Sinne von Computerthemen, auch wäre seine Entstehung ohne Computereinsatz undenkbar, und doch hat der Computer das interessanterweise auch von Computeranwendern am meisten favorisierte Informationsmedium noch nicht abgelöst. Das vorliegende Buch zeigt, wie Bücher auch in Zukunft ihre Berechtigung gegenüber den neuen Medien beweisen können.

Helmut Kraus

Januar 1994

WILLKOM-MEN IM PHOTOSHOP-PRAXIS-BUCH

ADOBE PHOTOSHOP ist eines der leistungsstärksten Werkzeuge der visuellen Kommunikation für Personalcomputer. Das Programm hat den Horizont von Designern und Illustratoren um bisher nicht dagewesene Möglichkeiten der Farbbildverarbeitung erweitert, in der Fotos lediglich das »Rohmaterial« für kreativere Veredelungsformen darstellen. Fotografen können ihrer Kunst nun am Bildschirm nachgehen, ohne Chemikalien verwenden zu müssen. Arbeitsabläufe wie Vergrößern, Beschneiden und Farbkorrekturen lassen sich im Programm so leicht vornehmen wie nie zuvor. Darüber hinaus eignet sich Photoshop zur Synthese von Oberflächenstrukturen, Mustern und Spezialeffekten, mit denen sich Fotos, Grafiken oder Videosequenzen wirkungsvoll aufbereiten lassen.

Bald schon erledigten wir mehr als 90 Prozent unserer täglichen Arbeit mit Photoshop. Wir konnten beobachten, wie auch Kollegen intensiv mit dem Programm experimentierten, trauten bei den auf dem Bildschirm erscheinenden Verwandlungen unseren Augen kaum, waren begeistert von den Werkzeugen, Funktionen und den Kurzbefehlen, die komplizierteste Veränderungen im Handumdrehen ausführten, und bewunderten schließlich die Ergebnisse vieler Photoshop-Anwender, bei denen alle Fähigkeiten des Programms in erstaunlicher Weise kombiniert wurden. Die Begeisterung, die wir durchgängig vernehmen konnten, fand ihren Ausdruck in einem einzigen Wort: »Wow!« Es dauerte nicht lange, da entschlossen wir uns, ein Buch zu Photoshop zu schreiben. Was lag also näher, als es *The Photoshop Wow! Book** zu nennen?

Der Rest des Buches schrieb sich nicht so selbstverständlich. Kurz nachdem wir mit der Arbeit begonnen hatten, erfuhren wir von Adobe, daß »bald« eine neue Version auf den Markt kommen würde. Da die Step-by-step-Anleitungen genau und auf dem neuesten Stand sein sollten, entschieden wir uns, das Update abzuwarten. Nun, wir warteten länger als geplant, und als die Version 2.5 endlich erschien, waren die Veränderungen so umfangreich, daß wir viele Abschnitte überarbeiten oder neu schreiben mußten. Falls Sie zu denjenigen gehören, die dieses Buch bisher vergeblich in den Regalen der Buchhändler suchten, danken wir für Ihre Geduld. Wir glauben, das Warten hat sich gelohnt.

* *The Photoshop Wow! Book* ist der Titel der amerikanischen Originalausgabe.

Anmerkung des Übersetzers

ÜBER DIESES BUCH

Das Buch bietet in fünffacher Weise Information über die aktuelle Version 2.5: (1) Grundlagen über die Arbeitsweise der Photoshop-Werkzeuge und -Funktionen, (2) praktische Tips für schnelleres und

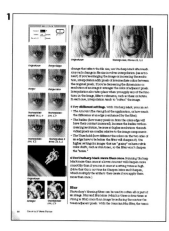

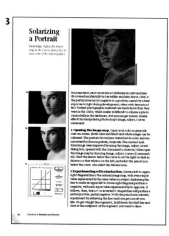

einfacheres Arbeiten, (3) Step-by-step-Anleitungen zum Nachvollzie-
hen der vorgestellten Beispiele, (4) Sammlungen von Beispielen er-
fahrener Photoshop-Anwender am Ende jedes Kapitels und (5) Bezugsadressen für Werkzeuge, Utilities, Bilder und andere Produkte,
die den Wert von Photoshop steigern und seine Anwendung vereinfachen.

1 Die **Grundlagen**-Abschnitte geben Auskunft über die Arbeitsweise der Photoshop-Funktionen. Das *Photoshop-Praxis*-Buch ist nicht
als ein Ersatz für das *Adobe-Photoshop-Handbuch* gedacht, das ein ex-
zellentes Nachschlagewerk darstellt (es war schon immer gut, aber
für die neue Version ist es noch besser geworden). Vielmehr haben
wir einige der wichtigsten Grundlagen zusammengefaßt und da, wo
es uns nötig erschien, einen Sachverhalt etwas näher erläutert. Dahinter steht die Überzeugung, daß das Verständnis einer bestimmten
Funktionsweise ihre Anwendung erleichtert und auch das Gespür für
neue Anwendungsmöglichkeiten schärft. Unser Ziel ist es, einen
Blick »unter die Motorhaube« zu gewähren, um unseren Lesern Hil-
festellung für eine Leistungs- und Produktivitätssteigerung zu geben.

2 Weitere greifbare Information zur Steigerung der Effizienz findet
sich im ganzen Buch in Form der **Tips**. Die Tips sind leicht an der
Überschriftzeile zu erkennen. Diese komprimierten Hinweise stellen
zum einen unabhängige Texte dar und stehen zum andern meist in
einem inhaltlichen Zusammenhang mit den auf der gleichen Seite
beschriebenen Grundlagen oder Techniken. Wir haben sie dort
plaziert, wo es uns am sinnvollsten erschien. Der Anwender erfährt
auch dann viel Nützliches, wenn er nur die Tips liest.

3 Die auf ein bis vier Seiten in einer Step-by-step-Anleitung beschriebenen **Techniken** lassen sich in Photoshop einfach nachvollzie-
hen. Unser Ziel war es, ausreichend schriftliche und bildliche Information zu bieten, so daß das Nachblättern im Handbuch überflüssig
wird. Aber um nicht mit Wiederholungen zu langweilen, setzen wir
grundlegende Kenntnisse in der Bedienung eines Macintosh voraus
(wie beispielsweise Dateien geöffnet und gesichert werden). In einigen Fällen haben wir uns auf die Beschreibung bestimmter Verfahren konzentriert, anstatt alle Techniken des Projekts zu erklären.
Einige der Beispiele wurden eigens zu Demonstrationszwecken erstellt, andere sind Illustrationen oder Teile von Illustrationen, die
Profis entwickelt und veröffentlicht haben. Bei den Illustrationen,
die mit älteren Photoshop-Versionen erstellt wurden, haben wir die
Beschreibung der Technik für die Version 2.5 aktualisiert.

Die einzelnen Schritte der Anleitung sind numeriert und von
Abbildungen begleitet. Der erste Schritt beschreibt kurz die Aus-
gangslage. Falls zu einem Thema mehr Information gewünscht ist,
sollte im Stichwortverzeichnis nachgeschlagen werden.

4 Die **Beispielsammlungen** am Ende jedes Kapitels sollen den
Leser inspirieren. Jedes Bildbeispiel wird mit Hintergrundinforma-
tion und mit einer kurzen Beschreibung seiner Entstehung ergänzt.

4

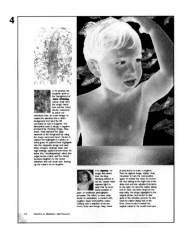

5

Viele der in den Beispielsammlungen kurz angerissenen Methoden werden an anderer Stelle in diesem Buch ausführlicher beschrieben. Auch hier hilft das Stichwortverzeichnis bei der Suche.

5 Im Anhang am Ende dieses Buches finden sich **Bezugsadressen** für ergänzende Software, Photoshop-Zusätze und anderes.

Das Motto dieses Buches heißt »Experimentieren«. Einsteigern sollen die in diesem Buch vorgestellten Techniken und Beispiele zu einem guten Start mit dem Programm verhelfen, alten Hasen können sie ungeahnte Einblicke und neue Anregungen geben. Wir hoffen, daß die vorgestellten Verfahren und Tips als Sprungbrett für eigene kreative Experimente dienen können.

Linnea Dayton
Jack Davis

im Juni 1993

PHOTOSHOP-GRUND-LAGEN

ZEIT FÜR DAS UPGRADE

Für den Fall, daß auf dem eingesetzten Rechner noch nicht System 7 oder eine neuere Betriebssystemversion installiert ist, bietet sich jetzt die Möglichkeit, dies für die Arbeit mit Photoshop 2.5 nachzuholen. Obwohl Photoshop 2.5 auf jedem Macintosh ab System 6.0.7 lauffähig ist, empfiehlt Adobe eine Systemversion mit einer 7 vor dem Punkt, weil das Programm unter dem neuen Betriebssystem ein »stabileres« Verhalten zeigt.

Im Dialogfeld Über diesen Macintosh unter dem Apple-Menü wird der größte freie RAM-Block angezeigt. Photoshop-Programmsymbol markieren, Ablage, Information, wählen und Photoshop soviel Speicher zuweisen wie nur möglich.

PHOTOSHOP-ANWENDER, die noch über wenig Erfahrung mit der Bildbearbeitung verfügen, erhalten in diesem Kapitel ein paar allgemeine Tips, wie das Programm leichter und effizienter eingesetzt werden kann. Aber es soll weder das *Adobe-Photoshop-Handbuch* noch den *Lehrgang* als Informationsquellen für umfassendes Grundlagenwissen ablösen. Anwender, die bereits mit früheren Photoshop-Versionen vertraut sind, können sich in diesem Kapitel über einige Neuerungen des Upgrades informieren.

RECHNER, SPEICHER UND GESCHWINDIGKEIT

Photoshop-Dateien neigen zu enormer Datengröße. Um die Farbe jedes einzelnen Punktes, aus denen ein Bild aufgebaut ist, zu speichern, fällt eine Unmenge an Information an. So kann es bisweilen einige Zeit beanspruchen, eine Datei zu öffnen (die Daten in den Arbeitsspeicher (RAM) des Computers zu laden) oder einen besonderen Effekt anzuwenden (was komplizierte Farbberechnungen an allen Bildpunkten bedeuten kann). Photoshop benötigt für die Berechnungen an einem Bild viel Arbeitsspeicher – die Version 2.5 beansprucht sogar mehr RAM als frühere Versionen. Obwohl Photoshop auch auf kleineren, langsameren und weniger leistungsstarken Systemen eingesetzt werden kann, arbeitet das Programm doch am besten auf einem schnellen Rechner mit großem Arbeitsspeicher, mit der Möglichkeit zur fotorealistischen Farbdarstellung und mit einer sehr großen und schnellen Festplatte.

Photoshop 2.5 kann auf einem Mac SE/30, jedem Typ der Mac-II-Serie, einem Performa, Quadra, Centris oder einem neueren, farbfähigen Mac mit Festplatte betrieben werden. Der Rechner muß mindestens über 4 MB RAM verfügen, obgleich Adobe mehr als 5 MB RAM empfiehlt, damit Photoshop seine Leistung entfalten kann. In der Praxis bedeutet das, daß der Rechner mit 8 MB RAM oder mehr bestückt sein sollte. Um in den Genuß einer fotorealistischen Farbdarstellung zu gelangen, wird ein Farbmonitor benötigt und der Mac muß mit einer 24-Bit-Grafikkarte ausgestattet sein.

Falls Photoshop nicht genügend Arbeitsspeicher zum Bearbeiten einer Datei zur Verfügung steht, kann das Programm auf die Festplatte zurückgreifen. In einem solchen Fall spielen der freie Speicherplatz auf der Festplatte (er sollte dem 3- bis 5fachen der Datengröße der zu bearbeitenden Datei entsprechen) und die Datentransferrate des Festplattenlaufwerks (die Geschwindigkeit, mit der die Daten von der Festplatte gelesen werden) eine wichtige Rolle. Um sich zu vergewissern, wieviel Speicher auf der Festplatte noch frei ist, braucht nur ein

Fortsetzung auf Seite 2

Photoshop-Dateien lassen sich auf dem Schreibtisch leichter identifizieren, wenn das Bild in Miniaturausgabe als Dateisymbol erscheint (nur unter System 7). Auswahl: Ablage, Grundeinstellungen, Allgemeine, Bild als Dokumentsymbol sichern.

Mit niedriger Auflösung zu arbeiten, spart Zeit und Speicherplatz. Verschiedene Abbildungen für den Umschlag des Healthy Traveler Book *wurden mit 72 dpi ausgearbeitet und erst später mit hoher Auflösung weiterverarbeitet (siehe Kapitel 9).*

Um Photoshop effizienter nutzen zu können, sollte die Größe des Volumecache reduziert werden. Der Volumecache ist ein Bereich im Arbeitsspeicher, den das System für die Speicherung der Programmsegmente vorsieht, auf die zuletzt zugegriffen wurde, und von denen es erwartet, daß sie erneut benötigt werden. Auswahl unter System 7: Apple-Menü, Kontrollfelder, Kontrollfeld Speicher. Einstellung: Volumecache auf die kleinstmögliche Größe, Virtueller Speicher auf Aus.

leerer Ordner (im Finder Inhalt nach Symbolen auswählen) offen auf dem Schreibtisch abgelegt zu werden, so daß er bei der Arbeit in Photoshop stets sichtbar bleibt (siehe Abbildung unten).

ZEITSPARENDES ARBEITEN

Wenn der Rechner mit ausreichend Arbeitsspeicher und einer schnellen Festplatte ausgestattet ist, können weitere Maßnahmen für ein schnelleres Arbeiten mit Photoshop ergriffen werden:

- **Mit niedriger Auflösung beginnen.** Oftmals kann die Planung und der Entwurf eines Bildes in einer Datei mit niedrigerer Auflösung vorgenommen werden, als letztlich für die Ausgabe benötigt wird. (Wie die geforderte Auflösung ermittelt wird, wird weiter unten im Abschnitt »Auflösung« beschrieben.) Eine niedrige Auflösung verringert die Rechenzeit für die am Bild vorgenommenen Veränderungen. Auch wenn einige Modifikationen an der hochauflösenden Datei wiederholt werden müssen, können bestimmte Veränderungen als Einstellungen in den Dialogfeldern gespeichert, anschließend geladen und mit einem Mausklick auf die größere Datei angewendet werden. So lassen sich beispielsweise die Einstellungen einiger der nützlichsten Funktionen im Untermenü

Die Kontrollpaletten für Pfade (Zeichenstift), Information, Farben, Werkzeugspitzen und Kanäle stehen, ohne viel Platz auf dem Bildschirm zu beanspruchen, für die Direktauswahl zur Verfügung. Die Paletten lassen sich mit einem Klick auf das Erweiterungsfeld in der rechten oberen Ecke hochklappen und anschließend platzsparend an den Rändern des Bildschirms anordnen. Wird dabei die Wahltaste gedrückt, bleibt nur noch die Titelleiste der Palette in der Anzeige. Soll die Palette wieder zur Auswahl geöffnet werden, kann sie mit einem erneuten Klicken auf das Erweiterungsfeld wieder aufgeklappt werden.

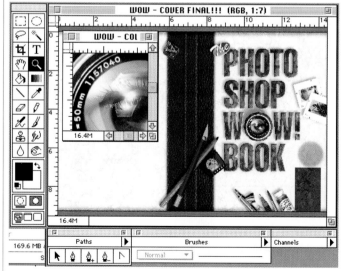

Eine Anordnung, um effizient auf einem 13"-Monitor in Photoshop zu arbeiten. Eingeblendet sind: die meisten Paletten, ein zweites Fenster für eine vergrößerte Darstellung, die Lineale, ein Ordner zur Anzeige des verfügbaren Festplattenspeichers

Einstellen des Menüs Bild, Tonwertkorrektur, Gradationskurven, Farbton/Sättigung und Variationen, abspeichern.

- **Dateien Schritt für Schritt aufbauen.** Sollen Bilder modifiziert und verbunden werden, empfiehlt es sich, die Bearbeitung erst an einem separaten, kleineren Teil des Bildes durchzuführen, und ihn anschließend in eine größere Datei einzubinden.

- **Auswahl bei der Arbeit speichern.** Jede komplexe Auswahl sollte regelmäßig in einem *Alpha-Kanal* als dauerhaft gespeicherte Auswahlmaske gesichert werden. (Genaueres zur Arbeit mit dem Alpha-Kanal folgt in Kapitel 2.) Solange eine Auswahl gespeichert ist, braucht sie nicht vollständig neu rekonstruiert zu werden, falls sie einmal aus Versehen aufgehoben wird. Aus diesem Grund sollte sichergestellt werden, daß die Auswahl, sobald sie erstellt ist, als Alpha-Kanal gesichert wird, damit, falls exakt derselbe Bildbereich später erneut markiert werden muß, auf ihn zurückgegriffen werden kann. (Bei Verwendung des Zeichenstifts zur Markierung eines Umrisses ist es vorteilhafter, die Auswahl als Pfad abzuspeichern, weil so weniger Speicherplatz belegt wird.)

- **Alpha-Kanäle als separate Datei speichern.** Es bietet zwei Vorteile, Alpha-Kanäle als eine separate Mehrkanaldatei zu speichern: Erstens wird dadurch der Datenumfang, den eine Datei beim Speichern oder bei der Ausgabe auf einem Endgerät belegt, eingeschränkt, und zweitens werden überflüssige Kanäle abgestreift, die verhindern können, daß eine Datei in einem Seitenlayout plaziert werden kann. Auf diese Weise wird die fertiggestellte Datei von ihrem Übergewicht befreit. Die Alpha-Kanäle können mit Bild, Berechnen, Duplizieren nachträglich wieder als Auswahl in das Bild geladen werden.

- **Zwischenablage »entleeren«.** Nach dem Ausschneiden oder Kopieren eines Bildbereichs in die Zwischenablage bleibt dieser solange im RAM gespeichert, bis er durch eine neue Auswahl ersetzt wird. Da einige Photoshop-Befehle nur im RAM ausgeführt werden können (und nicht im virtuellen Speicher) und Photoshop nicht über die Möglichkeit verfügt, den Inhalt der Zwischenablage zu löschen, sollte der Arbeitsspeicher von einer umfangreichen und nicht mehr benötigten Auswahl in der Zwischenablage befreit werden, indem ihr Inhalt durch einen winzigen Ausschnitt ersetzt wird, wie etwa durch nur wenige Pixel.

- **Virtuellen Speicher aufräumen.** Wenn Photoshop die Meldung ausgibt, daß eine Berechnung nicht ausgeführt werden kann, weil nicht genügend virtueller Speicher vorhanden ist, reicht es nicht aus, eine andere geöffnete Datei zu schließen, um den benötigten Speicherplatz freizusetzen. Erst wenn ein Dokument im Photoshop-2.5-Format gespeichert wird (nachdem alle übrigen Dateien geschlossen sind), wird in der Speicherzuteilung aufgeräumt. Zur Kontrolle, wieviel virtueller Speicher noch frei ist, sollte ein leerer Ordner offen auf dem Schreibtisch abgelegt sein und die Anzeige nach Symbolen eingestellt sein.

Die Belegung der Funktionstasten auf der erweiterten Tastatur ist in Photoshop voreingestellt. Diese Belegung kann geändert werden: Menü Ablage, Grundeinstellungen, Funktionstasten. Im Eingabefeld neben der Tastenbezeichnung ist der gewünschte Befehl aus einem der Photoshop-Menüs einzutragen. Als Alternative kann auch die Schaltfläche Laden gewählt werden und die Funktionstastenbelegung, die auf der diesem Buch beiliegenden Diskette zu finden ist, aktiviert werden.

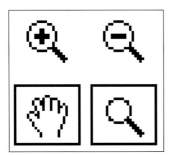

Zum Vergrößern oder Verkleinern können diese Werkzeuge oder aber Tastenkürzel in Verbindung mit einem Mausklick verwendet werden. Einzoomen: Befehls- und Leertaste, Auszoomen: Wahl- und Leertaste.

Zur Kontrolle der Ausschnittsgröße können die Lineale eingeblendet werden (Menü Fenster, Lineale einblenden, oder Befehl R). Die Lineale zeigen nicht nur die Abmessungen des angezeigten Bildausschnitts, sondern berücksichtigen auch die Auflösung des Bildes (siehe Abbildung auf Seite 2 unten).

- **Andere Anwendungen schließen.** Bei der Arbeit mit Photoshop sollten alle anderen Programme geschlossen sein. Diese schränken nur unnötig den Arbeitsspeicher ein, der besser Photoshop zur Verfügung gestellt werden sollte.

- **Mehrere Dateien auf einmal öffnen.** Unter System 7 lassen sich auch mehrere Dateien auf einmal öffnen. Dazu werden die Dateisymbole unter Zuhilfenahme der Umschalttaste im Finder gleichzeitig markiert und auf das Photoshop-Programmsymbol oder ein Alias gezogen. Die auf diese Weise geöffneten Dateien brauchen keine Photoshop-Dateien zu sein, sie müssen lediglich in einem Format vorliegen, das Photoshop lesen kann. (Alias erzeugen: im Finder das Programmsymbol markieren, Menü Ablage, Alias erzeugen wählen.)

ANSICHTEN

Einer der häufigsten Arbeitsgänge in Photoshop ist das Ändern der Darstellungsgröße:

- Vergrößerungen erlauben die Arbeit an Bilddetails.

- Die 1:1-Ansicht stellt das Bild in der Monitorauflösung (meist 72 dpi) dar und garantiert die genaueste Wiedergabe der Bearbeitung.

- Verkleinerungen dienen beispielsweise dazu, Arbeitsfläche auf dem Bildschirm frei zu machen oder dem Anwender einen Überblick über ein großes Bild zu geben.

Einzoomen. Es gibt verschiedene Wege, Bilder zu vergrößern:

- **Mit dem Lupenwerkzeug** läßt sich ein Bildausschnitt so vergrößern, daß die Klickposition dessen Mitte bildet. Die Fenstergröße bleibt unverändert, aber mit jedem Mausklick verdoppelt sich die Darstellungsgröße auf 200, 400, 800 bis maximal 1600%.

- **Um einen bestimmten Bereich zu vergrößern,** kann mit dem Lupenwerkzeug ein Auswahlrechteck aufgezogen werden, das anschließend das Fenster ausfüllt.

- **Wenn sowohl die Fenster- als auch die Bildgröße** schrittweise von 100 auf 200, 300, 400 % usw. erhöht werden soll, kann die Tastenkombination Befehl + oder der Befehl Fenster, Einzoomen verwendet werden. Das Fenster wird maximal bis Bildschirmgröße erweitert, die Bilddarstellung kann sich jedoch bis 1600% erstrecken.

- **Ist ein Ausschnitt zu vergrößern, während mit einem anderen Werkzeug gearbeitet wird,** muß bei gedrückter Befehls- und Leertaste ein Mausklick ausgeführt werden. Danach kann mit dem gewählten Werkzeug weitergearbeitet werden.

Auszoomen. Es gibt ebensoviele Möglichkeiten, von einer detaillierteren zu einer umfassenderen Ansicht zu wechseln:

- **Eine Verkleinerung** wird mit dem Lupenwerkzeug bei gedrückter Wahltaste herbeigeführt. Die Verkleinerungsstufen sind: 50, 25, 12,5 und 6,25%.

- **Sowohl Fenster- als auch Bildgröße** werden mit Befehl - oder dem Befehl Fenster, Auszoomen, auf 50, 33^1/$_3$, 25 % usw. reduziert.

Bei der Arbeit an einem stark vergrößerten Ausschnitt ist es ratsam, ein
zweites Fenster mit einer 1:1-Vergrö-
ßerung zu öffnen. Manchmal sind
Veränderungen, die in der Vergrößerung glatt erscheinen, in der Originalansicht gar zu augenfällig – oder
umgekehrt. Ist ein zweites Fenster
derselben Datei geöffnet (wie in der
Abbildung auf Seite 2), werden alle
Veränderungen gleichermaßen in
beiden Fenstern angezeigt. Auswahl:
Menü Fenster, Neues Fenster.

*Bei gedrückter Wahltaste kehrt sich die Wir-
kung des Radiergummis um (rechts): Es
stellt die wegradierten Pixel der zuletzt gespeicherten Version des Bildes wieder her.*

*Wird ein Bild oder eine Auswahl als
Schnappschuß aufgenommen (Menü Bear-
beiten), kann es später mit dem Stempel-
Werkzeug wiederhergestellt werden*

Die in Dialogen eingestellten Werte
können mit Abbrechen verworfen
werden (Dialog wird geschlossen).
Sollen die Werte nur auf die Stan-
dardwerte zurückgesetzt werden,
ohne den Dialog zu schließen, muß
die Wahltaste gedrückt werden: Abbrechen verwandelt sich in Zurück.

Auf diese Weise lassen sich mehrere Fenster übersichtlich auf dem
Bildschirm anordnen und verfügbar halten, ohne daß sie übereinander gelegt werden müßten.

- **Um auszuzoomen, während ein anderes Werkzeug gewählt ist,** muß ein Mausklick bei gedrückter Wahl- und Leertaste
ausgeführt werden.

Weitere Verfahren zur Änderung der Darstellungsgröße:

- **Zur Originalansicht zurückkehren:** Auf das Lupenwerkzeug
doppelklicken.
- **Die Fenstergröße dem gesamten Bild anpassen:** Auf das
Handwerkzeug doppelklicken.
- **Das Bild auf einem schwarzen Bildschirmhintergrund
darstellen:** Ganz unten in der Werkzeugpalette das rechte Fen-
stersymbol wählen. Diese Ansicht blendet die Menüzeile aus. Ein
Druck auf die Tabulatortaste blendet auch die Paletten aus, ein
erneuter Druck auf die Tabulatortaste blendet sie wieder ein.

ZURÜCKLIEGENDE ARBEITSPHASE WIEDERHERSTELLEN

Photoshop 2.5 kann mit der bekannten Tastenkombination Befehl Z
(oder Menü Bearbeiten, Widerrufen) leider nur den letzten Bearbeitungsschritt rückgängig machen. Das Programm stellt jedoch auch
andere sehr nützliche Optionen zur Verfügung, die es erlauben, zu
einem früheren Bearbeitungsschritt zurückzukehren.

- **Sichern unter.** Mit dem Befehl Speichern unter können verschiedene Bearbeitungsstufen einer Datei unter unterschiedlichen Namen abgespeichert werden. Die Datei sollte vor und während der
Bearbeitung unter jeweils einem anderen Name gesichert werden.
Wenn dann eine ganze Reihe von Bearbeitungsschritten verworfen
werden müssen, kann auf eine der gespeicherten Versionen zurückgegriffen werden.
- **Zurück zur letzten Version.** Der Befehl Ablage, Zurück zur letzten Version widerruft sozusagen alle Veränderungen, die seit der
letzten Sicherung an der Datei vorgenommen wurden. Soll nur ein
Teil des Bildes wiederhergestellt werden, kann die magische Eigenschaft des Radiergummis eingesetzt werden, die bei gedrückter
Wahltaste aktiviert wird. Auch der Stempel bietet hier im Modus
Zurück zur letzten Version seine Hilfe an. Der Stempel hat gegenüber dem Radiergummi den Vorteil, daß bei ihm die Strichstärke
variiert werden kann.
- **Schnappschuß aufnehmen.** Der Schnappschuß ist ein
Speicherpuffer, in dem Zwischenstufen eines bearbeiteten Bildes
gesichert werden können, sei es als ganzes Bild oder nur als ausgewählter Bereich. Die Aufnahme wird mit Bearbeiten, Schnappschuß aufnehmen ausgeführt. Mit dem Stempel (im Modus Zurück
zum Schnappschuß) kann der ausgewählte Bereich nachträglich
wiederhergestellt werden. (Die Auswahl kann mit jedem Auswahlwerkzeug vorgenommen werden, der Schnappschuß wird als
Rechteck um die Auswahl aufgenommen.) Es darf nicht vergessen
werden, daß auch der Schnappschuß Arbeitsspeicher belegt.

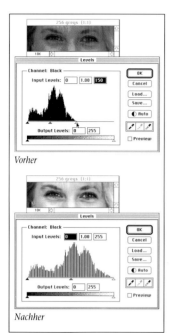

Vorher

Nachher

Wird im Dialog Tonwertkorrektur der weiße Regler für die Tonwertspreizung nach rechts verschoben, erhöht sich der Kontrast in den Lichtern

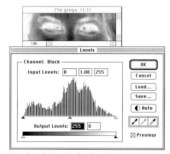

Werden die Regler für den Tonwertumfang an das jeweils andere Ende des Verlaufsbalkens bewegt, kehren sich die Tonwerte um, das Bild wird negativ

FLÄCHE WIEDERHERSTELLEN

In der Photoshop-Version 2.5.1 gibt es neben dem Stempel noch eine weitere Möglichkeit, Bildteile aus der zuletzt gesicherten Dateiversion wiederherzustellen: Im Menü Bearbeiten den Befehl Fläche füllen wählen, Bildbereich auswählen und im Dialog die Option Zurück zur letzten Version oder Zurück zum Schnappschuß wählen.

- **Tonwertkorrektur.** Die Dialoge im Untermenü Einstellen des Menüs Bild, insbesondere der Dialog Tonwertkorrektur, bieten die Möglichkeit, zahlreiche Änderungen an einem Bild vorzunehmen, ohne den Dialog zu verlassen. Bei aktiviertem Vorschau-Modus werden die Veränderungen unmittelbar auf dem Bildschirm angezeigt, so daß der Anwender entscheiden kann, ob er sie übernehmen möchte oder nicht. Falls nicht, können alle Modifikationen auf einmal zurückgenommen werden. Außerdem können die Veränderungen in jedem beliebigen Stadium als Zwischenstufen gesichert werden (Schaltfläche Sichern), bevor die letzte mit der Schaltfläche OK übernommen wird. Mit Befehl Z kann die Übernahme widerrufen werden, um anschließend zu einer der gespeicherten Bearbeitungsstufen zurückzukehren, die dann als Ausgangsstadium für die weitere Bearbeitung dient.

Nachfolgend sind einige der Änderungen beschrieben, die möglich sind, ohne den Dialog Tonwertkorrektur zu verlassen. Falls nötig, können sie nach der Übernahme mit Befehl Z widerrufen werden:

- **Kontrasterhöhung:** Der Kontrast kann separat in den Lichtern, den Mitteltönen oder Tiefen durch Verschieben der Regler für die Tonwertspreizung bezogen auf das gesamte Bild oder auf nur einen einzelnen Farb- bzw. Alpha-Kanal erhöht werden.

- **Kontrastverminderung:** Mit Hilfe der Regler für den Tonwertumfang ist das Aufhellen oder Abdunkeln eines ausgewählten Bereichs oder des gesamten Bildes möglich.

- Mit der schwarzen Pipette wird der **Grenzwert für Schwarz** gesetzt, so daß alle Tonwerte, die dunkler als die pipettierte Farbe sind, geschwärzt werden (dies gilt für Weiß entsprechend).

- Eine Farbauswahl läßt sich zurücknehmen, indem mit der **grauen Pipette** in einen neutralen Bereich geklickt wird.

- Es läßt sich ein **Negativ** herstellen (wie auch mit Bild, Festlegen, Umkehren), indem man die Regler für den Tonumfang an das jeweils andere Ende des Verlaufsbalkens zieht.

BILDIMPORT

Tisch-Scanner von mittlerer bis höchster Qualität erzeugen von Fotos Bilddateien, die in Photoshop nachbearbeitet werden können. Ein preisgünstiger Flachbett-Scanner kann Fotografien oder Drucke, ja sogar kleine dreidimensionale Objekte einlesen und Dateien für eine Fotoillustration herstellen. Darüber hinaus geben Dia-Scanner dem Anwender die Möglichkeit, Dia-Positive im 35-mm-Format einzulesen. Viele der in diesem Buch abgedruckten Bilder wurden mit einem Tisch-Scanner eingelesen.

Eine zweite Möglichkeit, Bilder zu digitalisieren, ist, sie von einem Dienstleistungsunternehmen anfertigen zu lassen, das über teurere Scanner verfügt, deren optisches und mechanisches Innenleben eine wesentliche höhere Präzision garantiert. Nicht zu vergessen ist, daß die Qualität der Scans nicht nur von der Qualität der Digitalisierungs-Hardware im Dienstleistungsunternehmen abhängt, sondern auch

von der Bereitwilligkeit des Serviceleistenden, die Maschinen regelmäßig zu kalibrieren und zu warten, und nicht zuletzt von seinem Farbverständnis und seiner Fertigkeit, die Geräte zu bedienen.

Eine dritte Möglichkeit besteht darin, das Scannen eines Bildes von einem Spezialisten auf einer High-end-Maschine zur Digitalisierung von Farbbildern vornehmen zu lassen, wie es für die professionelle Farbseparation in den letzten Jahrzehnten üblich war. Diese Systeme sind optisch und mechanisch so gut ausgestattet, daß sie Scans in exzellenter Qualität mit hoher Schärfe liefern. Und die Scanner-Operatoren sind in der Regel gut ausgebildete Litho-Profis.

Abgesehen vom Import gescannter Bilder werden auf dem Markt Bildbibliotheken mit digitalen Fotografien und anderem, bereits gescanntem, Bildmaterial auf **CD-ROM** angeboten (*compact disc readonly memory*). Auf CD-ROM sind mittlerweile unzählige Bilder, Muster und Strukturen mit den unterschiedlichsten Verwertungs- und Vergütungsbedingungen erhältlich (siehe Anhang).

Die **Kodak-Photo-CD**-Technologie ist eine praktikable und preisgünstige Alternative zur Digitalisierung von fotografischem Film (35-mm-Negative oder -Positive). Der einfachste und am wenigsten kostenintensive Weg, Bilder auf Photo CD zu speichern, ist, den belichteten Film zu einem Entwickler, der den Photo-CD-Service anbietet, zu bringen und die Photo CD später zusammen mit den Abzügen oder den Dias abzuholen. Die Scans auf der Photo CD sind von recht hoher Qualität, sie besitzen eine Auflösung, die hoch genug ist, um die Bilder ohne weiteres auf 18 x 24 cm zu vergrößern. Die Bilder werden in dem Kodak-eigenen und sehr stark komprimierten Image-Pac-Format gespeichert, bei dem alle Bilder in fünf verschiedenen Auflösungen vorliegen: im Thumbnail-Format (Auflösung: Base/16), in niedriger Auflösung zur Positionierung in Layouts (Base/4), zur Anzeige auf Computerbildschirmen und Fernsehern oder für den Ausdruck in relativ kleiner Größe (Base), zur Anzeige auf HDTV-Geräten oder für den Ausdruck in mittleren Größen (4Base) und schließlich für den Ausdruck in großen Abmessungen (16Base). Photo-CD-Bilder werden in RGB-Farben gescannt und anschließend in Kodak's Photo-YCC-Farbsystem übersetzt, das eine enorme Kompression der Daten erlaubt, so daß die Daten mit maximaler Komprimierung gespeichert werden können, ohne daß die Bilder an Qualität verlieren. Um die Bilder einer Photo CD verwenden zu können, werden ein CD-ROM-XA-Laufwerk (*extended architecture*) und eine Software benötigt, die die Bilder der Photo CD lesen und in ein Photoshop-kompatibles Datenformat konvertieren kann. Zwei Programme, die diesen Zweck erfüllen, werden von Kodak selbst angeboten: Kodak Photo CD Access und das Photoshop Plug-in Kodak Photo CD Acquire. Photoshop-Anwendern empfiehlt Kodak das Acquire-Plug-in, da es einen besseren Zugriff auf die Bilddaten ermöglicht.

Digitale Kameras, die ohne Film auskommen und die Bilder direkt in digitaler Form auf Diskette speichern, sind ein weiterer potentieller Lieferant für Bilddaten, die in Photoshop nachbearbeitet werden können. Obwohl die Qualität der mit einer (preiswerten) Digitalkamera produzierten Bilder im Vergleich zu herkömmlichem Film nicht so gut ausfällt, kann der Vorteil der digitalen Kameras, daß die Bilder unmittelbar für die Nachbearbeitung zur Verfügung stehen, gegebenenfalls den Qualitätsunterschied wieder wettmachen.

Für eine möglichst realitätsgetreue Wiedergabe der traditionellen Malwerkzeuge wie Pinsel, Stift, Airbrush und Kohle bietet sich ein **druckempfindliches Grafiktablett** mit Eingabestift an, da es eine feinfühligere Strichführung erlaubt, als mit einer Maus jemals erreichbar wäre. Photoshop unterstützt druckempfindliche Grafiktabletts und nutzt damit die Vorteile, die sich für die Malwerkzeuge ergeben (siehe Kapitel 6).

ARCHIVIERUNG UND TRANSPORT VON DATEIEN

Auch wenn der Arbeitsspeicher groß genug ist und nur selten auf den virtuellen Speicher zurückgegriffen werden muß, kann auf eine Festplatte mit großer Kapazität nicht verzichtet werden, da die Daten dauerhaft gespeichert werden müssen. (Erfahrene Photoshop-Anwender wissen, daß man nie genug RAM haben kann, man braucht *immer* mehr als man hat.) Für die Archivierung von Dateien, die über einen langen Zeitraum gespeichert werden müssen, ohne daß an ihnen gearbeitet wird, stellt die Sicherung auf DAT-Cassetten (*digital audio tape*) eine Lösung dar, die eine relativ kompakte und stabile Speicherung erlaubt und preisgünstig ist. Da DAT die Dateien sequentiell, d.h. eine nach der andern auf dem Magnetband speichert, nimmt die Suche nach Dateien allerdings sehr viel Zeit in Anspruch, so daß DAT nicht als Arbeitsvolume in Frage kommt.

Für den Transport von umfangreichen Dateien, zu denen Photoshop-Dateien gemeinhin zählen, haben sich die Wechselplattenlaufwerke von Syquest als Standard etabliert, die mit Datenträgern von hoher Speicherkapazität arbeiten. Da auch magneto-optische Laufwerke, die MO-Disketten lesen und beschreiben können, sowie Laufwerke zum Beschreiben von CD-ROMs immer mehr auf den Markt drängen, werden diese für den Datentransport und die Archivierung sicher ebenso populär werden wie die Syquest-Laufwerke.

PROBEAUSDRUCK: DER PROOF

Photoshop-Bilder können so wie andere farbige Dokumente auch auf einem Matrixdrucker, einem Tintentrahldrucker, Thermotransferdrucker, Farbsublimationsdrucker, einem Fotokopierer mit digitaler Schnittstelle, auf einem Filmbelichter (als Negativ- oder Positivfilm) oder als Filmfarbauszüge (zur Herstellung von Druckvorlagen für den Offsetdruck) auf einem Belichter oder einem High-end-Farbseparationssystem wie die von Linotype-Hell oder Scitex gedruckt werden.

Bei der Herstellung von Farbauszügen für den Offsetdruck wird ein Farbproof angefertigt, über den der Druckereibetrieb und sein Kunde zu einer Übereinstimmung der Farbzusammensetzung kommen und der als Muster für die Farbwiedergabe auf der Druckmaschine dient. In der Regel ist der Proof ein Probedruck, der aus den Filmfarbauszügen, die für die Druckvorlagenherstellung nötig sind, angefertigt wird. Ein Druckereibetrieb, der die Farbproofs im eigenen Hause erstellt, mag genug Vertrauen in Proofdrucker wie den Canon Color Copier mit Fiery-Controller setzen, so daß die auf diesen Maschinen

Largest Free Contiguous	56.5 M
File Fragmentation	18.1%

	Files:	2,275
Zaphod II	Used:	451.1 M
	Free:	181.4 M
	Total:	632.6 M

erzielten Proofs als Muster für manchen Druckauftrag durchaus ausreichend sind. Im Zuge der neuen Drucktechnologien, die eine direkte Ansteuerung der Druckmaschine ermöglichen und mit den Filmauszügen auch den auf Film basierenden Proof verdrängen, gewinnt der Digitalproof (der ohne Film auskommt) zunehmend an Bedeutung.

Jeder, der seine farbigen, auf einem Computer erstellten Arbeiten einmal auf einem Farbdrucker ausgegeben hat, weiß, daß die auf dem Papier erscheinende Farbe erheblich von der Farbe, die auf dem Bildschirm dargestellt wird, abweichen kann. Dieser krasse Unterschied resultiert aus den unterschiedlichen Farbsystemen, die der Darstellung von Farbe auf Bildschirmen und dem Druck von Farbe auf Papier zugrunde liegen (im Abschnitt »Umwandlung von RGB in CMYK« auf Seite 13 wird beschrieben, welche Farben zu erwarten sind).

AUFLÖSUNG

Die *Auflösung*✱ bezeichnet die Anzahl der Bild- oder Druckpunkte pro Inch (oder Zentimeter bzw. einer anderen Einheit), in die Bilder beim Scannen, bei der Bildschirmanzeige, beim Belichten oder Drucken aufgerastert werden. Im Falle von Monitoren, Scannern und Bilddateien spricht man von *Pixeln*, bei Halbtondruckvorlagen, die nichts anderes darstellen als das Muster winziger Rasterpunkte, wird die Auflösung in der Anzahl der Rasterpunkt*linien* gemessen.

Die Entscheidung, welche Auflösung zum Scannen oder Erstellen eines Bildes die richtige ist, muß einerseits für die Bildausgabe eine ausreichende Qualität garantieren, und andererseits die Datenmenge so gering wie möglich halten. Je mehr Information, desto größer und unhandlicher wird die Datei. Für die Bestimmung der angemessenen Auflösung ist daher das Wissen, wieviel Information das Ausgabegerät benötigt, unerläßlich.

Bei den vielen Druckverfahren, die Halbtondruckvorlagen verwenden, benötigt der Drucker oder Belichter mindestens eine Farbinformation pro Pixel, um die Größe jedes Rasterpunktes zu berechnen. Das Ausgabegerät ist nicht in der Lage, Rasterpunkte auszulassen, wenn ihm nicht genügend Information zur Verfügung steht. Stattdessen schätzt es die Farbwerte, die fehlen, um die Leerstellen zu füllen. Selbst wenn das Ausgabegerät so hoch entwickelt ist, daß es den Farbwert beispielsweise als Durchschnitt aus den Werten der umliegenden Punkte ermittelt, paßt diese *interpolierte* Farbe nicht unbedingt so perfekt ins Bild, als stammte die Farbinformation von einem Scanner oder von einem »gemalten« Bildpunkt.

Die erste Frage, um herauszufinden, welche Auflösung zum Scannen eingestellt werden soll, oder welche Auflösung im Dialog Neu, der beim Anlegen einer neuen Photoshop-Datei geöffnet wird, einzugeben ist, lautet: »Sollen die Pixel sichtbar sein?« Anders gefragt: »Sollen die einzelnen quadratischen Bildpunkte so hervortreten, daß sie dem Bild eine grobe und unnatürliche Struktur auferlegen?« Wenn dies beabsichtigt ist, braucht die Scan- oder Dateiauflösung nur auf die gewünschte Pixelgröße eingestellt werden, beispielsweise auf 72 oder 50 Pixel pro Inch.

Beim Scannen und der Bildschirmanzeige werden Bilder aus Pixeln aufgebaut. Diese Pixel haben alle dieselbe Größe, sind aber unterschiedlich gefärbt

Bei vielen Druckverfahren werden Bilder aus übereinander gedruckten Halbtonrastern zusammengesetzt. Die Rasterpunkte variieren in der Größe, aber die Anzahl der Rasterpunktlinien pro Inch bleibt konstant. Auch ist die Anzahl der verwendeten Druckfarben begrenzt; das Spektrum der gedruckten Farben ergibt sich aus einer optischen Mischung der winzigen Farbpunkte.

AUSRICHTUNG IN SPALTEN

Wenn die Größe der Bilder auf die Breite der Spalten einer Publikation abgestimmt werden soll und die Spaltenbreite bekannt ist, sollte unter Ablage, Grundeinstellungen, Maßeinheiten Spaltenbreite sowie -abstand eingetragen werden. Danach ist es möglich, im Dialog Bildgröße als Maß für die Bildbreite »Spalten« zu wählen; ihre Anzahl wird im Eingabefeld definiert. Wenn die Bildbreite größer als eine Spalte ist, berücksichtigt Photoshop automatisch den Spaltenabstand.

```
┌─ Spaltenmaße ──────────────
│
│  Breite: │ 1,683 │  │ Inch  ▼ │
│
│  Abstand: │ 1 │     │ Pica  ▼ │
```

Für die meisten Anwendungen ist es jedoch vorteilhafter, die Pixelstruktur nicht so deutlich hervortreten zu lassen. Vielmehr sollten die Konturen der Details sowie die Farbübergänge glatt verlaufen, und das Bild so scharf wie möglich sein. Die besten Ergebnisse lassen sich erzielen, wenn die Auflösung eines digitalisierten Bildes höher ist, als die *Rasterweite* der Halbtondruckvorlage, mit der das Bild gedruckt wird, und die in der Anzahl der Rasterpunktlinien pro Inch gemessen wird. (Einige typische Rasterweiten für den Druck von farbigen Bildern auf Papier sind 85 Linien pro Inch (Zeitungen), 133 und 150 lpi (Zeitschriften und Bücher). Das vorliegende Buch wurde mit 150 lpi gedruckt.) Ein gutes Verhältnis von Scanauflösung und Rasterweite liegt im Bereich zwischen 1,5:1 und 2:1. Unter 1,5 nimmt die Bildqualität sichtbar ab. Über 2 ist die zusätzliche Datenmenge überflüssig, sie vergrößert den Speicherbedarf der Datei, trägt aber nicht zu einer spürbaren Verbesserung der Qualität bei. Sollen die Bilder beispielsweise mit einer Rasterweite von 150 lpi gedruckt werden, kann die Auflösung des Bildes zwischen 225 und 300 dpi betragen. (Die höhere Auflösung bietet sich für Bilder mit geraden Linien und abrupten Farbübergängen an.)

Photoshop bietet eine schnelle Möglichkeit an, die Auflösung für ein zu scannendes Bild oder ein in Photoshop von Grund auf neu zu erstellendes Bild zu berechnen: Neue Datei öffnen und anschließend mit Bild, Bildgröße den gleichnamigen Dialog öffnen. Mit Auswahl der Schaltfläche Auto wird ein weiterer Dialog geöffnet, in dem die für den Druck gewünschte Rasterweite eingestellt werden kann. Die Option Mittel setzt die Bildauflösung auf das 1,5fache der Rasterweite (ideal für natürliche Bilder), die Option Hoch auf das 2fache (für Bilder mit selbst erstellten Elementen). Photoshop schlägt die für den Druck benötigte Bildauflösung im Dialog Bildgröße vor.

Für Bilder, die von Grund auf neu erstellt werden, kann dieser Vorschlag übernommen werden. Aber entspricht dies tatsächlich der Auflösung, die für das Scannen die richtige ist? Das hängt davon ab, welche Abmessungen das Original im Verhältnis zu den Abmessungen des letztendlich zu druckenden Bildes hat. Deshalb muß im Dialog Bildgröße noch die Höhe und die Breite des Bildes, die es im Druck hat, eingegeben werden. Nun müssen noch die Dimensionen des Originals abgemessen werden. Falls das Bild beschnitten werden soll, darf der Beschnitt nicht mit gemessen werden. Wenn sichergestellt ist, daß die Kontrollkästchen Dateigröße und Proportionen aktiviert sind, kann eine der gemessenen Seitenlängen – Höhe oder Breite – eingegeben werden. Die andere Seitenlänge und die Auflösung werden automatisch berechnet, letztere ist die geeignete Scanauflösung.

Der Dialog Bildgröße gibt auch Auskunft über den Datenumfang der Bilddatei. Dieser Wert kann beim Scannen als Kontrolle dienen. Wenn die Abmessungen und die Auflösung korrekt eingegeben wurden, die Dateigröße aber stark von dem Wert abweicht, der im Dialog Bildgröße angezeigt wurde, sollte dies als Warnhinweis gedeutet werden. Mit der nötigen Aufmerksamkeit kann so bei einem Scan, der bei einem Service-Unternehmen in Auftrag gegeben wurde, anhand der Dateigröße überprüft werden, ob die vorgegebenen Maße für

Bei der subtraktiven Farbmischung ergeben die Druckfarben Cyan, Magenta und Gelb (fast) Schwarz (links). Bei der additiven Farbmischung auf dem Bildschirm vereinigen sich rotes, grünes und blaues Licht zu weißem Licht (rechts).

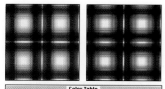

Im Modus Indizierte Farben können Farben ganz leicht in der Farbtabelle durch einen Mausklick geändert werden. Peter Kaye verwendet diese Methode, um verschiedene Farbgebungen für Stoff-Designs auszuprobieren (oben).

FOTO: CRAIG MCCLAIN

Der Duplex-Modus eröffnet die Möglichkeit, Gradationskurven für den farbigen Druck von Graustufenbildern zu speichern (bis zu vier Farben). Der Anwender kann vorgefertigte Kurven verwenden oder eigene definieren. Durch eine drastische Verformung der Kurven, wie in diesem Triplex, kann erreicht werden, daß einzelne Farben in den Lichtern, Mitteltönen und Tiefen dominieren.

Höhe, Breite und Auflösung des Bildes eingehalten wurden und tatsächlich der erwartete Scan geliefert wurde.

FARBSYSTEME IN PHOTOSHOP

Photoshop unterstützt verschiedene Systeme der Farbwiedergabe. Diese Systeme – Bitmap, Graustufen, Duplex, Indizierte Farben, RGB-Farbe, CMYK-Farbe und Lab-Farbe – können im Menü Modus ausgewählt werden.

CMYK-Farbe. Grundfarben sind die Farben, aus denen alle anderen Farben gemischt werden. Im Vierfarbdruck, dem meistverbreitesten Druckverfahren für die Reproduktion von Fotos, Fotoillustrationen und anderen in Photoshop erstellten Arbeiten, lauten die Grundfarben Cyan, Magenta und Gelb sowie die zusätzliche Farbe Schwarz für die Tiefenwiedergabe (*subtraktive Farbmischung*). Durch die Verwendung von Schwarz erscheinen dunkle Bereiche nicht nur schwärzer, es wird auch weniger Druckfarbe der drei übrigen Druckfarben benötigt. Dies ist nicht unwichtig, denn jede Druckmaschine besitzt eine obere Grenze für den Farbauftrag. Bei Überschreiten entstehen Probleme mit der Haftung der Farbe auf dem Papier.

Beim Drucken heller Farben scheint die Papierfarbe durch die Punkte des Halbtonrasters hindurch. Bei Halbtonrastern ist die Anzahl der Rasterpunkte pro Inch, die *Dichte*, für dunkle, mittlere und helle Farben gleich. Die Eigenschaft, die sich verändert, ist die Punktgröße. Ein blasses Gelb wird beispielsweise mit kleinen gelben Punkten und ohne Rasterpunkte der übrigen Grundfarben gedruckt. Ein intensives Rot hingegen setzt sich aus Punkten der Farben Magenta und Gelb zusammen, die so groß sind, wie es die Rasterweite erlaubt.

RGB-Farbe. In einem Monitor wird die Phosphorschicht der Mattscheibe mit Elektronen beschossen, wodurch Lichtenergie freigesetzt wird. Die Mischung aus rotem, grünem und blauem Licht wird vom Auge als Farbe wahrgenommen (*additive Farbmischung*). Wenn alle drei Grundfarben in voller Intensität ausgesendet werden, entsteht weißes Licht, wenn keine ausgesendet wird, bleibt die Mattscheibe schwarz. Unterschiedliche Strahlungsintensitäten regen die Phosphorschicht in unterschiedlichem Maße an, so daß aus den drei Grundfarben alle Farben des RGB-Spektrums gemischt werden können. Bedingt durch die Bauweise der Computer und die Programmierung der Software sind theoretisch 256 Intensitätsstufen möglich, die jede Grundfarbe nach Helligkeit differenzieren. Das heißt, daß es 256 x 256 x 256 Möglichkeiten der Farbmischung gibt, insgesamt also über 16 Millionen mögliche Farben. Diese Menge an Farben reicht für eine wirklichkeitsgetreue Wiedergabe aus. Um 256 verschiedene Intensitätsstufen zu speichern, werden 8 Bit benötigt (ein Bit ist eine 1 oder eine 0, das Signal Ein oder Aus). Um die Farbtöne aller drei Grundfarben zu speichern, werden demnach 24 Bit benötigt. Man spricht in diesem Zusammenhang bei Bildschirmen, die die Fähigkeit besitzen, die volle Anzahl der Farben darzustellen, von 24-Bit-Farbe.

Indizierte Farben. Viele Rechner sind von ihrer Ausstattung nicht in der Lage, 24-Bit-Farbe zu berechnen. Sie unterstützen nur 256 Farben, also 8-Bit-Farbe. In diesem Fall werden die 256 Farben in

Mit einem Doppelklick auf das Verlaufswerkzeug wird ein Dialog geöffnet, in dem erstaunliche Effekte eingestellt werden können.

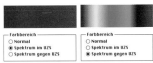

Ist im Dialog Verlaufswerkzeug einstellen die Option Spektrum im UZS oder Spektrum gegen den UZS gewählt, erzeugt das Werkzeug einen Verlauf von Vordergrund- zu Hintergrundfarbe durch das Apple-Farbrad (siehe Seite 13).

Ein Kreisverlauf von Weiß zu Schwarz im Modus Normal erzeugte das große »Atom«. Die kleineren wurden im Modus Aufhellen erzeugt. Danach wurde die Farbe der Mitteltöne im Dialog Variationen verändert.

Das Zentrum eines Kreisverlaufs kann dezentriert werden, wenn er in eine elliptische Auswahl eingesetzt wird.

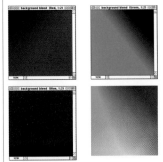

Wenn das Verlaufswerkzeug in einzelnen Farbkanälen verwendet wird, läßt sich eine Regenbogenfläche erzeugen (Menü Ablage, Grundeinstellungen, Allgemeine, Farbauszüge in Farbe).

einer Farbtabelle gespeichert, in der sie über eine Nummer zwischen 0 und 255 identifizierbar sind. Das Verfahren, das Spektrum von 16 Millionen Farben mit 256 Farben punktuell abzudecken, heißt *Indizieren*. In Photoshop können die Farben unterschiedlich katalogisiert werden, entweder nach der Apple Systempalette (einem Satz ausgewählter Farben, die für die meisten Bilder eine gute Farbwiedergabe garantieren sollen), einer adaptiven Palette (einem Satz der 256 in dem betreffenden Bild meistvorkommenden Farben), oder einer benutzerdefinierten Palette (einem Satz für einen bestimmten Zweck ausgewählter Farben; einige werden mit Photoshop mitgeliefert, andere können selbst erstellt werden).

Lab-Farbe. Anstatt eine Farbe in drei Grundfarben zu zerlegen (plus Schwarz bei einer CMYK-Farbe), kann sie durch die Komponenten Helligkeit sowie Farbton und Sättigung definiert werden. Der Modus Lab-Farbe verwendet ein solches System. Ebenso liegt dieses System der Photo CD (dem Photo-YCC-Farbsystem) und dem Farbfernsehen zugrunde. Der Farbbereich, der auf einem Farbwiedergabesystem verarbeitet werden kann, wird als *Farbskala* bezeichnet. Der Modus Lab-Farbe von Photoshop besitzt eine solch umfangreiche Skala, daß sie sowohl die CMYK-, die RGB- als auch die Photo-YCC-Skala umfaßt. Deshalb dient sie als Zwischenschritt bei der Umwandlung von RGB zu CMYK und von Photo YCC zu RGB.

Graustufen. Graustufenbilder wie Schwarzweißfotos besitzen nur Helligkeitswerte. Für die Speicherung der 256 möglichen Graustufen (einschließlich Schwarz und Weiß) werden nur 8 Bit benötigt.

Duplex. Obwohl ein Graustufenbild aus 256 Graustufen bestehen kann, erzeugen die meisten Druckverfahren mit nur einer Druckfarbe weniger Töne. Aber mit zwei Druckfarben (oder einer in zwei Druckdurchgängen), ist es möglich, den Tonwertumfang zu erweitern. Wird beispielsweise den Lichtern eine zweite Farbe zugewiesen, erhöht sich damit die Anzahl der Töne für die Wiedergabe der hellen Grauwerte. Abgesehen von der Erweiterung des Tonwertumfangs kann ein Bild, wenn es in Richtung Rot oder Blau getönt wird, ein »wärmeres« oder »kühleres« Aussehen bekommen. Eine zweite Farbe kann auch für ungewöhnliche Effekte eingesetzt werden oder ein Foto optisch auf die grafischen Elemente einer Publikation abstimmen.

Im Duplex-Modus wird mittels Gamma-Kurven bestimmt, welche Grauwerte jeder Farbe zugewiesen werden. Soll die Farbe in den Tiefen hervortreten, aber in den Lichtern zurückgehalten werden? Soll sie die Mitteltöne einfärben? Das Duplex-Bild wird als Graustufenbild gespeichert, wobei zusätzlich die Information der Gradationskurven gespeichert wird, aus denen für den Druck zwei oder mehr separate Dateien erstellt werden (der Duplex-Modus umfaßt auch die Modi Triplex und Quadruplex).

Bitmap. Der letzte Farbmodus von Photoshop, Bitmap, verwendet eine Datentiefe von nur 1 Bit zur Darstellung der »Farbe« eines Pixels. Ein Pixel erhält entweder die Farbe Schwarz oder Weiß. Die verschiedenen, in Photoshop möglichen Verfahren zur Umwandlung von Graustufenbildern in Bitmaps besitzen wertvolle Optionen für den Druck von Photos in niedriger Auflösung und erlauben einige interessante grafische Modifikationen (siehe Kapitel 3).

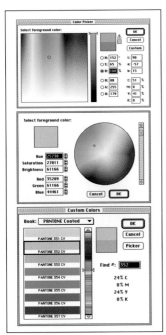

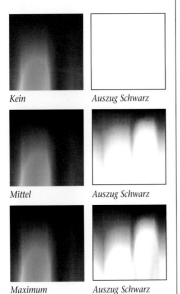

Verschiedene Farbwähler: Photoshop (oben), Apple Macintosh System (Mitte), und Pantone-Farbwähler (unten)

Kein   *Auszug Schwarz*

Mittel   *Auszug Schwarz*

Maximum   *Auszug Schwarz*

Ausschnitt aus der Spektralpalette (siehe Diskette zum Buch) in CMYK-Farbe mit drei unterschiedlichen Einstellungen für den Schwarzanteil

Farbwähler. Photoshop besitzt mehrere Farbwähler für die Auswahl der Vordergrund- und Hintergrundfarbe: die Farbpalette (zum Mischen und Auswählen der Farben) und die Farbtabellen (zur Einschränkung der in einer Bilddatei verwendeten Farben auf einen ausgewählten Bereich). Wie diese Farbwähler benutzt werden, wird ausführlich im *Adobe Photoshop Handbuch* und im *Lehrgang* beschrieben.

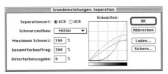

Im Dialog Separation können die spezifischen Werte für die Umwandlung von RGB in CMYK festgelegt werden

UMWANDLUNG VON RGB IN CMYK

Die Umwandlung eines Farbbildes von RGB (für die Bildschirmanzeige) in CMYK (für die Filmbelichtung oder Druckausgabe) ist ein komplizierter Prozeß. Besonders wichtig ist, daß nicht alle Farben, die auf dem Bildschirm darstellbar sind, auch gedruckt werden können. So ist es möglich, Farben in RGB-Dateien zu mischen, die im Druck nicht reproduzierbar sind. Weiter gibt es unterschiedliche Möglichkeiten, eine RGB-Farbe im CMYK-System zu beschreiben, weil dabei von einem Dreifarbsystem in ein Vierfarbsystem konvertiert wird, in dem die Farbe Schwarz Mischfarben aus den drei Grundfarben Rot, Gelb und Blau ersetzt. Außerdem verhalten sich die Farbpigmente je nach Zusammensetzung anders, so daß all diese Möglichkeiten ein wenig unterschiedlich ausfallen.

Einige Leistungsmerkmale von Photoshop helfen bei der Umwandlung von RGB in CMYK. So läßt sich beispielsweise im Dialog Separation (Menü Ablage, Grundeinstellungen) steuern, wie die Konvertierung von RGB zu CMYK durchzuführen ist.

Damit die Farbe eines Bildes auf dem Bildschirm so genau wie möglich mit der beim Druck erwarteten Farbe übereinstimmt, müssen der Bildschirm und das Drucksystem *kalibriert* werden, das heißt so eingestellt werden, daß sie die Farben stets getreu wiedergeben. Der Dialog Monitor (Menü Ablage, Grundeinstellungen) hilft bei der Kalibrierung des Monitors. Außerdem müssen die Lichtverhältnisse in der Umgebung des Monitors gleich bleiben, damit sich die Wahrnehmung der Farben auf dem Bildschirm nicht verändert. Auch müssen die einzelnen Systemkomponenten aufeinander abgestimmt sein. Bevor Sie mit der Kalibrierung Ihres Systems beginnen, sollte Sie Kapitel 15 im *Adobe Photoshop Handbuch* lesen und den dortigen Anweisungen folgen.

AUSWAHLEN, MASKEN & KANAL-OPERATIONEN

VIELE DER AUSGEFEILTEN BEARBEITUNGEN mit Photoshop werden auf *ausgewählte* Bildbereiche angewendet. Ein ausgewählter Bereich läßt sich unabhängig vom Gesamtbild kopieren und bewegen, und Veränderungen werden nur innerhalb der Auswahl wirksam. Eine Auswahl kann mit einem der Auswahlwerkzeuge, einigen Befehlen des Auswahl-Menüs oder mit dem Zeichenstift der Pfadpalette erstellt werden. Die aktuelle Auswahl wird durch einen gestrichelten Laufrahmen (die Markierung) um ihre Begrenzung hervorgehoben.

Eine Auswahl wird zurückgenommen, sobald mit der Maus außerhalb des ausgewählten Bereichs geklickt, der Befehl Auswahl, Auswahl aufheben gewählt oder der Zeichenstift der Pfadpalette verwendet wird. Solange eine Auswahl nicht als Maske, in einem Alpha-Kanal oder als Pfad gespeichert wird, ist sie nach der Abwahl nicht mehr erhalten.

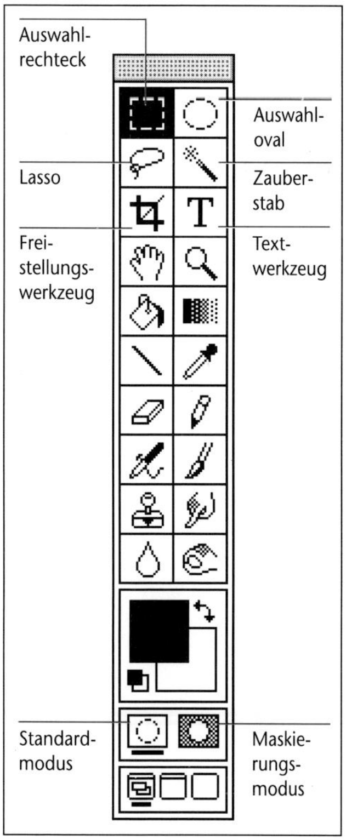

GRUNDLEGENDE AUSWAHLTECHNIKEN

Die wichtigsten Werkzeuge zum Erstellen einer Auswahl finden sich als die oberen vier Symbole in der Werkzeugpalette (Auswahlrechteck, Auswahloval, Lasso und Zauberstab). An dieser Stelle sei auf die Ausführungen im *Adobe Photoshop Handbuch* und im *Lehrgang* hingewiesen.

Auswahlrechteck und Auswahloval. Das Auswahlrechteck und das Auswahloval bieten einige Optionen für die Einschränkung der Auswahl an.

- In der Standardeinstellung ziehen das Auswahlrechteck und -oval die Auswahlbegrenzung von einer Ecke aus auf. Soll die Auswahl zentriert werden, muß dabei die Wahltaste gedrückt werden. Die Wahltaste kann zu jeder Zeit während des Auswählens zu Hilfe genommen werden.

- Soll die Auswahl auf einen quadratischen oder kreisförmigen Bildbereich eingeschränkt werden, muß beim Ziehen die Umschalttaste gedrückt werden.

- Wird auf das Auswahlrechteck oder -oval ein Doppelklick ausgeführt, öffnet sich der Werkzeug-Dialog, indem ein bestimmtes Verhältnis von Höhe zu Breite vorgegeben werden kann. Die Auswahl wird auf die gewählten Proportionen eingeschränkt.

- Soll die Auswahl eine bestimmte Größe besitzen, kann im gleichen Dialog eine feste Abmessung eingegeben werden. Die Größe wird in Pixeln angegeben. Soll die Größe in Zentimetern oder Inches

The toolbox labels (left column):

- Auswahlrechteck
- Lasso
- Freistellungswerkzeug
- Auswahloval
- Zauberstab
- Textwerkzeug
- Standardmodus
- Maskierungsmodus

Fortsetzung auf Seite 16

Es gibt einen schnellen Weg, die Bildauflösung anzeigen zu lassen: Wahltaste drücken und auf das Anzeigefeld für die Dateigröße in der linken unteren Ecke des Dokumentfensters klicken.

Durch Drücken der Wahltaste kann vom Freihand-Modus des Lassos in den Linien-Modus umgeschaltet werden. Auch kann mit der Wahltaste verhindert werden, daß eine Auswahl versehentlich aufgehoben oder geschlossen wird, falls die Maustaste einmal unbeabsichtigt losgelassen wird.

Im Photoshop-Update 2.5.1 wurde das obere Limit des Pixelradius für weiche Kanten von bisher 64 auf 250 Pixel angehoben.

Ungeglättete (links) und geglättete Kanten (rechts)

angegeben werden, müssen die gewünschten Seitenlängen mit der Auflösung des Bildes (Pixel pro Inch oder Pixel pro Zentimeter) multipliziert werden.

Lasso. Das Lasso ist ein sehr vielseitiges Auswahlwerkzeug.

- In der Standardeinstellung wird mit dem Lasso eine Freihandauswahl erstellt.

- Mit dem Lasso können auch gerade Linien gezogen werden, wenn die Wahltaste gedrückt wird und per Mausklick die Linienendpunkte gesetzt werden. Eine glatte Kurve durch Aneinanderreihung kurzer Liniensegmente zu erstellen, ist oftmals leichter und genauer, als den Bereich frei Hand auszuwählen.

Zauberstab. Der Zauberstab markiert nebeneinanderliegende Pixel gleicher oder ähnlicher Farbe. Im Werkzeug-Dialog, der mit einem Doppelklick auf das Symbol des Zauberstabs geöffnet wird, kann der Farbumfang des auszuwählenden Bereichs eingestellt werden. Die Toleranz darf einen Wert zwischen 0 und 255 annehmen, je niedriger der Toleranzwert, desto eingeschränkter der Farbumfang.

Weiche Kanten. Die Option Weiche Kanten dient dazu, die Begrenzung einer Auswahl zu verwischen, so daß sie mit dem nicht ausgewählten Teil des Bildes verschmilzt. Diese Option ist besonders dann nützlich, wenn der ausgewählte Teil eines Bildes nach der Modifikation in der unveränderten Umgebung nicht auffallen soll. Weiche Kanten vergrößern den Auswahlbereich ein wenig, jedoch nicht mit voller Deckkraft, so daß die umliegenden Pixel nur zum Teil betroffen sind. In der gleichen Weise ist die Deckkraft des Bildes an den Rändern innerhalb der Auswahlbegrenzung vermindert. Die Ausdehnung der weichen Kante zu beiden Seiten der Auswahlbegrenzung wird vom Pixelradius bestimmt. Weiche Kanten lassen sich mit dem Auswahlrechteck, dem Auswahloval und dem Lasso erzeugen.

- Der Pixelradius für die weiche Kante einer Auswahl wird im Werkzeug-Dialog eingegeben, der mit einem Doppelklick auf das Auswahlwerkzeug geöffnet wird. Anschließend kann die Auswahl erstellt werden.

- Falls vergessen wurde, den Pixelradius vor dem Auswählen im Werkzeug-Dialog einzustellen, oder falls der Dialog des Werkzeugs diese Option nicht anbietet, kann die Auswahlbegrenzung auch nachträglich mit dem Befehl Auswahl, Weiche Auswahlkante verwischt werden.

Kanten glätten. Die Option Glätten bewirkt, daß die Pixel zu beiden Seiten der Auswahlbegrenzung farblich so einander angeglichen werden, daß der Eindruck glatter Konturen ohne »Treppenstufen« entsteht. Wenn eine geglättete Auswahl in eine neue Umgebung eingefügt wird, gleichen sich die Farben der Pixel dies- und jenseits der Auswahlbegrenzung einander an und nehmen Zwischenwerte an. Von den vier Auswahlwerkzeugen der Werkzeugpalette unterstützen das Lasso und der Zauberstab die Option Glätten. Die Option wird

TOLERANZWERTE

Der im Dialog für den Zauberstab eingestellte Toleranzwert gilt auch für die Befehle Auswahl, Ähnliches auswählen und Auswahl, Auswahl vergrößern.

EXAKT POSITIONIEREN

Mit den Richtungstasten läßt sich eine Auswahl pixelweise verschieben.

GEMISCHTE AUSWAHL

Um eine Auswahl zu erstellen, die teils scharfkantig und teils mit weichen Kanten verläuft, wird wie folgt vorgegangen: Im Werkzeug-Dialog den Wert für Weiche Kanten einstellen und zuerst die weiche Auswahl erstellen. Anschließend den Pixelradius wieder auf 0 setzen und die scharfe Auswahl bei gedrückter Umschalttaste vornehmen. (Wenn zuerst die scharfe Auswahl erstellt wird und dann die weiche, verwischt die Überlappung beider Auswahlbereiche.)

PROBLEME MIT RAHMEN

Der Befehl Rahmen erstellen funktioniert nicht bei einer mit Auswahl, Alles auswählen erstellten Auswahl, weil kein Platz vorhanden ist, den Rahmen hinzuzufügen. Außerdem kann die Rahmenfunktion künstliche »Treppenstufen« auf abgerundeten und abgeschrägten Ecken hinterlassen.

im Werkzeug-Dialog angeboten, der mit einem Doppelklick auf das Werkzeugsymbol aufgerufen wird. Eine mit dem Auswahloval erstellte Auswahl wird automatisch geglättet. Beim Auswahlrechteck macht die Option Glätten wegen dessen geradliniger und rechtwinkliger Begrenzung keinen Sinn.

Auswahl verschieben. Der Mauszeiger verwandelt sich innerhalb eines ausgewählten Bereichs in einen Pfeil. Bei gedrückter Maustaste kann die Auswahl verschoben werden.

Auswahlbegrenzung verschieben (nicht die Auswahl selbst). Soll nur der Laufrahmen, aber keine Pixel versetzt werden, muß beim Verschieben die Befehls- und Wahltaste gedrückt werden.

Auswahl erweitern. Eine Auswahl kann auf folgende Arten erweitert werden:

• Um einer bestehenden Auswahl weitere Bereiche hinzuzufügen, muß, während eines der Auswahlwerkzeuge zur Anwendung kommt, die Umschalttaste gedrückt werden. Der hinzugefügte Bereich muß nicht an die erste Auswahl angrenzen.

• Sollen der aktuellen Auswahl angrenzende Pixel gleicher Farbe hinzugefügt werden, kann der Befehl Auswahl, Auswahl vergrößern (Befehl G) aufgerufen werden. Nach erneutem Aufruf wird die Auswahl um ein weiteres vergrößert.

• Wenn die Auswahl um alle Pixel des Bildes, die einen ähnlichen Farbwert besitzen, erweitert werden soll, kann der Befehl Auswahl, Ähnliches auswählen aufgerufen werden.

Auswahl verkleinern. Wird die Befehlstaste gedrückt, kann eine bestehende Auswahl mit jedem der Auswahlwerkzeuge um beliebige Bereiche reduziert werden.

Schnittbereich auswählen. Soll nur der Schnittbereich einer bestehenden und einer neuen Auswahl erhalten bleiben, muß sowohl die Befehls- als auch die Umschalttaste gedrückt werden, während die neue Auswahl aufgezogen wird. Es bleibt nur der Schnittbereich ausgewählt.

Rahmen auswählen. Mit dem Befehl Auswahl, Rahmen erstellen kann ein gleichmäßiger Rahmen um einen markierten Bildbereich ausgewählt werden. Die Rahmenbreite wird in Pixeln angegeben.

Gesamtes Bild auswählen. Mit Auswahl, Alles auswählen (oder Befehl A) wird das gesamte Bild ausgewählt, einschließlich der Bereiche, die bei einem verkleinerten Fenster nicht sichtbar sind.

Auswahl freistellen. Ist ein rechteckiger Bildbereich mit scharfen Kanten ausgewählt, können die nicht ausgewählten Bereiche mit Bearbeiten, Freistellen abgeschnitten werden. Das Fenster paßt sich automatisch der neuen Bildgröße an.

Einstellungen im Freistellungswerkzeug

Freistellen und Rotieren einer Auswahl in einem Schritt

SCHWEBENDE AUSWAHL

Eine Auswahl in Photoshop kann »schwebend« oder »nicht-schwebend« sein. Das Verschieben, Beschneiden oder Löschen einer nicht-schwebenden Auswahl verursacht ein »Loch« im Bild, durch das der Hintergrund hindurchscheint. Eine schwebende Auswahl hingegen liegt in einer Ebene über dem Bild und kann an eine andere Position bewegt oder gar gelöscht werden, ohne daß das darunterliegende Bild davon betroffen wäre. Jede an der Auswahl vorgenommene Veränderung (wie beispielsweise Änderung der Farbbalance, Aufhellen und Abdunkeln), wirkt sich so lange nicht auf das Bild aus, bis die Auswahl aufgehoben wird. Bei einer schwebenden Auswahl ist es möglich, über die Montagekontrolle (Menü Bearbeiten) zu steuern, wie sich die Auswahl mit dem darunterliegenden Bild vereinigt.

Es gibt mehrere Möglichkeiten, eine nicht-schwebende Auswahl in eine schwebende Auswahl umzuwandeln:

- Der Befehl Auswahl, Schwebende Auswahl erstellen fügt über der aktuellen Auswahl eine Kopie der Auswahl ein.

- Wird beim Verschieben einer Auswahl gleichzeitig die Wahltaste gedrückt, erscheint an der neuen Stelle im Bild eine Kopie der Auswahl.

- Die Auswahl kann in die Zwischenablage kopiert (Befehl C) und an einer beliebigen Stelle dieses oder eines anderen Bildes eingefügt werden (Befehl V).

DAS FREISTELLUNGSWERKZEUG

Das Freistellungswerkzeug ist in gewisser Weise auch ein Auswahlwerkzeug. Es dient dazu, einen bestimmten Bildbereich auszuwählen, während der Rest des Bildes gelöscht wird. Es gibt Situationen, in denen das Freistellungswerkzeug gegenüber dem Auswahlrechteck in Verbindung mit dem Befehl Bearbeiten, Freistellen Vorteile bietet. Mit dem Freistellungswerkzeug kann die Begrenzung des freizustellenden Bereichs noch genau justiert werden, indem sie mit den Eckanfassern auf die gewünschte Ausschnittsgröße skaliert wird. Außerdem kann der Freistellungsrahmen gedreht werden, wenn beim Ziehen an einem der Eckanfasser die Wahltaste gedrückt wird. Innerhalb des Freistellungsrahmens nimmt der Mauszeiger die Form einer Schere an, ein Mausklick bewirkt dann, daß die Freistellung durchgeführt wird. Außerhalb des Rahmens erscheint ein Verbotsschild, was anzeigt, daß ein Mausklick die Auswahl verwirft und aufhebt.

Mit einem Doppelklick auf das Freistellungssymbol in der Werkzeugpalette öffnet sich der Werkzeug-Dialog, in dem die Abmessungen und die gewünschte Auflösung für das freizustellende Bild einstellbar sind. Die Angaben für Höhe und Breite definieren keine feste Größe, wie etwa im Falle des Auswahlrechtecks, sondern nur die *Proportionen* des Freistellungsrahmens – der letztlich ausgewählte Bereich stellt dann ein Vielfaches dieser Abmessungen dar. Falls ein Wert für die Auflösung eingegeben wurde, wird dieser bei der Skalierung berücksichtigt. (Eine Erhöhung der Auflösung bewirkt in der Regel eine Verschlechterung der Bildqualität.) Wenn keine Auflösung angegeben wird, wird die aktuelle Auflösung beibehalten.

Die speziellen Auswahleigenschaften des Textwerkzeugs erlauben neben der Abstandsregulierung der Zeichen auch andere schwebende Auswahlmöglichkeiten. Bei den übrigen Auswahlwerkzeugen bewirkt das Drücken der Umschalttaste oder der Befehlstaste, daß nur ein Teil der schwebenden Auswahl erhalten bleibt, während der Rest verschwindet. Beim Textwerkzeug verschwinden die abgewählten Bereiche nicht, sondern ersetzen die Bereiche im darunterliegenden Bild.

Obwohl die Version 2.5 im Vergleich zu früheren Versionen Alpha-Kanäle sehr viel kompakter speichert, benötigt eine Auswahl, wenn sie als Pfad gespeichert wird, weitaus weniger Speicherplatz, als wenn sie als Alpha-Kanal gesichert würde (nur wenige Kilobyte).

In Photoshop 2.0 bot die Verwendung des Zeichenstifts gegenüber der Auswahl mit dem Lasso einen großen Vorteil, weil das Lasso keine geglättete Auswahl erstellen konnte. Jetzt ist das Lasso dazu in der Lage, aber der Zeichenstift bietet weiterhin Vorteile: Die Ankerpunkte können verschoben werden und mittels der Griffe läßt sich die Form der Auswahlbegrenzung nachjustieren. Dies bedeutet eine große Arbeitserleichterung, wenn bei einer Lasso-Auswahl viele kleine und aufwendige Korrekturen nötig sind.

DAS TEXTWERKZEUG

Das Textwerkzeug in Photoshop ermöglicht vor allem den Zugriff auf Fonts und erlaubt die Einbindung von Schrift in Bilder. Aber es verhält sich auch wie ein Auswahlwerkzeug, und es kann von großem Nutzen sein, es als solches einzusetzen.

Wird nach Auswahl des Textwerkzeugs ein Mausklick im Bild ausgeführt, öffnet sich der Dialog Textwerkzeug, in dem Einstellungen bezüglich Schriftart und -stil vorgenommen werden können und der betreffende Text eingegeben werden muß. Nach Bestätigen mit OK erscheint die Schrift als schwebende Auswahl in der Vordergrundfarbe, die im Farbenfeld der Werkzeugpalette definiert ist (das Textwerkzeug ist also nicht nur ein Schrift- und Auswahlwerkzeug, sondern besitzt auch Maleigenschaften!). Da es sich um eine schwebende Auswahl handelt, kann der Text frei verschoben werden, ohne das darunterliegende Bild zu verändern.

ATM verwenden. Um in Photoshop geglättete Schriftzeichen verwenden zu können, sollte der Adobe Type Manager (ATM) auf dem System installiert sein (oder TrueType-Fonts verwendet werden).

Schrift glätten. Wenn nicht aus einem bestimmten Grund eine stufige und gezackte Darstellung der Schriftzeichen erwünscht ist, sollte immer die Stil-Option Geglättet im Dialog Textwerkzeug zum Glätten der Zeichenkonturen eingeschaltet sein.

Farbe entfernen mit der Montagekontrolle. Schrift wird standardmäßig in der Vordergrundfarbe dargestellt. Weil es sich bei der Schrift um eine schwebende Auswahl handelt, kann sie über den Dialog Montagekontrolle entfärbt werden: Schwarzen oder weißen Regler für den Farbbereich der schwebenden Auswahl an das andere Ende des Verlaufsbalkens ziehen, Modus Abdunkeln oder Aufhellen wählen, je nachdem, welcher dem Tonwert der Schrift entgegengesetzt ist.

Schrift in schwebendem Zustand unterschneiden. Wird bei aktiver, schwebender Textauswahl die Befehlstaste gedrückt, verwandelt sich das Textwerkzeug in ein Lasso. Mit diesem Lasso kann die Markierung einzelner Buchstaben aufgehoben werden, indem sie von ihm umfahren werden. Auf diese Weise kann ein Buchstabe fixiert werden, während sich die anderen, noch ausgewählten Buchstaben näher an ihn heranrücken oder weiter von ihm wegbewegen lassen. Indem nach und nach einige Buchstaben oder Buchstabengruppen festgesetzt und die noch ausgewählten verschoben werden, ist eine präzise Steuerung der Zeichenabstände möglich.

Schrift in Alpha-Kanälen speichern. Wann immer der Einsatz von Schrift erforderlich ist, sollte ihre Speicherung in einem Alpha-Kanal statt in dem Bild erwogen werden. Zum einen ist die Auswahl dann permanent verfügbar, weil sie geladen (Menü Auswahl, Auswahl laden) und nachträglich geändert werden kann. Darüber hinaus können die Abstände der Schriftzeichen in einem Alpha-Kanal ziemlich einfach korrigiert werden, selbst wenn die ursprüngliche schwe-

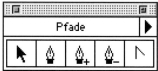

Die Pfadpalette

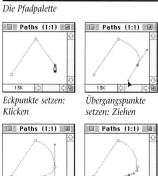

Eckpunkte setzen: Klicken

Übergangspunkte setzen: Ziehen

Pfad schließen

Punkt einfügen

Punkt löschen

Punkttyp ändern

PFAD-TOLERANZ EINSTELLEN

Wird der Befehl Pfad erstellen aus dem Einblendmenü der Pfadpalette gewählt, um eine Auswahl in einen Pfad umzuwandeln, öffnet sich ein Dialog, in dem die Toleranz für die Angleichung der Bézier-Kurve an die Auswahlbegrenzung eingestellt werden kann. Ein Toleranzwert von 0 bedeutet, daß der Pfad die Auswahl mit höchster Genauigkeit nachzeichnen muß, was einen äußerst komplexen und rechenintensiven Pfad zur Folge hat. Je höher der Toleranzwert, desto freier folgt der Pfad der Auswahlbegrenzung. Ein hoher Toleranzwert reduziert die Wahrscheinlichkeit, daß beim Export des Pfads in ein anderes Pogramm ein Limitcheck-Fehler auftritt.

bende Auswahl bereits aufgehoben ist. Wenn die Schrift in dem Kanal weiß auf schwarzem Grund angezeigt wird, sollte die allgemeine Hintergrundfarbe auch auf Schwarz gesetzt werden. Nach einem Doppelklick auf den Zauberstab in der Werkzeugpalette wird die Toleranz im erscheinenden Dialog auf 254 festgelegt. Nun können mit dem Zauberstab einzelne oder, unter Zuhilfenahme der Umschalttaste, mehrere Zeichen ausgewählt werden. Die Buchstaben lassen sich mit der Maus oder in feinen Schritten mit den Richtungstasten verschieben.

Wird die Kanälepalette verwendet, kann die Abstandsregulierung bei Anzeige des Bildes optimal kontrolliert werden. Dazu zuerst den Namen des Kanals in der Kanälepalette auswählen, damit er angezeigt und verändert werden kann. Danach wird in die »Augen«-Spalte des Hauptkanals geklickt. Daraufhin wird sowohl das Bild als auch der Alpha-Kanal (in der Maskenfarbe) angezeigt, Veränderungen werden aber allein im Alpha-Kanal wirksam.

DER ZEICHENSTIFT

In der Photoshop-Version 2.5 wurde der Zeichenstift von der Werkzeugpalette in eine eigene Palette verlagert, die mit Pfadpalette einblenden aus dem Menü Fenster geöffnet werden kann. Die Pfadpalette enthält alles Nötige zum Zeichnen und Bearbeiten von glatten Pfaden (sogenannten Bézier-Kurven). Pfade können mit Namen versehen und gespeichert werden, damit sie später wieder aufgerufen werden können, um sie in eine Auswahl zu verwandeln oder mit einer bestehenden Auswahl zu verbinden. Die Befehle zum Speichern, Laden und Auswählen befinden sich in dem Einblendmenü der Pfadpalette, das mit einem Klick auf den Pfeil rechts oben in der Palette herausgeklappt werden kann. Die Befehle des Einblendmenüs erlauben auch das Füllen von Pfaden oder das Erstellen eines Beschneidungspfades, der Bildkonturen nachzeichnet und der beispielsweise in ein Seitenlayout exportiert werden soll.

Die Form einer mit dem Zeichenstift gezeichneten Bézier-Kurve wird von der Position der Ankerpunkte und der Stellung der Kurventangenten oder »Griffe« bestimmt, die steuern, wie die Kurve aus einem Punkt hinausläuft. Wie mit dem Zeichenstift gearbeitet wird, wird im *Adobe Photoshop Handbuch* erklärt. Im folgenden sind noch ein paar Tips für dessen Verwendung aufgeführt:

Pfad zeichnen. Vorgehensweise beim Zeichnen eines Pfads:

- Ein Mausklick erzeugt einen Eckpunkt (ohne Griffe). Das Setzen zweier Eckpunkte nacheinander erzeugt eine gerade Linie.

- Das Ziehen des Zeichenstifts erzeugt einen Übergangspunkt, gleichzeitig lassen sich die Griffe positionieren.

- Wird beim Setzen eines Eckpunktes oder Übergangspunktes gleichzeitig die Umschalttaste gedrückt, wird deren Winkel auf 45° oder 90° eingeschränkt.

- Wenn ein kleiner Kreis rechts neben dem Zeichenstift angezeigt wird, kann der Pfad geschlossen werden.

Pfad in eine Auswahl verwandeln

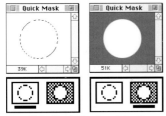

*Auswahl im Standardmodus mit Lauf-
rahmen (links) und im Maskierungsmodus
mit roter Maske (rechts)*

Pfad bearbeiten. Pfade lassen sich nachträglich bearbeiten:

• Punkte können mit dem Pfeil der Pfadpalette bewegt werden.

• Mit einem einfachen Mausklick werden einzelne oder, bei gedrückter Umschalttaste, mehrere Ankerpunkte oder Kurvensegmente
ausgewählt.

• Der Zeichenstift mit (+) fügt einen Punkt in den Pfad ein.

• Der Zeichenstift mit (-) entfernt einen Punkt aus dem Pfad.

• Das Umwandlungswerkzeug (der offene Pfeil) verwandelt einen gewählten Eckpunkt in einen Übergangspunkt und umgekehrt.

• Mit dem Umwandlungswerkzeug können die Griffe eines Über-
gangspunkts unabhängig voneinander bewegt werden.

• Ein Pfad kann in die Zwischenablage kopiert oder ausgeschnitten
und anschließend eingefügt werden.

Pfad duplizieren. Ein Pfad wird dupliziert, wenn er bei gedrückter
Wahltaste bewegt wird.

Pfad verschieben. Um einen Pfad vollständig auszuwählen, wird
er bei gedrückter Wahltaste mit dem Auswahlpfeil angeklickt (nicht
ziehen). Sobald die Wahltaste wieder gelöst ist, läßt sich der Pfad verschieben, ohne sich zu duplizieren oder seine Form zu ändern.

Pfad sichern. Pfad auswählen und den Befehl Pfad sichern aus dem
Einblendmenü wählen.

Auswahl in einen Pfad verwandeln. Mit Pfad erstellen aus dem
Einblendmenü wird eine Auswahl in einen Pfad umgewandelt.

Pfad laden. Um einen Pfad zu laden, wird sein Name aus der Liste
der Pfadpalette ausgewählt.

Pfad in eine Auswahl verwandeln. Pfad auswählen und den
Befehl Auswahl erstellen aus dem Einblendmenü wählen.

MASKEN

Der Maskierungsmodus ist ein neues Leistungsmerkmal der Version
2.5, mit dem eine Auswahl vorübergehend gespeichert werden kann.
Nachdem eine Auswahl getroffen wurde und das Symbol für den
Maskierungsmodus in der Werkzeugpalette gewählt wurde, verwandelt sich der nicht ausgewählte Bereich in eine halbtransparente Maske. Anders als die gestrichelten Laufrahmen verschwindet die Maske
nicht, wenn die Malwerkzeuge zum Bearbeiten der Auswahl angewendet werden. Durch einen Mausklick auf das Symbol für den Standardmodus verwandelt sich die Maske wieder in eine aktive Auswahlbegrenzung.

Mit einem Doppelklick auf das Symbol für den Maskierungsmodus
öffnet sich der Masken-Dialog, in dem Farbe und Deckkraft der Maske einstellbar sind und gewählt werden kann, ob der ausgewählte
oder der maskierte Bereich mit der Maskenfarbe eingefärbt werden

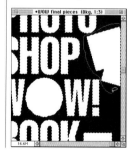

Kanäle sollten sinnvolle Namen tragen, die auf ihren Inhalt hindeuten, damit beim Laden nicht das große Rätselraten beginnt

Ein komplexes Motiv wird mit dem Zauberstab und mit Auswahl, Ähnliches auswählen ausgewählt. Anschließend Auswahl umkehren und sichern.

soll. Beispiele für die Verwendung des Maskierungsmodus befinden sich auf den Seiten 28 bis 30 und an anderen Stellen in diesem Buch.

ALPHA-KANÄLE

Die Alpha-Kanäle von Photoshop stellen in gewisser Weise eine Unterdatei zum Speichern von ausgewählten Bereichen dar, die zu einem späteren Zeitpunkt wieder ins Bild geladen und bearbeitet werden können. Eine in einem Alpha-Kanal gespeicherte Auswahl ist quasi eine Maske. Sie besitzt weiße Bereiche, die sich als aktive Auswahl laden lassen, schwarze Bereiche, die diejenigen Bereiche des Bildes schützen, auf die eine Änderung nicht angewendet werden soll, und graue Bereiche, durch die das Bild abhängig von den Helligkeitswerten belichtet werden kann.

Jede beliebige Auswahl kann in einem Alpha-Kanal gespeichert werden. In Verbindung mit den Funktionen unter Bild, Berechnen lassen sich die in Alpha-Kanälen gespeicherten Bereiche zu anspruchsvollen Auswahlen kombinieren, die weit über die Auswahlmöglichkeiten der Auswahlwerkzeuge – selbst unter Zuhilfenahme der Befehls- und Umschalttaste – hinausgehen.

Eine Photoshop-Datei kann insgesamt bis zu 16 Kanäle besitzen. In einer RGB-Datei sind bereits vier Kanäle belegt, Hauptkanal plus drei Kanäle für die Einzelfarben, so daß 12 Alpha-Kanäle übrig bleiben, die zur Wiederherstellung einer unabhängigen Auswahl verwendet werden können. Eine Graustufendatei kann bis zu 15 Alpha-Kanäle besitzen, eine CMYK-Datei hingegen nur bis zu 11.

Neuen Alpha-Kanal erstellen.

- Auswahl treffen und Auswahl, Auswahl sichern wählen.
- Mit Fenster, Kanälepalette einblenden gegebenenfalls die Kanälepalette aufrufen und aus ihrem Einblendmenü den Befehl Neuer Kanal wählen. Hiebei sollte von der Möglichkeit Gebrauch gemacht werden, dem Kanal einen Namen zu geben, der auf seine spätere Verwendung hinweist.

Alpha-Kanal als Auswahl laden. Auf folgende Weise wird ein Alpha-Kanal in eine Auswahl verwandelt:

- Den Befehl Auswahl, Auswahl laden aufrufen und, falls mehrere Alpha-Kanäle existieren, den richtigen aus der Liste auswählen.
- Den Befehl Bild, Berechnen, Duplizieren auswählen, als Quelldatei den Alpha-Kanal angeben und als Zieldatei *Auswahl* wählen.

CLEVERES AUSWÄHLEN

Trotz der vielfältigen Möglichkeiten, eine Auswahl zu treffen und zu speichern, ist das wichtigste Auswahlwerkzeug noch nicht genannt: das vorausschauende Denken des Anwenders. Das Wissen um die Arbeitsweise der Auswahlwerkzeuge und anderer Photoshop-Funktionen und die Überlegung, welcher Bereich des Bildes verändert werden soll und wie das erreicht werden kann, können helfen, die anfallenden Arbeitsabläufe zu vereinfachen.

Die Arbeit in einem einzelnen Kanal kann die zur Auswahl nötige Trennung von Vordergrund und Hintergrund oft erleichtern.

Eine stark gepixelte Auswahlbegrenzung (A) kann geglättet werden: Weichzeichner anwenden (B) und mit Bild, Einstellen, Tonwertkorrektur die Ränder scharfzeichnen. Die schwarzen und weißen Regler für die Tonwertspreizung eng zusammenschieben, um die Weichzeichnung zu reduzieren und einen Glättungseffekt hervorzurufen (C). Je enger die Regler, desto schärfer die Ränder. Ein Versetzen aller drei Regler nach links oder rechts, schrumpft die Auswahl ein (D) oder bläht sie auf (E).

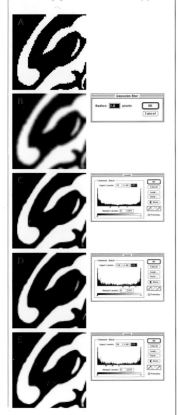

Auswahl umkehren. Für die Auswahl komplexer Bereiche, die eine schwer bestimmbare Grenze besitzen (wie Haare) oder aus vielen Teilen bestehen (wie die Blätter an einem Baum), ist es oftmals einfacher, zuerst den Hintergrund auszuwählen und dann die Auswahl umzukehren (Menü Auswahl, Auswahl umkehren).

Einen einzelnen Kanal auswählen. In einigen RGB- oder CMYK-Bildern hebt sich das Motiv manchmal in einem einzelnen Kanal besser vom Hintergrund ab, als in anderen Kanälen. Dieser Umstand kann ausgenutzt werden: Zuerst alle Farbkanäle einzeln überprüfen (Namen der Kanäle in der Kanälepalette auswählen) und den Kanal mit dem größten Kontrast zwischen Motiv und Hintergrund ausfindig machen. Dann den betreffenden Kanal durch Auswahl seines Namens in der Kanälepalette aktivieren, die Auswahl mit den Auswahlwerkzeugen treffen und die Auswahl in einem Alpha-Kanal speichern (Auswahl, Auswahl sichern; oder Auswahl erstellen in der Pfadpalette, falls die Auswahl ein Zeichenpfad ist). Anschließend die Auswahl in das Hauptbild laden (Auswahl, Auswahl laden).

Helligkeitsmaske erstellen. Das Einfügen eines Graustufenbildes in einen Alpha-Kanal macht es zu einer Auswahlmaske, die wieder in den Hauptkanal geladen werden kann, um die hellen Partien des Bildes auszuwählen. Mit dieser Auswahl, oder auch nur einem Teil davon , lassen sich Farbe, Farbton oder Struktur des Bildes ändern. Bei aktivem Alpha-Kanal erzeugt der Befehl Bild, Festlegen, Umkehren eine negative Maske, die das Foto mit einem neuen Hintergrund unterlegen kann, indem die Auswahl mit Farbe gefüllt oder durch Korrigieren der Tonwerte abgedunkelt wird.

Farbrand entfernen. Trotz sorgfältigster Auswahl kann es vorkommen, daß beim Einfügen einer Auswahl einige Hintergrundpixel mit kopiert werden.

- Um die Ränder eines aus einem schwarzen oder weißen Hintergrund ausgeschnittenen Bildes zu entfernen, sollte im Dialog Montagekontrolle der Modus Schwarze Matte bzw. Weiße Matte eingestellt werden.

- Wenn die Ränder eine andere Farbe als Schwarz oder Weiß besitzen, kann für eine schwebende Auswahl der Befehl Auswahl, Rand entfernen Abhilfe schaffen. Er weist den Rändern die Farbe der angrenzenden Pixel zu.

- Eine andere Möglichkeit, farbige Ränder zu entfernen, besteht darin, die Auswahlbegrenzung ganz leicht zu schrumpfen, so daß die Ränder verschwinden. Dazu wird die Auswahl in einem Alpha-Kanal gespeichert (Auswahl, Auswahl sichern). Dann mit Filter, Sonstige Filter, Dunkle Bereiche vergrößern die weiße Fläche im Kanal verkleinern. Oder den Kanal in sich selbst als Auswahl laden und die weiße Fläche mit Bearbeiten, Kontur füllen, Mitte, Normal verkleinern. Mit dieser kleineren Maske wird das Bildmotiv erneut ausgewählt und in den neuen Hintergrund eingefügt.

Malmodi zur Auswahl verwenden. Manchmal besteht der einfachste Weg, eine Auswahl zu treffen, gar nicht in einer exakten Aus-

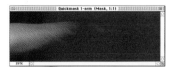

Maske mit einem Verlauf von links nach rechts im Maskierungsmodus

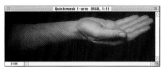

Im Standardmodus wird die Maske in eine Auswahl verwandelt und als »Filter« für die Hintergrundfarbe verwendet

Vereinigung zweier Bilder durch eine vertikale Verlaufsmaske

Ein Foto wird mit dem Gallery Effects-Filter Chalk & Charcoal durch eine Verlaufsmaske in ein Gemälde verwandelt

FOTOS: CRAIG McCLAIN

Eine kreisförmige Maske schützt das Gesicht vor der Weichzeichnung

wahl. Mit den Modi Aufhellen und Abdunkeln kann eine komplizierte Auswahl vermieden werden. Angenommen, es wären auf einem Foto störende, helle Wasserflecken auf blauem Himmel zu entfernen und es bestünde die Schwierigkeit, den Himmel getrennt von den Bäumen auszuwählen. Mit dem Lasso könnte bei gedrückter Wahltaste ein rechteckiger Auswahlrahmen um den gesamten Himmel gezogen werden, der auch die Bäume mit einschließt. Die Pipette könnte dann ein Blau des Himmels für die Vordergrundfarbe aufnehmen, das dunkler ist als die Wasserflecke, aber heller als die grünen Blätter. Danach würde der Befehl Bearbeiten, Fläche füllen gewählt und der Modus auf Abdunkeln gestellt, so daß nur die Pixel verändert werden, die heller als die Vordergrundfarbe sind. Das Himmelsblau würde die Wasserflecke ersetzen, ohne die Blätter einzufärben.

AUSWÄHLEN MIT DEM VERLAUFSWERKZEUG

Das Verlaufswerkzeug eignet sich auch zum Erstellen einer Verlaufsmaske, mit der Veränderungen in sanften Übergängen anwendbar sind. Es gibt zwei Möglichkeiten, eine solche Maske zu erzeugen: Entweder wird in den Maskierungsmodus gewechselt und mit dem Verlaufswerkzeug ein Verlauf erstellt, oder der Verlauf wird in einem Alpha-Kanal angelegt und anschließend als Auswahl geladen.

Einfarbiger Verlauf. Zunächst eine Maske mit einem Verlauf von oben nach unten und von Weiß zu Schwarz erzeugen. Wenn das Bild »im Nebel versinken« soll, wird die Hintergrundfarbe mit einem Klick auf das Feld der Standardfarbbelegung auf Weiß gesetzt und die Rückschrittaste betätigt. Die gleiche Technik kann anwendet werden, um mit einer Farbe oder mit Schwarz zu färben.

Verlaufsmusterfüllung. Verlaufsmaske erstellen, Muster definieren und Bearbeiten, Fläche füllen, Muster wählen.

Foto in Gemälde verwandeln. Verlaufsmaske erstellen und durch sie hindurch einen Filter anwenden.

Farbbild in Schwarzweißbild verwandeln. Die Sättigung des Bildes mit dem Befehl Bild, Einstellen, Farbton/Sättigung durch die Verlaufsmaske hindurch reduzieren. Oder das Farbbild duplizieren und die Kopie in ein Graustufenbild oder eine Bitmap verwandeln. Danach das Schwarzweißbild kopieren und durch die Verlaufsmaske in das Farbbild einfügen.

Zwei Bilder verbinden. Verlaufsmaske erstellen und die beiden Bilder mit In die Auswahl einsetzen oder Hinter der Auswahl einsetzen ineinander übergehen lassen.

Bildbereiche schützen. Mit einer kreisförmigen Verlaufsmaske können Teile des Bildes von Veränderungen, die auf die übrigen Bereiche angewendet werden, ausgenommen werden.

Die Rechenfunktionen

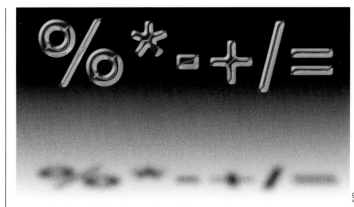

Übersicht: *Mit den Befehlen im Untermenü Berechnen des Menüs Bild lassen sich vielfältige Kombinationen aus Dateien mit gleicher Auflösung und Bildgröße durchführen oder mehrere Kanäle einer Datei vereinigen.*

REGELN ZUM BERECHNEN

Wenn die Befehle aus dem Untermenü Berechnen angewendet werden sollen, müssen folgende Voraussetzungen erfüllt sein:
1. Alle Dokumente, mit deren Kanälen gearbeitet werden soll, müssen geöffnet sein.
2. Die Dokumente müssen dieselben Abmessungen besitzen, und zwar bezüglich ihrer Größe in Pixeln! Dies ist immer dann der Fall, wenn die Kanäle demselben Dokument zugehören, weil sie dann automatisch dieselbe Größe haben. Dokumente unterschiedlichen Ursprungs und in separate Dokumente aufgeteilte und nachbearbeitete Dateien müssen, wenn ihre Größe differiert, zur Vereinigung auf die exakten Pixelabmessungen gebracht werden.
3. Zieldokument und Zielkanal müssen den gleichen Datentyp akzeptieren. Es ist beispielsweise nicht möglich, das Ergebnis einer Berechnung, das nach einem RGB-Kanal verlangt, in einem Graustufenkanal zu speichern.

EINIGE DER LEISTUNGSSTÄRKSTEN FUNKTIONEN in Photoshop sind in einem Untermenü versteckt, dessen Name allen künstlerisch-kreativen Photoshop-Anwendern befremdlich erscheinen dürfte. Viele der Funktionen im Untermenü *Berechnen* (Menü Bild) entfalten ihre Wirkung, indem sie *mathematische* (!) Berechnungen mit den Werten der korrespondierenden Pixel zweier Quell*kanäle* (selbst diese Bezeichnung ist ein wenig unheimlich) durchführen und das Ergebnis in einem dritten Kanal (dem Ziel) speichern.

Auch bei den Filtern handelt es sich um mathematische Berechnungen, aber sie präsentieren sich mit freundlicheren Namen, wie etwa Relief oder Weichzeichnen. Durch die Kombination von Filtern und Rechenfunktionen können erstaunliche Resultate erzielt werden. Freunden der Mathematik erklärt das *Adobe Photoshop Handbuch* die Formeln, die den Funktionen zugrunde liegen. Diejenigen, die sich weniger für Mathematik als für die konkrete, optische Wirkung interessieren, finden auf den beiden folgenden Seiten etliche Beispiele.

AUSGEFRANSTE RÄNDER KORRIGIEREN

Bei der Anwendung der Rechenfunktionen auf Kanäle (insbesondere der Funktionen Hellere Pixel, Dunklere Pixel, Addieren und Subtrahieren) können ausgefranste Ränder entstehen, die zu einem Problem werden können, wenn der Inhalt des Kanals geladen und als Auswahl eingesetzt wird. Die Auswahl kann beispielsweise unerwünschte Hintergrundpixel aufnehmen. Viele Anwender beheben das Problem, indem sie diese Pixel mit dem Schmierfinger oder Weichzeichner von Hand nachbearbeiten (eine knifflige Arbeit, die mit größter Genauigkeit ausgeführt werden muß). Besitzen die Ränder etwa dieselbe Farbe oder denselben Grauwert, kann der Inhalt des Kanals als Auswahl geladen (Menü Auswahl, Auswahl laden; und den Kanal wählen, in dem gearbeitet wird) und dem Rand eine Kontur in der Farbe der angrenzenden Pixel gegeben werden (Bearbeiten, Kontur füllen). Oder die Ränder der Auswahl werden beim Einfügen korrigiert (Auswahl, Rand entfernen). Schließlich können beim Einfügen auch die Modi Schwarze Matte oder Weiße Matte aus der Montagekontrolle verwendet werden.

Eingefügtes Original   *Rand entfernt und eingefügt*

Kanalbe-rechnungen

Übersicht: *Die numerierten Bilder sind zum Experimentieren als 16-Kanal-Mehrkanalbilder auf der Diskette enthalten. Kapitel 8 bietet Step-by-step-Anleitungen für die in der letzten Spalte abgebildeten Effekte Geprägtes Papier, Druckplatte und Geschliffenes Glas.*

DIESE BILDER VERANSCHAULICHEN die Arbeitsweise der Rechen- bzw. Kanaloperationen. Ein einfaches Beispiel von Steve Lomas in Verbindung mit Tips von Kai Krause sollen zum Experimentieren anregen. Alle 16 numerierten Bilder sind aus einem einfachen, invertierten Buchstaben innerhalb eines Kanals eines Mehrkanalbildes heraus entwickelt. Als Bildunterschrift ist jeweils eine Kurzanleitung aus verwendeten Menübefehlen und Dialogeinstellungen wiedergegeben. Zur Platzersparnis wurden dabei einige Befehlsnamen abgekürzt. Als Beispiel mag die Kurzanleitung zu Bild 15 dienen: Menü Bild, Berechnen, Differenz auswählen, für Quelle 1 Kanal 4 festlegen, für Quelle 2 Kanal 6 und für Ziel Neu; Menü Bild, Festlegen, Umkehren auswählen; dann Menü Bild, Einstellen, Tonwertkorrektur aufrufen und Schaltfläche Auto wählen; schließlich Menü Auswahl, Auswahl laden, Kanal #2 auswählen; zuletzt mit Weiß füllen.

1 *Ausgangsbild (505 Pixel Breite)*

2 *Bild, Berechnen, Dupl. (1, Neu, Umkehren); Filter, Sonst. Filter, Dunkl. B. vergr. (5)*

3 *Bild, Berechnen, Differenz (1, 2, Neu)*

4 *Bild, Berech., Dupl. (1, Neu); Filter, Sonst., Verschieb. (8, 5, Kantenp.); Gauß. Weichz. (5); Bild, Einstellen, Kontrast (–50)*

5 *Bild, Berechnen, Duplizieren (4, Neu); Filter, Sonst., Verschiebungseffekt (–16, –10, Kantenp.)*

6 *Bild, Berechnen, Differenz (4, 5, Neu); Bild, Festlegen, Umkehren; Bild, Einstellen, Tonwertkorrektur, Auto*

AUTOMATISCH DUPLIZIEREN

Beim Experimentieren mit den Kanaloperationen wird oftmals die Befehlsfolge Bild, Berechnen, Duplizieren benötigt. Es läßt sich Zeit sparen, wenn unter Ablage, Voreinstellungen, Funktionstasten ein entsprechendes Tastenkürzel definiert wird. Alternativ lassen sich auch die Wow-Funktionstasten von der Wow!-Diskette laden.

7 *Bild, Berechnen, Addieren (1, 4, Neu, Skalierung 1, Verschiebung 0)*

8 *Bild, Berechnen, Multiplizieren (1, 4, Neu)*

9 *Bild, Berechnen, Subtrahieren (1, 4, Neu, Skalierung 1, Verschiebung 128)*

10 *Bild, Berechnen, Duplizieren (1, Neu); Filter, Weichz., Gauß. Weichz. (5); Filter, Stil., Relief (–60, 3, 100); Bild, Einstellen, Tonwertkorrektur, Auto*

Flüssiges Metall: *Kanal 15 in eine RGB-Datei laden; Bild, Einstellen, Farbbalance; KPT Texture Explorer, Procedural Blends (metals, liquid gold puddles)*

11 *Bild, Berechnen, Duplizieren (10, Neu); Auswahl, Auswahl laden, #3; mit 50%igem Grau füllen*

12 *Bild, Berechnen, Multipl. (6, 10, Neu); Bild, Berechn., Dupl. (1, Auswahl); Auswahl, Auswahl umkehren; mit weiß füllen*

Geprägtes Papier: *Reliefwinkel von Kanal 10 ändern; Masken für Lichter und Tiefen ausziehen; Kanal 2 laden; Tonw. korr.*

13 *Bild, Berechnen, Differenz (6, 11, Neu); Bild, Festlegen, Umkehren*

14 *Bild, Berechn., Dupl. (5, Neu); Bild, Einstellen, Tonwertk., Auto; Bild, Berechn., Dupl. (1, Auswahl); mit Schwarz füllen*

Druckplatte: *Kanal 2 in RGB-Datei laden; Weichz.; Relief; Ber., Dupl. (Schwarz, Ausw.); Bild, Einst., Tonwertk.; Bild, Einst., Farbt./Sätt.*

15 *Bild, Berechn., Differenz (4, 6, Neu); Bild, Festlegen, Umkehren; Tonwertk., Auto; Auswahl, A. laden, #2; mit Weiß füllen*

16 *Bild, Berechnen, Montieren (12, 6, 11, Neu)*

Geschliffenes Glas: *Kanal 16; Auswahl, A. laden, #2; KPT Texture Explorer (Normal); Auswahl, A. umkehren; KPT Texture Explorer (Procedural); Bild, Festlegen, Umkehren*

Der Mas-kierungs-modus

Übersicht: *Auswahl treffen und in den Maskierungsmodus wechseln, Maske mit den Mal-werkzeugen und dem Radier-gummi bearbeiten, zurück in den Standardmodus wechseln, die Auswahl in einem Alpha-Kanal speichern*

CRAIG McCLAIN

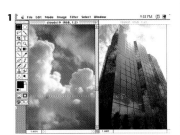

Ausgangsbilder

Auswahl vornehmen

Maskierungsmodus einstellen

DURCH DEN MASKIERUNGSMODUS, die neue Kanälepalette und die Möglichkeit, Farbe und Deckkraft der Masken zu variieren, ist es in Photoshop 2.5 gegenüber früheren Versionen sehr viel einfacher ge-worden, komplexe Masken zu erstellen. Diese Leistungsmerkmale machen es möglich, das Bild anzuzeigen, während die Maske zuge-schnitten wird. Der Fotograf Craig McClain montierte zwei seiner ei-genen Fotos zu einem Bild mit dem Namen *HQ*. Zuerst benutzte er den Zauberstab zur Auswahl und erzeugte mit dem Maskierungsmo-dus die Kanäle, die er für die oben abgebildete Montage benötigte.

1 Vorgehensweise planen. Nach eingehender Betrachtung der zu montierenden Bilder sollte entschieden werden, wie vorgegangen wird. McClain wußte, daß er eines der beiden Bilder in der Größe verändern mußte, damit sie in der Montage zusammenpassen. Ent-weder mußte der Himmel vergrößert oder das Gebäude verkleinert werden. Außerdem sollte der Wolkenkratzer vor der Vereinigung perspektivisch verzerrt werden. In der Regel ist die Verkleinerung eines Bildes der Vergrößerung vorzuziehen, aber in diesem Fall hätte McClain auch anders vorgehen können. Der Himmel ist ein »wei-ches«, natürliches Motiv, das der Interpolation beim Vergrößern standhalten könnte. Das Gebäude aber könnte aufgrund seiner geraden Linien beim Verkleinern durch die Interpolation Schaden nehmen. Am Ende entschied er sich doch dafür, das Gebäude zu ver-kleinern, was bedeutete, daß das Bild mit dem Himmel das »Empfän-ger«-Bild darstellte, die Datei, in der die Montage durchgeführt wür-de. In dieser Datei begann er damit, die Maske für die Vereinigung beider Bilder zu erstellen. Sein Plan war, die Maske im Zieldokument zurechtzuschneiden, die Größe des Gebäudes im Quelldokument zu verändern, es auszuschneiden und in das Zieldokument einzusetzen.

4

Maske bearbeiten

5a **5b**

Alpha-Kanal speichern

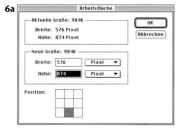

Maske in eine Auswahl umwandeln

6a

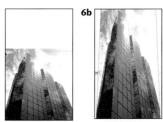

6b

6c

Arbeitsfläche einfügen *Verzerren*

Gebäude skalieren

2 Die erste Auswahl. Im Zieldokument ist ein möglichst großer Bereich des Vorder- oder Hintergrunds mit den Auswahlwerkzeugen auszuwählen. McClain wußte, daß er entweder die Wolken in einem Alpha-Kanal speichern konnte (in diesem Fall wäre das Gebäude dahinter einzufügen) oder den Himmel (dann wäre das Gebäude in ihm zu plazieren). Er entschied sich für den Himmel und wählte ihn mit dem Zauberstab aus.

3 Maskierungsmodus aktivieren. Während die Auswahl noch aktiv ist, kann in den Maskierungsmodus mit einem Klick auf sein Symbol in der Werkzeugpalette umgeschaltet werden. Mit einem Doppelklick auf das Symbol öffnet sich der Werkzeug-Dialog, in dem Farbe und Deckkraft der Maske einstellbar sind. Ein Mausklick auf das Farbfeld öffnet den Farbwähler, so daß eine abweichende Maskenfarbe ausgewählt werden kann. McClain behielt die Standardeinstellung des 50%igen Rots bei, da es einerseits einen sehr guten Kontrast zu den blauen Tönen des Bildes darstellt, und andererseits aufgrund seiner transparenten Eigenschaften gewährleistet, daß die Details des Bildes durch die Maske hindurch sichtbar bleiben.

4 Maske säubern. Mit dem Pinsel oder einem anderen Malwerkzeug ist die Maske zu reinigen. Der maskierende Bereich kann erweitert werden, wenn in der Vordergrundfarbe gemalt wird, oder verkleinert werden, wenn ein Mausklick auf das Symbol Farben tauschen (der Doppelpfeil oben rechts bei den Farbfeldern in der Werkzeugpalette) ausgeführt wird, das Vorder- und Hintergrundfarbe vertauscht. McClain vertauschte die Farben und verwendete den Pinsel mit einer großen, weichen Spitze, um einige der Wolken aus der Maske zu entfernen, wodurch der ausgewählte Bereich vergrößert wurde. Für dieses Bild brauchte McClains Auswahl nicht allzu präzise zu sein, weil die Ränder der Wolken nachträglich mit einer weichen Auswahlkante behandelt werden konnten.

5 Auswahl sichern. Wenn die Maske fertiggestellt ist, kann wieder der Standardmodus aktiviert werden (auf das Symbol in der Werkzeugpalette klicken). Dadurch verwandelt sich der nicht maskierte Bereich in die aktive Auswahl. Mit Auswahl, Auswahl sichern wird die Auswahl als Alpha-Kanal (#4) gespeichert.

6 Quellbild vorbereiten. Da McClain die Höhe des Gebäudes herausstellen wollte, fügte er dem Bild am oberen Rand mehr Arbeitsfläche hinzu (Menü Bild, Arbeitsfläche; im Positionsfeld wählte er die Position am unteren Rand der Arbeitsfläche, damit der neue Hintergrund auch tatsächlich nur am oberen Rand hinzugefügt wird). Dann wählte er das Gebäude aus, rief den Befehl Bild, Effekte, Perspektivisch verzerren auf, und verzerrte das Gebäude, indem er an einem der oberen Griffe zog. Innerhalb des ausgewählten Bereichs, wo der Mauszeiger die Form eines Hammers annimmt, führte er einen Mausklick aus, um die Verzerrung zu übernehmen. Für die Anpassung der Gebäudegröße an den Himmel öffnete er beide Bilder mit eingeblendeten Linealen. Anschließend zog er ein Auswahlrechteck um den

7

Das Gebäude wird maskiert ...

8a

... und in die Auswahl eingesetzt

8b

Die Pixelbreite für die Randentfernung

8c

Abschließende Nachbearbeitung

Teil des Gebäudes, der in das Zieldokument eingesetzt werden sollte, wählte Bild, Effekte, Skalieren und bewegte einen der Griffe so, bis er die richtige Größe des Bildausschnitts am Lineal ablesen konnte.

7 Motiv ausschneiden. Mit den Auswahlwerkzeugen und dem Maskierungsmodus ist wie in den Schritten 3 und 4 zu verfahren. McClain verwendete den Zauberstab, um den Himmel um den Wolkenkratzer herum auszuwählen, und säuberte die Maske mit dem Radiergummi von roten Flecken. Durch die Rückkehr in den Standardmodus verwandelte er die Maske in die aktive Auswahl. Nachdem die Auswahl für gut befunden wurde, kehrte McClain die Auswahl vom Himmel zum Gebäude um (Menü Auswahl, Auswahl umkehren) und kopierte sie in die Zwischenablage.

8 Vereinigung beider Bilder. Im Zieldokument gilt es, die Auswahl aus Kanal 4 zu laden (Auswahl, Auswahl laden) und das Motiv aus der Zwischenablage mit Bearbeiten, In die Auswahl einsetzen oder Hinter der Auswahl einsetzen einzufügen. Nun muß das Motiv im Zieldokument nur noch an die richtige Stelle verschoben werden. Falls es nötig ist, die Kanten der Gebäudesilhouette zu säubern, sollte der Befehl Auswahl, Rand entfernen gewählt werden, bevor die Auswahl mit Auswahl aufheben (Befehl D) in das Bild integriert wird. Dies war auch die Vorgehensweise von McClain: Er setzte das Motiv in den Himmel ein und entfernte, bevor er die Auswahl aufhob, die Ränder. Anschließend stellte er den Stempel im Werkzeug-Dialog (wird mit einem Doppelklick auf das Werkzeugsymbol geöffnet) auf Kopie (nicht ausgerichtet) ein, um Wolkenmuster aus verschiedenen Teilen des Bildes aufzunehmen (durch Anklicken der zu kopierenden Stellen bei gedrückter Wahltaste). Mit einer weichen, mittelgroßen Stempelspitze stempelte er entlang der Wolkenränder.

DIE ARBEITSWEISE DES BEFEHLS »RAND ENTFERNEN«

Der Befehl Auswahl, Rand entfernen korrigiert die Kanten einer schwebenden Auswahl. Eigentlich ist die Bezeichnung »Rand entfernen« etwas irreführend, denn ungewollt mitkopierte Hintergrundpixel werden nicht aus der Auswahl entfernt. Die Auswahl schrumpft nämlich in keiner Weise. Vielmehr »drängt« der Befehl die Farben vom Inneren der Auswahl nach außen in die Randpixel. Die Pixelbreite im Dialog Rand einstellen stellt die Breite des Randbereichs der Auswahl ein, aus dem Farben in die äußersten Pixel gedrängt werden. Eine Einstellung von 2 Pixeln bedeutet, daß das Programm die ersten zwei Pixel von der Auswahlbegrenzung an für die Farbberechnung berücksichtigt. Die Farbe der Randpixel wird in diesem Fall der Farbe der ersten zwei angrenzenden Pixel angeglichen. Eine Breite, die größer als 1 oder 2 Pixel ist, erzeugt einen Rand, der oft schon als unnatürlich empfunden wird.

Foto als Maske verwenden

Übersicht: *Foto kopieren und in einen Alpha-Kanal eines RGB-Bildes einfügen, Tonwerte des Kanals umkehren, Kanal im RGB-Kanal laden, Auswahl kolorieren.*

1

Das Foto wurde in Kanal 4 eingefügt *Die Tonwerte wurden umgekehrt*

Landkarten-Scan

Grafische Maske (Kanal 5)

Kanal 5 im RGB-Kanal geladen

2

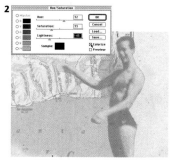

Auswahl kolorieren

DIE GRAUSTUFENINFORMATION EINES FOTOS kann in sehr effektvoller Weise dazu benutzt werden, ein Bild von einer Hintergrundstruktur »hervorzuheben«. Für das oben abgebildete T-Shirt-Design scannte Stephen King zuerst ein Strukturpapier und kombinierte es mit einem Scan von einer Landkarte, einem Foto und einer in Adobe Illustrator erstellten Grafik, mit der er die dunklen Bereiche des Hintergrunds kolorierte. Darüber hinaus wurden weitere Fotos montiert.

1 Helligkeitsmaske erstellen. Zuerst ist eine RGB-Datei zu öffnen, die als Hintergrund für das Bild dienen soll. Das gewünschte Foto wird kopiert und in einen Alpha-Kanal eingefügt (Neuer Kanal aus der Kanälepalette). Der Kanal muß invertiert werden (Befehl I), damit das Foto negativ als Auswahl auf dem RGB-Hintergrund geladen werden kann. Anschließend importierte King eine Grafikdatei aus Adobe Illustrator in einen anderen neuen Alpha-Kanal (#5) und fügte ein gescanntes Landkartenbild ein. Mit Befehl I erzeugte er wieder ein Negativ, lud die Maske aus Kanal 4 (Auswahl, Auswahl laden, #4) und füllte die Auswahl mit der schwarzen Vordergrundfarbe, indem er die Wahl- und Rückschrittaste betätigte. Weil er das Foto und die Grafik in separaten Kanälen speicherte, hatte King die Möglichkeit, sie getrennt zu kolorieren.

2 Kolorieren. Zum Kolorieren werden beide Masken geladen (Auswahl, Auswahl laden, #4 oder #5) und der Befehl Bild, Einstellen, Farbton/Sättigung aufgerufen. Das Kontrollkästchen Kolorieren ist zu aktivieren und die Einstellung mit den drei Reglern vorzunehmen. Nachdem King die beiden Masken geladen und koloriert hatte, fügte er außerdem noch drei Farbfotos und ein Graustufenbild ein, kolorierte auch sie im Dialog Farbton/Sättigung und versah sie mit einem Rahmen.

Bild
mit Text
überlagern

Übersicht: Gewünschte Bildpartie auswählen, Helligkeit einstellen oder den ausgewählten Bereich mittels einer Füllung aufhellen.

FOTO: CARL PURCELL / WORLD TRAVEL, V.1 / GAZELLE TECHNOLOGIES

1

Ausgangsbild

2a

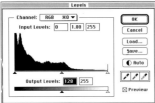

Durch Korrektur des Tonwertumfangs wurde der Kontrast verringert

ES GIBT ZAHLREICHE MÖGLICHKEITEN einen Bildbereich mit Photoshop aufzuhellen, die sich in ihrer Auswirkung auf verbleibende Detailzeichnung und Kontrast unterscheiden. Die jeweils beste Methode hängt vom beabsichtigten Aufhellungseffekt ab. Wenn beispielsweise wie im gestellten Zeitschriften-Layout eine Textpassage in das Bild integriert werden soll, ist die Rücknahme der Detailzeichnung erwünscht, weil der Text sonst auf dem dominierenden Hintergrund nur sehr schwer lesbar wäre.

1 Textbereich auswählen. Der Bereich für die Überlagerung des Textes wird mit dem Auswahlrechteck markiert.

2 Auswahl aufhellen. Der Bereich kann über den Dialog Tonwertkorrektur (Menü Bild, Einstellen) oder mit dem Befehl Fläche füllen (Menü Bearbeiten) aufgehellt werden.

• Tonwertumfang reduzieren. Wird im Dialog Tonwertkorrektur der schwarze Regler für den Tonwertumfang nach rechts verschoben, hellt das Schwarz zu einem Grau auf und alle anderen Farben zu entsprechend helleren Tönen. Auf diese Weise wird der Tonwertumfang von 0 bis 255 auf einen schmaleren Bereich komprimiert (im Beispiel von 120 bis 255), was zu einer Reduktion des Kontrastes führt. Für das obige Beispiel kam diese Methode zur Anwendung.

• Aufhellen mit Weiß. Nach Vertauschen von Vordergrund- und Hintergrundfarbe durch Anklicken des Farbpfeils innerhalb der Werkzeugpalette wird der ausgewählte Bereich mit Bearbeiten, Fläche füllen (Modus Normal oder Negativ multiplizieren) mit Weiß eingefärbt. Der Wert für die Deckkraft bestimmt den Grad der Aufhellung.

FARBTÖNE VERWENDEN

Alternativ zum Füllen mit Weiß kann auch mit einer anderen Vordergrundfarbe aufgehellt werden, wenn sie zuvor mit der Farbpipette aus dem Bild ausgewählt wurde. Durch Variation der Deckkraft in den Füllmodi Negativ multiplizieren oder Normal lassen sich unterschiedliche Wirkungen erzielen.

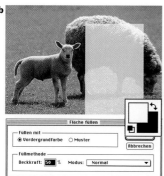

2b

Füllung mit 50% Deckkraft im Modus Normal

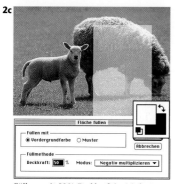

2c

Füllung mit 50% Deckkraft im Modus Negativ multiplizieren

3

3 Aufhellen des Textaufmachers. Aufmacher lassen sich in derselben Weise aufhellen, wie in diesem Beispiel der helle Untergrund für die Schrift. Im Abschnitt auf der nächsten Seite wird eine weitere Methode vorgestellt.

Text einsetzen. Um einen Text so scharfkonturig und lesbar wie möglich in ein Bild zu integrieren, kann das Bild in eine Grafiksoftware wie Adobe Illustrator oder Aldus FreeHand importiert werden oder aber in Layoutprogramme wie Aldus PageMaker und QuarkXPress. Für das Bild »Cool Wool« wurde die Datei von RGB zu CMYK konvertiert und als LZW-komprimiertes CMYK-TIFF abgespeichert. Nach der Übertragung in ein Page-Maker-Dokument wurde der Text über den aufgehellten Bereich gelegt.

SCHRIFT-BILD

Gerasterte Untergründe für Textpassagen verschlechtern die Lesbarkeit. Die Typografin Kathleen Tinkel gibt folgende Tips, wie die Lesbarkeit von Text auf Rasterbildern oder technischen Rastern zu erhalten ist:

• Schriften mit ungewöhnlichen Zeichenformen, mit Haarlinien oder feinen Serifen sind zu vermeiden.

• Die Schrift sollte mit ausreichendem Zeichenabstand gesetzt werden, um die Lesbarkeit auch bei kritischen Zeichenkombinationen wie beispielsweise »ol« (die leicht mit einem »d« verwechselt werden können) zu garantieren.

Die wenigsten Probleme entstehen mit einer fetten Sans Serif, die größer, mit mehr Zeichenabstand und vielleicht auch mit mehr Durchschuß als gewöhnlich gesetzt wird.

INTERAKTIVES AUFHELLEN MIT DER WERKZEUGSPITZENPALETTE

Das Aufhellen eines Bildes oder eines Bildbereiches durch eine Tonwertkorrektur führt zum selben »Bleicheffekt« wie das Aufhellen mit dem Befehl Fläche füllen, wenn Weiß als Vordergrundfarbe ausgewählt ist. Die Tonwertkorrektur hat jedoch einen entscheidenden Vorteil: Sie arbeitet interaktiv. Das heißt, durch die Vorschau-Option kann die Auswirkung der Einstellungen kontrolliert werden, ohne daß dazu der Dialog geschlossen werden müßte. Auch die Füllen-Methode wirkt interaktiv, wenn der markierte Bildbereich schwebend ausgewählt wird (Menü Auswahl, Schwebende Auswahl erstellen). Dazu wird der Bildbereich mit Weiß als Vordergrundfarbe mit Wahl- und Rücktaste gefüllt. Anschließend kann durch Verschieben des Deckkraftreglers die Intensität der Aufhellung variiert werden.

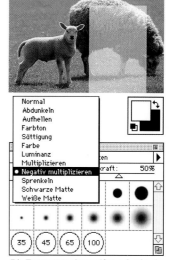

Die Transparenz einer weißen, schwebenden Fläche regeln in der Werkzeugspitzenpalette der Deckkraftregler und die Deckmodi

Schrift
im Bild

Übersicht: Display-Schrift im Alpha-Kanal anlegen, als Auswahl übernehmen und Helligkeit sowie Kontrast einstellen.

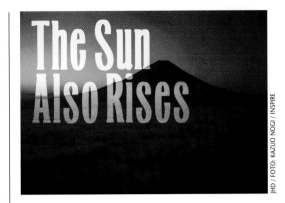

1

2a

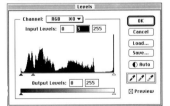

Gamma-Regler nach links verschieben

ANSTATT DEN UNTERGRUND FÜR TEXT AUFZUHELLEN, kann auch eine Auszeichnungsschrift als Teil des Fotos herausgestellt werden. In diesem Fall darf die Detailzeichnung des Bildes weitgehend erhalten bleiben, sofern sie nicht die Lesbarkeit verschlechtert. Um zu erreichen, daß sich die Schrift gut vom Hintergrund abhebt, wird je nach gewünschter Wirkung entweder, wie in diesem Beispiel, die Schrift aufgehellt, oder die Schrift bleibt unverändert, wobei der Hintergrund eine Aufhellung erfährt.

1 Auswahl vornehmen. Zunächst wird das Bild geöffnet und ein Alpha-Kanal (mit Fenster, Kanälepalette einblenden, Neuer Kanal) angelegt, der den Schriftzug aufnehmen soll. Bei RGB-Bildern ist der neue Kanal Kanal 4. Dann wird das Textwerkzeug ausgewählt, die Option Geglättet aktiviert und der Text in der gewünschten Größe und Auszeichnung eingegeben. Nach Bestätigen mit OK erscheint die Schrift im Alpha-Kanal als schwebende Auswahl. Auswahl aufheben (Befehl D) und Bild, Festlegen, Umkehren wählen. Auf diese Weise erhält man eine Maske mit weißer Schrift auf schwarzem Grund.

2 Schrift aufhellen. Im Hauptkanal des Bildes wird die Schrift als Auswahl geladen (Menü Auswahl, Auswahl laden). Mit Befehl H wird die Auswahlbegrenzung ausgeblendet, damit sie in der Anzeige nicht stört. Zur Aufhellung der Schrift wird im Dialog Tonwertkorrektur der mittlere Regler für die Tonwertspreizung (Gamma-Regler) nach links verschoben. Die Tonwertspreizung ist dann so eingestellt, daß alle Tonwerte rechts vom Gamma-Regler heller als 50% werden, und alle Werte links von ihm dunkler als 50%.

• **Gamma-Regler einzeln bewegen.** Wird nur der Gamma-Regler, nicht aber der schwarze und der weiße Regler für die Tiefen und Lichter verschoben, hellt die Auswahl auf, ohne daß die Detailzeichnung abnimmt.

• **Lichterregler bewegen.** Beim Verschieben des weißen Reglers nach links wird der Gamma-Regler mitbewegt, und zwar so, daß er stets denselben Abstand zwischen dem Tiefen- und dem Lichterregler bewahrt. Die Auswahl hellt dadurch auf, aber zugleich werden die Far-

2b

Weißpunkt verschieben

3

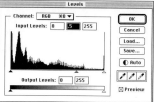

Hintergrund abdunkeln

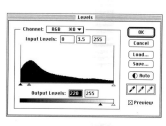

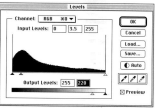

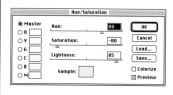

ben auch intensiver, da der Weißpunkt die Detailzeichnung in den hellen Tönen beeinflußt.

3 Kontrast zwischen Schrift und Hintergrund erhöhen.

Wenn die Buchstaben aufgehellt sind, werden sie mit Auswahl, Auswahl umkehren abgewählt und gleichzeitig der Hintergrund ausgewählt. Nun können die Tonwerte des Hintergrundes nachgestellt werden. So könnte beispielsweise der Gamma-Regler nach rechts verschoben werden, um das Bild bei gleichbleibender Detailzeichnung abzudunkeln. Genau dieses Verfahren wurde auf die gezeigte Illustration angewendet.

Hintergrund aufhellen. Einen anderen Weg beschreitet das folgende Verfahren. Indem der Hintergrund durch eine starke Reduzierung des Kontrasts aufgehellt wird, während gleichzeitig die Bereiche innerhalb der Buchstaben unbehandelt bleiben, hebt sich die Schrift deutlich vom Hintergrund ab.

GLATTE SCHRIFTZEICHEN

Wenn Schrift geglättet und nicht mit »Treppenstufen« erscheinen soll:

1. Adobe TypeManager (ATM) installieren (oder TrueType-Fonts verwenden (ab System 7.0)).

2. Im Textwerkzeug-Dialog die Option Geglättet einschalten.

3. Wenn die Zeichen bei aktiviertem ATM immer noch stufig aussehen, sollte der Font-Cache im ATM-Kontrollfeld erhöht werden (Apple-Menü, Kontrollfelder, ~ATM).

FOTOS VEREDELN

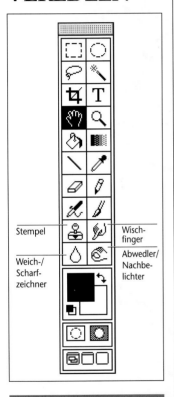

Stempel

Weich-/Scharf-zeichner

Wisch-finger

Abwedler/Nachbe-lichter

IN DIESEM KAPITEL KOMMEN VERSCHIEDENE TECHNIKEN zur Veredlung von Fotos zur Sprache – von der Nachahmung traditioneller fotografischer Techniken wie Bewegungsunschärfe und Weichzeichnung über spezielle Dunkelkammereffekte wie Solarisation bis hin zu Handkolorierung und Fotoretusche. Doch neben diesen spektakulären Verfremdungen nehmen vor allem die Bemühungen, eine bestmögliche Druckwiedergabe eines Fotos zu erzielen, einen Großteil der alltäglichen Arbeit mit Photoshop in Anspruch. Schwarzweiß- oder Farbbilder müssen häufig nachbearbeitet werden, bis sie mit dem vollen Kontrast- oder Farbspektrum und mit klarer und sauberer Zeichnung gedruckt werden können.

Die häufigsten zur Aufbesserung eines Fotos genutzten Photoshop-Funktionen sind hauptsächlich über die Untermenüs Einstellen (Menü Bild) und Scharfzeichnungsfilter (Menü Filter) aufrufbar. Zwei der Dialoge aus dem Untermenü Einstellen, **Tonwertkorrektur und Gradationskurven**, machen einen ziemlich »technischen« Eindruck, während sich der Dialog **Variationen** schon anwenderfreundlicher präsentiert. Aber gerade in der technischen Aufmachung der einen als auch in der intuitiven Benutzerführung des anderen ist ihr jeweiliger Vorteil zu sehen. Tonwertkorrektur und Gradationskurven bieten viel nützliche Information über das Bild und erlauben vielfältige Nachbearbeitungen. Im Gegensatz dazu führt der Dialog Variationen dem Anwender die Auswirkung bestimmter Einstellungen unmittelbar in einer Vorschau vor Augen.

Einer der anderen Befehle im Untermenü Einstellen, Helligkeit/Kontrast mag vielleicht verlockend klingen, weil man sich unter seinem Namen – anders als Tonwertkorrektur und Gradationskurven – auf Anhieb etwas vorstellen kann. Aber der Dialog Helligkeit/Kontrast ist nur eingeschränkt anwendbar und kann, wenn er unbedacht angewendet wird, eine Verzerrung des Farb- oder Tonumfangs zur Folge haben. Vergleicht man die Anwendung von Tonwertkorrektur und Gradationskurven auf ein Bild mit der Akzentuierung der einzelnen Instrumente eines Orchesters, so zeichnen sie sich für einen harmonischen Klang verantwortlich. Die Anwendung von Helligkeit/Kontrast wäre dann so etwas wie laut aufspielende Blechbläser, die versuchen, die Probleme bei den Holzbläsern zu vertuschen.

Eine wichtige Rolle bei der Korrektur vereinzelter Fehler in einem Bild spielen die Werkzeuge Weich-/Scharfzeichner, Abwedler/Nachbelichter, Wischfinger und Stempel. Der Weich-/Scharfzeichner hat die gleiche Funktion und Wirkung wie die Scharf- und Weichzeichnungsfilter, nur daß er eben mit handgesteuerter Präzision arbeitet. Der Abwedler/Nachbelichter kann als ein Werkzeug betrachtet wer-

Fortsetzung auf Seite 38

Wenn ein Foto einen Fehler aufweist, der einem richtig ins Auge springt (wenn es beispielsweise völlig unscharf ist, als Farbfoto ziemlich grau (ungesättigt) aussieht oder einen Grünstich besitzt), wirkt sich die notwendige und drastische Korrektur (Scharfzeichnen, Erhöhung der Sättigung, Neutralisieren des Farbstichs) auf das gesamte Bild aus. Daher sollten solch augenfällige Mängel zuerst korrigiert werden. Wenn Probleme dieser Größenordnung erst zum Schluß angegangen werden, kann es passieren, daß die Korrektur andere, in der Zwischenzeit vorgenommene Veränderungen wieder zurücknimmt.

BRANT HEMINGWAY

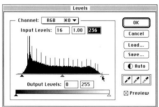

Der Tonumfang wird durch Versetzen des Weißpunkts und des Schwarzpunkts justiert

MOSAIC 2 / VINTAGE

Die Manipulation an der Gradationskurve bewirkt eine detailliertere Zeichnung in den Schatten: vorher (links) und nachher (rechts)

Um einen Punkt der Kurve auf seinen ursprünglichen Wert zurückzusetzen, wird er aus dem Diagrammfeld herausbewegt.

den, das die Funktionen des Dialogs Tonwertkorrektur in sich vereinigt und Kontrast, Helligkeit und Detailzeichnung variiert, und über die Werkzeugspitzenpalette sogar erlaubt, die Lichter, Mitteltöne und Tiefen unabhängig voneinander zu bearbeiten.

BILDKORREKTUR

Gibt es ein Standardverfahren für die Bildnachbearbeitung und die Vorbereitung zur Druckwiedergabe? Farbkorrektur ist eine Fertigkeit, die langjährige Erfahrungen voraussetzt. Ein Farbexperte würde sicherlich auf die Frage, womit bei der Korrektur eines Schwarzweiß- oder Farbbildes zu beginnen ist, antworten: »Das hängt vom Foto ab.« Gleichwohl lassen sich ein paar allgemeine Regeln aufstellen.

Dynamikbereich erweitern. Ein typisches Bild – und dazu zählt weder eine Nahaufnahme vom Gesicht eines schwarzen Kampfbullen noch ein Foto einer auf Satin applizierten Spitze – sollte einen breiten Tonumfang besitzen (und somit eine möglichst genaue Detailwiedergabe gewährleisten). Die Farbe der hellsten Bereiche des Bildes sollten reines Weiß sein, die der dunkelsten reines Schwarz.

Ob ein Bild den vollen Tonumfang ausnutzt, kann am *Histogramm* abgelesen werden, das mit Bild, Einstellen, Tonwertkorrektur angezeigt wird. Das Histogramm zeigt die Anzahl der Bildpixel (das Maß der senkrechten Achse) für jeden der 256 Töne an (die über die waagerechte Achse verteilt sind, von Schwarz am linken Ende bis Weiß am rechten). Wenn sich die Tonwertverteilung nicht über das gesamte Tonwertspektrum erstreckt, bedeutet das, daß das Bild weniger als 256 Graustufen besitzt. Der Tonumfang kann durch Auslösen der Schaltfläche Auto oder durch Verschieben der Regler für die Tonwertspreizung nach innen bis zu den ersten Säulen im Histogramm erweitert werden.

Fotografische Belichtung korrigieren. Einer der häufigsten Fehler beim Fotografieren ist die falsche Belichtung – entweder ist das Bild zu dunkel (unterbelichtet) oder zu hell (überbelichtet), oder die Schatten sind zu dunkel. Vieles von dem, was auf den ersten Blick als Farbproblem erscheint, kann durch eine Belichtungskorrektur behoben werden. Soll die Detailzeichnung in den Lichtern, Mitteltönen oder Tiefen erhöht oder verringert werden, ist der Dialog Gradationskurven aufzurufen (Menü Bild, Einstellen). Mit der Maus läßt sich ein beliebiger Punkt der Kurve an eine neue Position ziehen. Die Kurve ändert dabei ihre Form und folgt der vorgenommenen Veränderung mit glatten Übergängen zum Schwarz- sowie zum Weißpunkt. Die Kurve sollte nach links (zum schwarzen Ende hin) und nach oben gewölbt werden, wenn eine Unterbelichtung zu beheben ist, oder nach rechts (zum weißen Ende hin) und nach unten, um eine Überbelichtung auszugleichen. (Diese Korrektur kann auch mit dem Gamma-Regler im Dialog Tonwertkorrektur ausgeführt werden.) Wenn der Mauszeiger außerhalb des Gradationskurven-Dialogs bewegt wird, verwandelt er sich in eine Pipette. Durch Anklicken eines Tons im Bild wird dessen Position auf der Kurve bestimmt. Durch Verschieben dieses Kurvenpunktes wird dessen Tonwertbereich aufgehellt oder abgedunkelt.

Durch Korrektur der Tonwerte und der Gradationskurve und durch Anwendung des Abwedlers/Nachbelichters auf ausgewählte Bereiche kann Information wiederhergestellt werden, die schon verloren galt, wie in diesem Bild von Jim Belderes. Da, wo die Beschädigung besonders groß war, verwendete Belderes den Stempel im Kopie-Modus.

Beispiel für Tontrennung

Das Motiv wurde mit einem Beschneidungspfad freigestellt und ohne Hintergrund exportiert

Farbstich entfernen. Wenn das Bild trotz Erweiterung des Dynamikumfangs und Belichtungskorrektur noch einen Farbstich aufweist, sollte mit der grauen Pipette aus dem Dialog Tonwertkorrektur oder Gradationskurven ein Farbton des Bildes aufgenommen werden, der als neutraler Grauwert definiert werden soll. Anders als die schwarze oder weiße Pipette verändert die graue Pipette weder Helligkeit noch Kontrast. Vielmehr stellt es die Farbbalance des gesamten Bildes auf der Grundlage des definierten, neutralen Grauwertes ein.

Retusche. Wenn die grundlegenden Korrekturen durchgeführt wurden, können noch vereinzelte Probleme auftreten.

- Um die **Farbe eines bestimmten Bereichs zu korrigieren,** wird eine weiche Auswahl vorgenommen und versucht, mit Variationen oder Farbbalance den Fehler zu beheben.

- Um **Flecken zu entfernen,** kann der Stempel eingesetzt werden. Im Modus Kopie (nicht ausgerichtet) und mit weicher Spitze wird die Farbe und Struktur an einer makellosen Stelle aufgenommen (Wahltaste und Maustaste drücken) und durch Anklicken der fehlerhaften Stelle aufgestempelt.

- Um die **Struktur eines mit Flecken übersäten Bereichs zu glätten,** wird eine weiche, schwebende Auswahl erstellt und mit dem Weichzeichner behandelt oder mit einer einzelnen Farbe gefüllt (bzw. Grauton bei einem Graustufenbild). Über die Pinselpalette oder die Montagekontrolle werden Modus (hier böten sich je nach Art der Flecken Aufhellen oder Abdunkeln) und Deckkraft eingestellt, bevor die schwebende Auswahl in das Bild integriert wird.

Scharfzeichnen. Die Schärfe eines gescannten Fotos kann durch Scharfzeichnen erhöht werden. In der Regel sollte das Scharfzeichnen der letzte Arbeitsgang an einem Bild sein, das für den Druck vorbereitet wird, weil sich die künstlichen Schärfungseffekte in anderen Bildbearbeitungsprozessen potenzieren können, wie z.B. bei der Erhöhung der Farbsättigung.

FOTOS REPARIEREN

Ein Foto, das im Druck reproduziert werden soll, sollte sich möglichst in einwandfreiem Zustand befinden. Allenfalls sollte noch eine kleine »Nachbelichtung« nötig oder ein Farbstich zu entfernen sein, aber im großen und ganzen sollte es in Ordnung sein. Im Idealfall ist die Schärfe ausreichend, der Ausschnitt gut gewählt oder zumindest beschneidbar, die Personen haben die Augen offen und ziehen keine Grimassen, und auch der Hintergrund gibt keinen Grund zur Beanstandung. Aber es gibt eben auch Fälle, wo ein Foto *unbedingt* in einer Publikation erscheinen muß. Als Beispiele wären Bilder denkbar, die ein wichtiges Ereignis dokumentieren, oder die frei verfügbar sind und das Budget des Kunden nicht ausreicht, ein neues zu machen. Oder eine Portraitfotografie ist beschädigt, die Person jedoch bereits verstorben. Fotos dieser Art könnten nicht mit konventionellen Mitteln korrigiert werden. Es gibt ein paar Tricks, mit denen sich auch solche Fotos wieder ansehnlich machen lassen.

*Das Entfernen unerwünschter Hintergrund-
elemente kann durch Weichzeichnen des
Hintergrunds überflüssig gemacht werden.*

*Hier sind drei von fünf gescannten Fotos ab-
gebildet, die zu einem Panorame montiert
wurden. Bei der Behandlung der Nahtstellen
mit dem Stempel (Kopie-Modus) wurde darauf geachtet, keine Bildstrukturen zu wiederholen. Der Himmel wurde ausgewählt
und mit einem Dunkelblau gefüllt, die Auswahl wurde in einem Alpha-Kanal gespeichert. Nachdem der Alpha-Kanal als Graustufenbild dupliziert wurde, wurde die Arbeitsfläche vergrößert (Bild, Arbeitsfläche),
um Platz zu schaffen für eine radiale Füllung, die dem Himmel sein »plattes« Äuße-
res nehmen sollte. Indem der Verlauf an der
unteren Kante des Auswahlrechtecks ansetz-
te, wurde eine halbkreisförmige Füllung
erzeugt. Der gesamte Himmel wurde ausgewählt und zu einem Oval gestaucht (Bild,
Effekte, Skalieren). Die Auswahl wurde über
die Bergsilhouette gezogen und abgedunkelt.
Der untere Teil des Bildes wurde in den
Alpha-Kanal des Panorama-Dokuments zu-
rückkopiert und als Auswahl geladen. Durch
Korrektur der Tonwerte konnte der untere
Teil des Himmels aufgehellt werden.*

- Um die Töne zu reduzieren und das Bild **zu stilisieren,** wird im Dialog Tontrennung (Menü Bild, Festlegen) ein Wert für die Anzahl der Farb- oder Graustufen eingegeben.

- Um ein **Hintergrundgeschehen zu zeigen und unerwünschte Details im Motiv zu entfernen,** wird das Motiv ausgewählt und mit Schwarz gefüllt, damit es sich wie eine Silhouette vom unruhigen Hintergrund abhebt.

- Um **unerwünschte Details im Hintergrund zu entfernen,** wird der Hintergrund ausgewählt und mit dem Weichzeichner behandelt. Oder aber einige Hintergrundobjekte erhalten mit dem Stempel (Modus Kopie) die Struktur anderer Hintergrundpartien.

- Um den **Hintergrund ganz zu entfernen,** wird er ausgewählt und mit einer Farbe gefüllt. Oder ein Beschneidungspfad schneidet das Motiv aus und maskiert den Hintergrund, wenn das Bild in ein anderes Programm exportiert wird. Mit Fenster, Pfadpalette einblenden die Pfadpalette öffnen, in der sich das Zeichenstift-Werkzeug befindet. Das Motiv mit dem Zeichenstift konturieren oder auf andere Weise auswählen (die Auswahlmethoden für Zeichenstift und andere Auswahlwerkzeuge werden in Kapitel 2 beschrieben). Anschließend muß der Pfad gesichert und mit einem Namen versehen werden. Nachdem der Befehl Beschneidungspfad aus dem Einblendmenü der Pfadpalette gewählt wurde, wird im gleichnamigen Dialog der gesicherte Pfad aus der Liste ausgewählt. Wenn der Pfad sehr lang und komplex ist, sollte der Wert für die Kurvennäherung etwas erhöht werden. Nun muß noch die Füllregel bestimmt werden: Die Non-Zero-Winding-Füllregel bietet sich für einfache Konturen an, während die Even-Odd-Füllregel für Pfade, die sich selbst überschneiden, und für zusammengesetzte Pfade gedacht ist (solche, die aus mehreren Pfaden konstruiert, zusammen ausgewählt und als ein Pfad gesichert wurden). Die Datei sollte im EPS-Format gespeichert werden, damit sie in ein anderes Programm importiert und ausgedruckt werden kann. Vorher sollte sie aber sicherheitshalber in den CMYK-Modus (Menü Modus) umgewandelt werden, falls das Layoutprogramm nicht in der Lage ist, RGB-EPS-Dateien zu separieren.

- Um **Bilder zu einem Panorama zu montieren,** wird der Himmel entfernt. Das Verschmelzen der einzelnen Bilder mit nahtlosen Übergängen ist – gerade beim Himmel – eine der schwierigsten Techniken beim Herstellen eines Panoramas. Der entfernte Himmel kann durch einen Himmel eines ganz anderen Fotos, durch den gedehnten Himmel eines der montierten Bilder oder aber durch einen künstlichen Himmel ersetzt werden.

Mezzotinto-Effekt

Übersicht: Muster definieren; ein Bild in den Bitmap-Modus konvertieren und als Umwandlungsmethode das eigene Muster wählen, die Auflösung erhöhen.

FOTO: CRAIG McCLAIN

1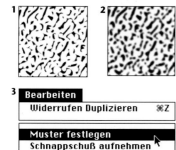

2

3

Bearbeiten
Widerrufen Duplizieren ⌘Z

Muster festlegen
Schnappschuß aufnehmen

4a

Ausgangsbild (Graustufen)

4b

Bitmap

Auflösung
Eingabe: 300 Pixel/Inch
Ausgabe: 1200 Pixel/Inch ▼

OK
Abbrechen

Umwandlungsmethode
○ 50% Schwellwert
○ Pattern Dither
○ Diffusion Dither
○ Rasterung...
● Eigenes Muster

Umwandlung in den Bitmap-Modus

EIN DEM TRADITIONELLEN MEZZOTINTO EBENBÜRTIGER EFFEKT wird mit einem Raster aus benutzerdefinierten Rasterpunkten hergestellt. (Raster, die für die meisten Druckverfahren benötigt werden, lösen Halbtonbilder wie beispielsweise Fotos in winzige Punkte auf.) Um in Photoshop einen Mezzotinto-Effekt zu erzeugen, wird ein Muster definiert, und dieses Muster bei der Umwandlung des Graustufenbildes in eine Bitmap als Raster verwendet. Es können eigene, in Photoshop erstellte Muster zur Anwendung kommen, oder Muster, die mit Photoshop 2.5 mitgeliefert werden, oder aber Muster, die mit einem Vektorgrafikprogramm wie Adobe Illustrator oder Aldus FreeHand angefertigt wurden.

1 PostScript-Muster wählen. Im von Photoshop 2.5 installierten Ordner Spitzen & Muster stehen etliche PostScript-Muster zur Auswahl. Natürlich kann auch ein eigenes Muster mit Schwarz gemalt werden (auf den Seiten 117 und 118 wird beschrieben, wie ein ungleichmäßiges Muster mit nahtlosen Übergängen erstellt wird). Wenn ein eigenes Muster verwendet wird, sollte darauf geachtet werden, daß die Balance zwischen Schwarz und Weiß möglichst ausgeglichen ist.

2 Muster weichzeichnen. Um einen möglichst echt wirkenden Mezzotinto-Effekt zu erzielen, bei dem Teile des Musters allmählich in die hellen und dunklen Bereiche des Bildes übergehen, muß das Muster weichgezeichnet werden. So wird ein umfangreicher Graustufenbereich erzeugt. Auswahl: Menü Filter, Weichzeichnungsfilter, Weichzeichnen oder Stark weichzeichnen.

3 Muster festlegen. Sobald das Muster fertiggestellt ist, wird es ausgewählt (Auswahl, Alles auswählen) und mit Muster festlegen als Muster definiert. Auf diese Weise wird das Muster so gespeichert, daß Photoshop bei der Umwandlung eines Bildes darauf zugreifen kann.

4 Bild in eine Bitmap umwandeln. Bilddatei öffnen und mit Modus, Bitmap in eine Bitmap-Datei umwandeln (falls es sich um ein Farbfoto handelt, muß es zuerst in ein Graustufenbild umgewandelt werden). Bei der Umwandlung eines Graustufenbildes mit 256 Graustufen in eine Bitmap, die nur die Töne Schwarz und Weiß kennt, werden die Graustufen durch Pixelmuster wiedergegeben. Die Art des

Ausgangsbild (Graustufen)

Verkleinert und als Muster festgelegt

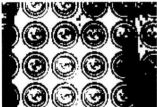

Bei der Umwandlung in eine Bitmap wurde das eigene Muster verwendet

Ausgangsbild (RGB)

Musters wird im Dialog Bitmap bestimmt. Als Umwandlungsmethode Eigenes Muster wählen und eine Auflösung eingeben, die ungefähr das zwei- bis dreifache der Auflösung des Fotos beträgt (gegebenenfalls muß für die richtige Detailzeichnung ein wenig mit verschiedenen Auflösungen experimentiert werden).

Variationen. Die Bandbreite möglicher Mezzotinto-Effekte umfaßt weitere Verfahren:

- **Niedrig auflösender Diffusion-Dither.** Niedrig auflösende Bitmaps können recht nette Mezzotinto-Effekte produzieren (siehe Seite 44 und 45).

- **Bildhafte Muster verwenden.** Wird für den Mezzotinto-Effekt statt einer zufälligen, nahtlos anschließenden Struktur ein wiedererkennbares Bild als Muster verwendet, kann eine interessante Wirkung erzielt werden. Es ist sogar möglich, eine verkleinerte Version des Bildes selbst als »Rasterpunkt« zu verwenden. Das Bild sollte einen breiten Tonumfang besitzen – von Schwarz bis Weiß über alle grauen Zwischenstufen. Die Mini-Version wird mit dem Auswahlrechteck markiert und als Muster definiert (Bearbeiten, Muster festlegen), ansonsten wird wie in Schritt 4 verfahren.

- **Farb-Mezzotinto.** Es lohnt sich, die nötige Geduld aufzubringen und an einem farbigen Bild einen Mezzotinto-Effekt auszuprobieren. Bei diesem Verfahren werden die Farbkanäle des Farbfotos einzeln in Bitmaps umgewandelt, mit einem Mezzotinto-Effekt behandelt und anschließend wieder zu einem Farbbild zusammengefügt. Dazu ein RGB-Bild öffnen, die Kanälepalette einblenden und im Einblendmenü der Kanälepalette den Befehl Kanäle teilen wählen. Auf diese Weise entstehen drei separate Graustufenbilder. Für jede der drei Dateien wird ein Muster wie in den Schritten 1 bis 3 beschrieben festgelegt (für die drei Dateien wurde das gleiche Muster verwendet und jeweils in 90°-Schritten gedreht). Anschließend die Dateien in Bitmaps umwandeln und wie in Schritt 4 beschrieben vorgehen. Wenn alle drei Dateien als Bitmaps vorliegen, müssen sie wieder zu einem RGB-Bild zusammengefügt werden. Dazu müssen die Bitmaps erst wieder in Graustufenbilder umgewandelt werden (das Größenverhältnis von 1 Pixel kann akzeptiert werden). Nun den Befehl Kanäle zusammenfügen aus der Kanälepalette wählen und als Modus RGB-Farbe einstellen. Danach sind die Kanäle wieder in einem einzigen Dokument vereinigt.

Farb-Mezzotinto

Korn-struktur

Übersicht: Schwebende Kopie des Bildes erstellen, Störungsfilter anwenden, schwebende Auswahl in den Luminanz-Modus umwandeln, Auswahl aufheben, um die beiden Bilder zu vereinigen.

FOTO: CRAIG McCLAIN

MIT DEN STÖRUNGSFILTERN läßt sich in einem Farbbild auf einfache und schnelle Weise eine dem Mezzotinto-Effekt ähnliche Kornstruktur erzeugen, die das Muster einer zufälligen Helligkeitsverteilung über das Bild legt, ohne die Farbtöne selbst zu verändern.

1 Schwebende Auswahl erstellen. Farbbild im RGB-Modus öffnen und mit Befehl A auswählen. Die Auswahl mit Befehl J in eine schwebende Auswahl verwandeln.

2 Störungsfilter anwenden. Den Befehl Störungen hinzufügen (Menü Filter, Störungsfilter) wählen und eine gleichmäßige Verteilung einstellen. Für das Beispielbild wurden 50 Störungen eingestellt.

3 Beide Versionen vereinigen. Ist in der Werkzeugpalette ein Auswahlwerkzeug gewählt, lassen sich die Einstellungen in der Werkzeugspitzenpalette auf die schwebende Auswahl anwenden, bevor die beiden Bildversionen vereinigt werden. In der Modus-Liste wird der Modus Luminanz gewählt, damit nur die Graustufeninformation (Helligkeit) des »gestörten« Bildes mit dem anderen Bild vereinigt wird. Zur Vereinigung beider Versionen wird die schwebende Auswahl mit Befehl D aufgehoben.

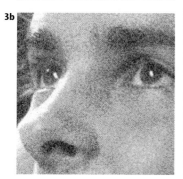

Variationen. Für eine gröbere, aber weichere Kornstruktur kann nach der Vereinigung der Bilder der Filter Störungen entfernen (Menü Filter, Störungsfilter) angewendet werden.

Nach der Vereinigung wird der Filter Störungen entfernen angewendet

Diffusion-Dither

Übersicht: *Bild mit einem niedrig auflösenden Diffusion-Dither in eine Bitmap umwandeln, zurück in den RGB-Modus konvertieren, Schwarz mit einem Farbverlauf füllen und Weiß mit einem anderen.*

1

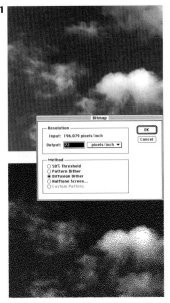

2a

TRANSPARENZ

Die weißen Stellen eines Bitmap-Bildes sind, wenn das Bild als TIFF gespeichert und in ein Seitenlayout eingefügt wird, transparent.

JHD

MIT PHOTOSHOPS DIFFUSION-DITHER läßt sich ein dem Mezzotinto ähnlicher Effekt erzielen. Ein Dither kann beispielsweise bei der Herstellung von Druckvorlagen für den Siebdruck eine sinnvolle Anwendung finden. Oder er gibt einer Illustration eine unverwechselbare Struktur. Rob Day verwendete ein ähnliches Verfahren für das Blatt auf dem Umschlag des Buches *Internet Companion* auf Seite 74.

1 Foto umwandeln. Begonnen wird damit, ein Farb- oder Graustufenbild in eine Bitmap umzuwandeln (Menü Modus). Farbfotos müssen zuvor in Graustufenbilder umgewandelt werden, weil es nicht möglich ist, Farbbilder direkt in den Bitmapmodus zu konvertieren (und umgekehrt). Bei der Umwandlung sollte im Dialog Bitmap eine niedrige Auflösung angegeben werden. Für das Beispielbild wurde eine Auflösung von 123 dpi verwendet, aber es können auch andere Werte gewählt werden, die niedrig genug sind, ein sichtbares Muster zu erzeugen. Welche Auflösung die beste Wirkung erzielt, hängt immer vom Inhalt des Bildes ab, sie kann daher von Fall zu Fall variieren.

2 Schwarze Pixel durch einen Farbverlauf ersetzen. Um das gedritherte Bild wieder mit Farbe füllen zu können, wird es zuerst in ein Graustufenbild und danach in ein RGB-Bild umgewandelt (Menü Modus). Danach wird mit einem Doppelklick auf das Verlaufswerkzeug sein Werkzeug-Dialog geöffnet und der Verlaufstyp auf Linear eingestellt (wenn gewünscht, kann auch ein kreisförmiger Verlauf gewählt werden). In der Werkzeugspitzenpalette wird der Modus Aufhellen gewählt, damit die Verlaufsfarbe nur die schwarzen Pixel ersetzt. Anschließend müssen noch Vordergrund- und Hintergrundfarbe auf die beiden Extremfarben des Verlaufs eingestellt werden; jede Farbe ist möglich (außer Schwarz und Weiß natürlich). Im Bild wird das Verlaufswerkzeug von der Stelle, an der der Verlauf beginnen soll, bis zu der Stelle, an der er enden soll, gezogen.

2b

3 Zweiten Farbverlauf hinzufügen. Nun werden die weißen Pixel auf folgende Weise ausgewählt: Durch einen Doppelklick auf das Symbol des Zauberstabs in der Werkzeugpalette den Dialog Zauberstab einstellen öffnen, die Toleranz auf 0 setzen und die Option Glätten ausschalten. Anschließend mit dem Zauberstab in einen weißen Bereich des Bildes klicken. (Zur besseren Positionierung des Zauberstabs kann die Ansicht mit Befehl + vergrößert werden.) Mit dem Befehl Auswählen, Ähnliches auswählen werden alle übrigen weißen Pixel der Auswahl hinzugefügt. Wenn auch die weißen Pixel eine Verlaufsfarbe erhalten sollen, werden die neue Vordergrund- und die neue Hintergrundfarbe eingestellt und der Verlauf mit dem Verlaufswerkzeug – diesmal im Modus Normal – auf die ausgewählten Pixel angewendet.

3a

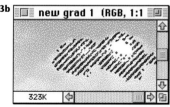

Mit Volltonfarben füllen. Für die beiden Farben des »Mezzotintos« können anstelle von Farbverläufen auch nicht verlaufende Farbtöne verwendet werden. Eine Farbe wird als Vordergrundfarbe definiert und eine andere als Hintergrundfarbe. Anstelle des Verlaufswerkzeugs wird in Schritt 2 der Befehl Bearbeiten, Fläche füllen verwendet. Um nur die schwarzen Pixel durch die Vordergrundfarbe zu ersetzen, wird auch hier der Modus Aufhellen gewählt. Die weißen Pixel werden wie in Schritt 3 beschrieben ausgewählt und dann durch Drücken der Rückschritttaste durch die Hintergrundfarbe ersetzt.

3b

Farbtabelle ändern. Falls ein wenig mit unterschiedlichen Farben experimentiert werden soll,

3c

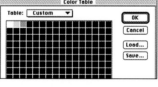

kann das Zweifarbenbild in den Modus Indizierte Farben (Menü Modus) konvertiert werden und die Farben der Farbtabelle nachträglich verändert werden. Die Farbtabelle wird mit Modus, Farbtabelle eingeblendet. Beim Anklicken eines Farbfelds, wird der Photoshop-Farbwähler geöffnet, in dem eine neue Farbe bestimmt werden kann, die die ursprüngliche Farbe ersetzen soll. Im Bild substituieren die neuen Farben die alten automatisch.

3d

<hr>

VERSCHIEDENE AUFLÖSUNGEN VEREINIGEN

Wenn, wie bei dem Ballonbild, ein hochauflösendes Element auf einem niedrig auflösenden, gedietherten Hintergrund stehen soll, muß eine Bitmap-Auflösung gewählt werden, die der Hälfte oder einem Viertel der gewünschten Auflösung entspricht. Mehr Wissenswertes dazu gibt es auf Seite 74.

Portrait kolorieren

Übersicht: *Schwarzweißfoto in ein RGB-Bild umwandeln, Bildpartien auswählen und mit Farbe versehen (vor allem in den Mitteltönen), Sättigung in den hellen Bereichen reduzieren, einzelne Details mit Farbe nachbearbeiten.*

JHD / FOTO: CREDIT TO COME

1a

Ausgangsbild

1b

Gradationskurve leicht verändert

DAS HANDKOLORIEREN VON SCHWARZWEISSFOTOGRAFIEN mit Farben und Pigmenten begann bereits in der frühen Ära der Fotografie. Handkolorierte Fotos erfreuten sich lange größter Beliebtheit, bis sie von der Farbfotografie verdrängt wurden. Heute kommt das handgemachte Aussehen wieder mehr und mehr in Mode – nicht als simple Imitationen von Farbbildern, sondern als Reminiszenz an die zarte Farbgebung der frühen Handkolorierung.

1 Tonwerte korrigieren. Oft ist es nötig, die als Farb- oder Graustufen-Scan vorliegende Schwarzweißfotografie in den Dialogen Tonwertkorrektur und Gradationskurven nachzubearbeiten, um den Tonumfang des Bildes vollständig über den möglichen Bereich zu spreizen und um die Detailzeichnung in den Tiefen zu verbessern. Weil das Beispielbild für die Kolorierung etwas zu dunkel erschien, wurden die tiefen Töne leicht aufgehellt und die Detailzeichnung erhöht. Bei Eingabewert 15 der unbearbeiteten Gradationskurve wurde die Kurve nach oben gezogen und somit die Helligkeit des gesamten Bildes leicht erhöht. Indem die Kurve bei Eingabewert 128 (dies ist genau die Hälfte zwischen 0 und 255) auf den Mittelpunkt des Diagramms gezogen wurde, wurden die oberen Mitteltöne und Lichter wieder auf ihre ursprünglichen Werte zurückgesetzt. Bei solchen Änderungen an der Gradationskurve ist es wichtig, daß die Kurve einen glatten Verlauf ohne drastische Richtungsänderungen beibehält. Andernfalls könnte es passieren, daß die Farben verflachen oder durch harte Brüche im Tonumfang eine Art Solarisationseffekt entsteht.

2 Partien auswählen. Nun müssen die zu kolorierenden Bereiche des Bildes ausgewählt werden. Dazu wird ein Bildbereich ausgewählt und nach der in Schritt 3 beschriebenen Methode bearbeitet, dann ein anderer Bereich ausgewählt usw. Im Beispielbild wurde das Kleid

Bereich mit dem Zauberstab ausgewählt

Auswahl um weitere Bereiche ergänzt

Farbbalance in den Mitteltönen justiert

Sättigung der weißen Bereiche vermindert

mit dem Zauberstab bei einer Toleranz von 32 Pixeln markiert (die Toleranz wird im Zauberstab-Dialog eingestellt, der mit einem Doppelklick auf das Werkzeugsymbol geöffnet wird). Weitere Bereiche des Kleides wurden der Auswahl bei gedrückter Umschalttaste hinzugefügt. Die Haut wurde mit dem Lasso ausgewählt, die weiche Kante betrug 5 Pixel (wird im Lasso-Dialog eingestellt). Die Auswahl wurde nicht sehr genau getroffen, um das Verfahren der Handkolorierung, bei dem sich die Farben oft leicht überdecken, möglichst getreu nachzuahmen.

3 Auswahl kolorieren. Sobald die Auswahl abgeschlossen ist, wird der Dialog Variationen geöffnet (Menü Bild, Einstellen). Die Option Sättigung bietet sich vor allem für Hautfarben an – sie ist sozusagen die digitale Erfüllung des Traums aller Kosmetiker, Veränderungen am Teint auf einen Blick betrachten zu können. Eine ziemlich grobe Einstellung (gemeint ist die Stellung des Reglers im Optionsbereich) verschafft einen Eindruck von den zu erwartenden Farbveränderungen in der Auswahl. Je näher die Einstellungen der gewünschten Veränderung kommen, desto mehr sollte der Regler nach links versetzt werden, damit feinere Justierungen möglich sind. In den meisten Bildbereichen sollten nur die Mitteltöne eingefärbt werden. Werden die Lichter und Tiefen, die Helligkeit oder die Sättigung der ausgewählten Bereiche verändert, tendiert die Auswahl dazu, sich auf unnatürliche Weise von den umgebenden Bereichen hervorzuheben.

4 Sättigungsgrad der weißen Bereiche vermindern. Bereiche, die zu stark koloriert wurden, lassen sich wieder »entfärben«, wenn sie mit dem Lasso ausgewählt und mit dem Dialog Farbton/Sättigung (Menü Bild, Einstellen) nachbearbeitet werden. Hier kämen beispielsweise das Weiße der Augen und die Zähne in Frage. Durch Verschieben des Sättigungsreglers nach links verschwindet fast die ganze Farbe aus dem ausgewählten Bereich, gleichwohl fügt er sich nach wie vor harmonisch in seine Umgebung ein.

5 Einzelne Details einfärben. Scharfkonturige Bereiche wie etwa der Hut oder die Lippen können mit dem Lasso ausgewählt und erneut im Dialog Variationen koloriert werden. Anschließend können feine Farbergänzungen am Gesicht vorgenommen werden. Beispielsweise wurden in dem Portrait die Wangen mit dem Lasso und einer weichen Kante von 5 Pixeln ausgewählt. Im Dialog Variationen wurde auf die ausgewählten Partien ein bißchen Rouge aufgetragen.

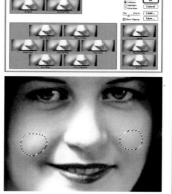
Details einzeln nachbearbeitet

Farben her-vorheben

Übersicht: *Motiv auswählen, Auswahl in einem Alpha-Kanal speichern, Tonwerte umkehren, Auswahl laden, Farbton und Sättigung des Hintergrundes nachjustieren.*

Auswahl in Pfad verwandelt und korrigiert

Maske zur Auswahl des Hintergrundes

Sättigung des Hintergrundes reduziert

EIN INTERESSANTER UND HÄUFIG ANZUTREFFENDER EFFEKT besteht darin, das Motiv des Bildes zu isolieren, während dem Hintergrund durch Reduzierung der Sättigung die Farbe entzogen wird. Dieses Verfahren wird oft angewendet, um das Motiv hervorzuheben, den Hintergrund zum Überdrucken mit Text vorzubereiten oder um das Bild an die Farbe anderer in der Publikation vorhandener Bilder anzupassen.

1 Motiv auswählen. Mit dem Zeichenstift aus der Pfadpalette wird ein Umriß um das Motiv erstellt. In dem Beispielbild wurde das Motiv mit dem Zauberstab zunächst nur grob ausgewählt, die Auswahl in einen Pfad umgewandelt (Pfad erstellen aus dem Einblendmenü der Pfadpalette) und der Pfad anschließend genau dem Umriß des Motivs angepaßt. Der Vorteil eines Pfads ist, daß sich die Auswahl sehr genau vornehmen läßt und man nicht Gefahr läuft, die Auswahl versehentlich aufzuheben.

2 Motiv maskieren. Der fertiggestellte Pfad wurde gesichert (Pfad sichern aus dem Einblendmenü der Pfadpalette), wieder in eine Auswahl umgewandelt (Auswahl erstellen aus dem Einblendmenü) und in einem Alpha-Kanal gespeichert (Auswahl, Auswahl sichern). Die Maske wurde anschließend invertiert (Bild, Festlegen, Umkehren), um mit ihr den Hintergrund auszuwählen.

3 Sättigung des Hintergrundes vermindern. Der Alpha-Kanal wird als Auswahl geladen (Auswahl, Auswahl laden) und der Dialog Farbton/Sättigung (Bild, Einstellen) geöffnet. Durch Verschieben des Sättigungsreglers an das linke Ende der Skala werden dem Hintergrund alle Farben entzogen, nur Graustufen bleiben erhalten.

4 Variation. Für das Papageienbild oben auf dieser Seite wurden im Dialog Farbton/Sättigung andere Einstellungen vorgenommen. Das Kontrollkästchen Kolorieren wurde aktiviert, der Farbtonregler auf die gewünschte Farbe eingestellt und die Sättigung auf einen Wert von 25 festgelegt. (Wenn die Option Kolorieren aktiviert ist, umfaßt die Sättigungsskala einen Wertebereich von 0 bis 100, sonst von -100 bis 100.)

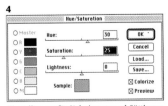

Einstellungen für Kolorierung und Sättigung

Kombination aus Positiv und Negativ

Übersicht: *Bild kopieren, Kopie in ein Negativ verwandeln, Positiv auf dem Negativ einfügen, Einstellungen in der Montagekontrolle vornehmen, um die beiden Bilder ineinander zu verschmelzen.*

1

Positivbild   *Negativbild*

2a

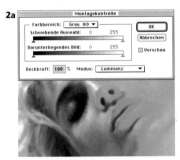

Veränderung durch den Luminanz-Modus

2b

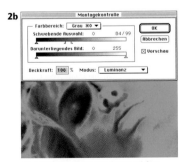

Eingabewert auf 84 mit einem weichen Übergang bis 99

JEFF McCORD

DIE MONTAGEKONTROLLE VON PHOTOSHOP (Menü Bearbeiten) erlaubt dem Anwender, Einfluß darauf zu nehmen, wie sich eine schwebende Auswahl mit dem darunterliegenden Bild vereinigt. Es läßt sich zum einen die Deckkraft der schwebenden Auswahl einstellen und zum andern über die Helligkeitsregler steuern, ob die Pixel aus der schwebenden Auswahl oder aus dem darunterliegenden Bild übernommen werden. Jeff McCord erstellte eine Illustration mit einem Bild aus dem Film *Basic Instinct* für das Magazin *Entertainment Weekly*. Im Negativ wirkten die Gesichtszüge zu gespenstisch, deshalb verwendete McCord die Montagekontrolle, um die positiven Helligkeitswerte mit der Negativfarbe zu vereinigen.

1 Negativ erstellen. Alles auswählen, Auswahl kopieren (Befehl C), neue Datei öffnen (Befehl N) und Auswahl einfügen (Befehl V). Das Negativ wird mit Bild, Festlegen, Umkehren erzeugt (Befehl I).

2 Beide Versionen vereinigen. Über das Negativ wird eine Kopie des Positivs aus der Zwischenablage eingefügt. Im Dialog Montagekontrolle aus dem Menü Bearbeiten wird der Luminanz-Modus gewählt, damit nur die Helligkeitswerte (weder Farbton noch Sättigung) des Positivbildes bei der Vereinigung berücksichtigt werden. Wenn als Farbbereich Grau eingestellt ist, kann mit den Reglern der schwebenden Auswahl exakt bestimmt werden, aus welchem Tonwertbereich des Positivbildes die Helligkeitswerte übernommen werden. Bei gedrückter Wahltaste können die Regler geteilt werden, um weiche Farbübergänge zu erzielen. Nach der Vereinigung korrigierte McCord sowohl die Tonwerte als auch die Farbbalance des Montagebildes und legte Einzelbilder aus Filmstreifen darüber.

Portrait
»skizzieren«

Übersicht: *Graustufenbild in RGB-Bild umwandeln, auf jeden der drei Farbkanäle einzeln verschiedene Filter oder Effekte anwenden, Farbe aus einzelnen Kanälen entfernen.*

KATRIN EISMANN / FOTO: DOUGLAS KIKELAND

1

Graustufenbild in RGB-Bild umgewandelt

2

Einstellung für die Arbeit an einem Kanal

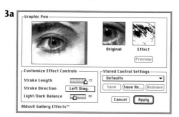

3a

Der GE-Filter Graphic Pen wird angewendet

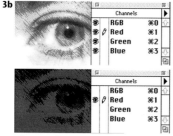

3b

Filteranwendung im Rot-Kanal, Ergebnis im Kanal RGB (oben) und Rot (unten)

DURCH SEPARATE BEHANDLUNG DER EINZELNEN RGB-KANÄLE können Farbfotos oder Graustufenbilder, die in den Farbmodus umgewandelt wurden, auf interessante Weise verfremdet werden. Katrin Eismann experimentierte mit dieser Technik an einem Schwarzweißportrait. Aus den zahlreichen Möglichkeiten, Verfremdungseffekte in Photoshop zu erzielen, suchten wir ein Beispiel heraus, um es hier zu zeigen. Dabei wird in einzelnen Schritten anschaulich gemacht, wie sich Veränderungen an den positiven und negativen Werte der einzelnen Kanäle auf das Gesamtbild auswirken. Sollten Sie nicht über die Gallery-Effects-Filter verfügen, können Sie bei der Behandlung der einzelnen Kanäle mit den normalen Photoshop-Filtern beginnen, die zufällige Variationen erzeugen (z.B. Störungsfilter oder den Stilisierungsfilter Punktieren) und anschließend andere Filter anwenden (z.B. andere Stilisierungsfilter oder den Verzerrungsfilter Neigen).

1 Graustufenbild in den RGB-Modus umwandeln. Das Graustufenbild wird mit dem Befehl RGB-Farbe aus dem Menü Modus in ein RGB-Bild umgewandelt. Durch die Konvertierung wird in jeden der drei Farbkanäle die gleiche Graustufeninformation eingefügt. Das Beispielfoto wurde nach der Konvertierung insgesamt aufgehellt, indem der graue (Gamma-)Regler im Dialog Tonwertkorrektur (Bild, Einstellen) etwas nach links verschoben wurde.

2 Einstellungen für die Arbeit an einzelnen Kanälen. Als Vordergrundfarbe wird Schwarz und als Hintergrundfarbe Weiß gewählt. (Wird auf das kleine Symbol für Standardfarben in der Werkzeugpalette geklickt, stellen sich die Vorder- und Hintergrundfarbe automatisch ein.) Der Kanal, in dem gearbeitet werden soll, wird durch Anklicken seines Namens in der Kanälepalette ausgewählt. Um zu sehen, wie sich die Bearbeitung auf das gesamte Bild auswirkt, wird das Augensymbol in der Spalte neben dem Hauptkanal aktiviert.

3c

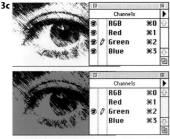

Anschließende Anwendung des Filters im Grün-Kanal, Ergebnis im RGB-Kanal (oben) und im Kanal Grün (unten)

3d

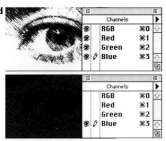

Letzte Anwendung des Filters im Blau-Kanal, Ergebnis im RGB-Kanal (oben) und im Blau-Kanal (unten)

4a

Separate Behandlung des Grün-Kanals: alles auswählen und mit Schwarz füllen, Ergebnis im RGB-Kanal

4b

4c

Nachbearbeitung im RGB-Kanal: Magenta wird entfernt, indem es zu Weiß hin aufgehellt wird, Ergebnis im RGB-Kanal

3 Arbeiten an den Kanälen. Nun können an den einzelnen Kanälen Veränderungen vorgenommen werden. Das Beispielfoto wurde mit dem GE-Filter Graphic Pen mit der größtmöglichen Einstellung für die Strichlänge (Length, 15), einer linksdiagonalen Ausrichtung (Stroke direction: Left diag.) und einer Hell-/Dunkel-Balance (Light/ Dark balance) von ungefähr 30 behandelt. Die Einstellung war in allen Kanälen die gleiche – da der Filter aber bei jeder Anwendung hinsichtlich der Ausrichtung der Striche eine minimale Zufallsabweichung erzeugt, weichen die Ergebnisse in jedem Kanal leicht voneinander ab. Obwohl die Reihenfolge der Anwendung keine Rolle spielt, wurde der Filter zuerst auf den Rot-Kanal, dann auf den Grün-Kanal und zuletzt auf den Blau-Kanal angewendet. Nebenstehend sind die einzelnen Stadien des Bildes nach jedem der ausgeführten Schritte abgebildet. Im unteren Bild wird die Veränderung im bearbeiteten Kanal wiedergegeben, und im oberen Bild ist die Darstellung aller Kanäle zusammen gegeben.

4 Eine Farbe entfernen. Schließlich läßt sich die Farbe eines der Kanäle entfernen. Um die links unten gezeigte Komposition aus roten, blauen und schwarzen Strichen zu erzeugen, muß der Grün-Kanal durch Anklicken seines Namens in der Kanälepalette ausgewählt werden. Der gesamte Inhalt des Kanals wird markiert (Befehl A), und bei gedrückter Wahltaste wird die Auswahl mit der Rückschrittaste mit Schwarz gefüllt. Dadurch werden die grünen Striche aus dem RGB-Bild entfernt. Leider wird dabei auch die Grün-Komponente des weißen Hintergrundes gelöscht, so daß in ihm danach das kräftige Magenta (Komplementärfarbe zu Grün) dominiert. Um das Magenta zu entfernen und wieder einen weißen Hintergrund zu erhalten, wird der Hauptkanal durch Anklicken in der Kanälepalette aktiviert. Im Dialog Farbton/Sättigung (Menü Bild, Einstellen) wird die Farbe Magenta ausgewählt, so daß sich die Farbkorrekturen nur auf diese Farbe auswirken. Der Regler für die Lab-Helligkeit wird nach rechts bis zum Wert 100 verschoben. Magenta verwandelt sich in die Farbe Weiß, ohne die anderen Farben in Mitleidenschaft zu ziehen.

EINE EINZELNE FARBE KORRIGIEREN

Wenn im Dialog Farbton/Sättigung nur eine einzelne Farbe ausgewählt wird, betreffen alle Veränderungen am Bild nur diesen schmalen Bereich des Farbspektrums. Dabei muß beachtet werden, daß solche Farbkorrekturen sehr künstlich wirkende Farbbrüche hervorrufen können. Zwar ändert sich die gewählte Farbe, aber alle Übergänge dieser Farbe zu den umgebenden Farben behalten ihre Farbwerte bei.

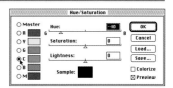

Duplex-Bild

Übersicht: *Graustufenbild in den CMYK-Modus konvertieren, zwei Alpha-Kanäle mit benutzerdefinierten Maskenfarben einrichten, Bild kopieren und in beide Alpha-Kanäle einfügen, während der Bearbeitung eines der beiden Kanäle beide Kanäle anzeigen lassen, die Inhalte beider Kanäle kopieren und in zwei der CMYK-Kanäle einfügen, nur die letzten beiden Kanäle ausgeben.*

Ausgangsbild (Graustufen)

Nicht jede Einstellung im Duplex-Dialog bringt den gewünschten Erfolg

IN DEN MEISTEN FARBDRUCKEN wird die sichtbare Welt durch Überlagerung der vier Prozeßfarben Cyan, Magenta, Gelb und Schwarz wiedergegeben. Wir neigen dazu, zu glauben, dies sei der einzige Weg, eine größtmögliche Bandbreite an Farben zu erlangen – ein breites Spektrum an leuchtenden oder neutralen Farben, an Lichtern und Tiefen. Werden aber nur zwei komplementäre Druckfarben verwendet, können ebenfalls weitaus mehr als nur zwei Farben reproduziert werden, und das zum halben Preis eines Vierfarbdrucks. Die gezeigte Hochzeitseinladung im Stil der 50er Jahre soll hier als Beispiel dienen.

Der Zweifarbdruck eines Photoshop-Bildes legt unweigerlich den Duplex-Modus nahe. Die Duplex-Funktion ist wie geschaffen, um die Möglichkeiten der Verarbeitung zweier benutzerdefinierter Farben auszuschöpfen, sei es, um einem Bild eine offensichtliche Farbakzentuierung als spezielles Gestaltungselement zu geben, sei es, um den (von der Anzahl der Druckfarben her gesehen) eingeschränkten Farbumfang auf subtile aber wirkungsvolle Weise zu erweitern. Aber auch der Duplex-Modus unterliegt Einschränkungen. Zwar können die Gradationskurven bearbeitet und die Farben eines Bildes verändert werden, aber wie die Kurven auch immer manipuliert werden, es ist nicht möglich, bestimmten Bereichen des Bildes eine Farbe unabhängig von den Tonwerten der Pixel zuzuweisen. Die einzige Möglichkeit, Farbe exakt auf eine gewünschte Stelle aufzutragen, ist, sie per Hand dorthin zu malen. Aber wie kann erreicht werden, daß die gemalten Stellen nicht sogleich die Farbinformation überschreiben, sondern erst im Vorschau-Modus angezeigt werden? Und wie läßt sich gewährleisten, daß die Datei nach wie vor in die beiden Schmuckfarben separiert werden kann und die beiden Farbauszüge für die Schmuckfarben erstellt werden können?

Die Lösung des Problems liegt in der Fähigkeit von Photoshop 2.5, mehr als nur einen Alpha-Kanal zugleich anzeigen zu können. Für

3a

Maskenfarbe im Dialog Kanal-Optionen ändern

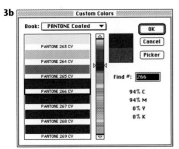

3b

Schmuckfarbe auswählen

3c

Deckkraft der Druckfarbe einstellen

4

Die Farben beider Kanäle werden angezeigt, aber gearbeitet wird nur in einem

5a

Der Hintergrund wird im Gold-Kanal gelöscht, die Umrißschrift im Gold-Kanal gefüllt, und beide Kanäle werden zusammen angezeigt

jeden Kanal kann eine benutzerdefinierte Maskenfarbe gewählt werden. Sobald die geeignete Farbkombination gefunden ist, können die Inhalte der beiden Alpha-Kanäle in zwei der CMYK-Kanäle übertragen werden. Für die Herstellung der Druckvorlagen des Zweifarbbildes werden davon nur diese beiden Kanäle belichtet.

Als die Beispielkomposition 1992 in Photoshop 2.0 erstellt wurde, konnte in den Kanälen Cyan und Gelb genau verfolgt werden, mit welcher Verteilung die Pantone-Farben Gold und Violett gedruckt würden. In Photoshop 2.5 ist es nun auch möglich, die Mischung der Farben am Bildschirm zu überprüfen.

1 Datei einrichten. Zunächst wird das Bild im Graustufenmodus geöffnet. In dem Beispiel wurde die Schrift mit Adobe Illustrator erstellt und in das Bild importiert (Menü Ablage, Plazieren), außerdem wurde die Schrift in separaten Alpha-Kanälen des Graustufenbildes gespeichert.

2 Erste Versuche mit dem Duplex-Modus. Um abzuschätzen, ob sich mit dem ausgewählten Bild der gewünschte Effekt erzielen läßt, können die Experimente mit dem Laden und Manipulieren der Gradationskurven beginnen (Menü Modus, Duplex). Leider müssen die Änderungen »blind« vollzogen werden, da sie erst sichtbar werden, wenn sie mit OK übernommen sind und der Duplex-Dialog geschlossen ist. Die in Photoshop vorgegebenen Gradationskurven folgen alle, obwohl sie sich ein wenig in ihrer Form unterscheiden, einer grundlegenden Ausrichtung von links unten nach rechts oben. Um zu erreichen, daß eine der Farben isoliert an einer Stelle im Bild erscheint, wären zumindest an einer der Kurven drastische Manipulationen nötig.

3 CMYK-Datei und Alpha-Kanäle erstellen. Der erste Schritt bei der Herstellung eines »handgemalten« Duplex-Bildes besteht in der Konvertierung des Graustufenbildes in ein CMYK-Bild (Menü Modus, CMYK-Farbe).

Aus dem Einblendmenü der Kanälepalette (sie wird mit dem Befehl Fenster, Kanälepalette einblenden geöffnet) wird der Befehl Neuer Kanal gewählt, dieser Befehl erzeugt einen neuen Alpha-Kanal in der Datei. Im Dialog Kanal-Optionen lassen sich mit einem einfachen Mausklick auf das Farbfeld der Photoshop-Farbwähler einblenden und mit einem weiteren Klick auf die Schaltfläche Farbtafeln die Paletten der Schmuckfarben öffnen. Hier wird zuerst die hellere der beiden Duplex-Farben ausgewählt. Die Deckkraft der Maske wird auf 85% eingestellt, was ungefähr der Deckkraft der Druckfarbe entspricht.

Durch Anklicken des CMYK-Kanals in der Kanälepalette, werden die vier Hauptkanäle aktiviert. Das Bild wird mit Auswahl, Alles auswählen und Befehl C kopiert und, nachdem Kanal 5 aktiviert wurde, in den neuen Kanal eingefügt (Befehl V). Der Vorgang, einen neuen Kanal zu erstellen und das Bild in diesen Kanal zu kopieren, wird für Kanal 6 wiederholt. Es muß nur darauf geachtet werden, daß beim zweiten Mal eine zweite Duplex-Farbe ausgewählt ist.

5b

Separierte Ansicht der Kanäle: Gold (links) und Violett (rechts)

5c

Einige Details werden im Gold-Kanal nachbehandelt: Vorher (oben) und nachher.

6a

Die Ansicht der Kanäle Cyan und Gelb nach dem Einfügen

6b

Die Druckvorlagen: Gold (links) und Violett (rechts)

4 Zweifarbansicht einstellen. Es ist möglich, beide Kanäle einzublenden (indem die Augensymbole für beide Kanäle in der Augenspalte aktiviert werden), während nur an einem gearbeitet wird (indem das Stiftsymbol in der Stiftspalte nur für den zu bearbeitenden Kanal aktiviert wird). In dieser Zweifarbansicht läßt sich die Mischung der beiden Druckfarben gut beurteilen.

5 Malen in den Duplex-Farben. Wenn die Vordergrundfarbe auf Schwarz und die Hintergrundfarbe auf Weiß eingestellt ist, lassen sich die beiden Kanäle mit den Mal- und Bearbeitungswerkzeugen verändern. Da es sich bei der CMYK-Datei um ein Duplikat mit exakt den gleichen Abmessungen der ursprünglichen Graustufendatei handelt, kann die Schrift, die in der Graustufendatei in einem separaten Alpha-Kanal gespeichert wurde, in jeden der beiden benutzerdefinierten Farbkanäle als Auswahl geladen werden (Bild, Berechnen, Duplizieren, Auswahl). Die Schrift wird im Gold-Kanal mit Schwarz gefüllt (der Vordergrundfarbe, zugleich Maskenfarbe), so daß sie mit kräftigen Gold-Buchstaben hervortritt. Der Hintergrund des ursprünglichen Bildes wird im Gold-Kanal durch Übermalen mit Weiß (der Hintergrundfarbe) entfernt. Mit dem Airbrush wird sehr behutsam eine goldene Tönung auf die Haare und die Wangen aufgetragen.

6 Farbauszüge erstellen. Zum Schluß werden die Inhalte der beiden Alpha-Kanäle in zwei der vier Druckkanäle eingefügt. (In dem Beispiel wurden die Kanäle Cyan und Gelb verwendet, da sie den Duplex-Farben am nächsten kommen.) Der Inhalt von Kanal 5 wird mit Auswahl, Alles auswählen markiert und kopiert. Dann wird der Gelb-Kanal in der Kanälepalette aktiviert und der Inhalt der Zwischenablage eingefügt. Das Auswählen, Kopieren und Einfügen wird wiederholt, um den Inhalt von Kanal 6 in den Cyan-Kanal zu übertragen. Nun sollte die Datei im CMYK-Modus gespeichert werden. Wenn die Datei zur Herstellung der Rasterfilme verwendet wird, sollte dem Belichtungsunternehmen mitgeteilt werden, daß nur zwei der Kanäle zu belichten sind, und zwar mit den Rastereinstellungen, die die Druckmaschine bei einem Zweifarbdruck verlangt. Wenn die Filme an die Druckerei gegeben werden, sollten sie so bezeichnet sein, daß zu erkennen ist, welcher Farbauszug für welche Druckfarbe vorgesehen ist.

Foto-retusche

Übersicht: Bild scannen, im Dialog Gradationskurve Helligkeit und Kontrast in den Lichtern, Mitteltönen und Schatten einstellen, Hintergrundbereich auswählen, Maske bearbeiten, Auswahl laden, Hintergrund ersetzen, manuell retuschieren.

1a

Ausgangsbild

1b

1c

Tiefen nachjustiert

Grauwert mit der Pipette aufgenommen

1d

Korrigiertes Bild

2

Himmel ausgewählt

3a

Maskierungsmodus angewendet

AUCH WENN DAS RETUSCHIEREN EINES FOTOS stets eine vorteilhafte Wirkung garantiert, hat sie nicht immer eine spektakuläre Bildveränderung zum Ziel. Die Gas & Electric Company in San Diego wollte dem Stadtrat von Oceanside, Kalifornien, einmal vor Augen führen, mit welchem Erscheinungsbild der Stadt zu rechnen sei, wenn die elektrischen Leitungen unterirdisch verlegt wären. Sie wollte den Ratsmitgliedern zum Vergleich Fotos vorlegen, die das Vorher und Nachher anschaulich darstellen.

1 »Belichtung« einstellen. Vor der Retusche wird die Helligkeit und der Kontrast des Originalbildes korrigiert. Das obige Schwarzweißfoto hatte durch das Scannen ein wenig Detailzeichnung in den dunklen Bereichen einbüßen müssen. Das als RGB-Bild gescannte Foto (der RGB-Modus gewährt auch bei Graustufenbildern einen höheren Informationsgehalt) wurde in den Graustufenmodus konvertiert (Modus, Graustufen) und im Dialog Gradationskurven nachbearbeitet (Bild, Einstellen). Der Dialog Gradationskurven erlaubt, Helligkeit und Kontrast für die Lichter, Mitteltöne und Tiefen getrennt zu regeln. Der Mauszeiger wird aus dem Dialog über das Bild bewegt (hier nimmt er die Form der Pipette an). Sobald der Graubereich, der korrigiert werden soll, mit der Pipette angeklickt wird, erscheint ein kleiner Kreis auf der Gradationskurve, der den gewählten Tonwert anzeigt. Durch Verschieben des Punkts im Diagramm wird der Tonwertbereich verändert. Die übrigen Kurvensegmente sollten in ihre ursprüngliche Position zurückbewegt werden.

2 Hintergrund auswählen. Unter Umständen ist es sehr schwierig, eine Hintergrundstruktur wie den Himmel, der sich über einen weiten Bereich erstreckt und sehr feine Farbabstufungen aufweist, zu entfernen und nahtlos zu reparieren. Bisweilen ist es einfacher, den Hintergrund auszuwählen, aus ihm eine Maske zu erstellen und ihn anschließend durch einen neuen zu ersetzen. Wir entschlossen uns, die elekrischen Leitungen nicht mit dem Stempel mit Teilen des Himmels zu übermalen, sondern den Himmel mit dem Zauberstab

3b

4

Maske nachbear- | *Auswahl in Alpha-*
beiten | *Kanal sichern*

5

Himmel durch einen Verlauf ersetzen

6a

Strommast mit dem Stempel überkopieren

6b

Einzelne Elemente des Bildes kopieren

6c

Auswählen, kopieren und spiegeln

6d

Schwer zu restaurierende Details werden
wegretuschiert

(und der Umschalttaste) auszuwählen, die Leitungen der Auswahl hinzuzufügen und den ausgewählten Bereich zu ersetzen.

3 Maskierungsmodus verwenden. Nachdem die Auswahl getroffen ist, wird das Symbol für den Maskierungsmodus in der Werkzeugpalette angeklickt. Mit dem Radiergummi und dem Pinsel wird die Maske retuschiert. Die fertige Maske sollte das gesamte Bild abdecken, abgesehen vom Himmel und den elektrischen Leitungen. Mit dem Zeichenstift der Pfadpalette wurden geometrische Formen wie beispielsweise die »Bowl«-Schilder umrissen, die Pfade in Auswahlen verwandelt (Auswahl erstellen aus dem Einblendmenü der Pfadpalette) und mit der Vordergrundfarbe Schwarz gefüllt (durch Drücken von Wahl- und Rückschrittaste), wodurch sie Teil der Maske wurden. Teile der Maske, die die Stromleitungen verdeckten, wurden mit dem Radiergummi aus ihr entfernt.

4 Auswahl sichern. In den Standardmodus wechseln und die zur Auswahl umgewandelte Maske mit Auswahl, Auswahl sichern in einem neuen Alpha-Kanal speichern.

5 Hintergrund ersetzen. Wir ersetzten den Hintergrund durch eine Verlaufsfüllung zwischen zwei aus dem Himmel des Originalfotos aufgenommenen Grautönen. Zuerst wählten wir die Vordergrundfarbe mit der Pipette im Originalbild aus, dann die Hintergrundfarbe, indem wir beim Anklicken des Grautons die Wahltaste gedrückt hielten. Im retuschierten Bild luden wir die Auswahl aus dem Alpha-Kanal und zogen mit dem Verlaufswerkzeug einen vertikalen Verlauf von der oberen Bildkante bis zum Horizont auf. Mit dem Filter Störungen hinzufügen (Filter, Störungsfilter) ahmten wir die Körnung des Originalfotos nach.

6 Abschließende Retuschearbeiten. Kleinere Bereiche werden mit dem Stempel, dem Lasso und anderen Werkzeugen und Funktionen retuschiert. Wir verwendeten den Stempel im Modus Kopie (nicht ausgerichtet), um einen der Strommasten wegzuretuschieren. Verdeckte Bereiche, wie etwa die Schrift auf dem Schild »Blue Palette« wurden aus vorhandenen Elementen restauriert, indem sie mit dem Lasso ausgewählt und bei gedrückter Wahltaste verschoben wurden. Das O in »Bowl« wurde durch Spiegeln der intakten Hälfte des Buchstabens wiederhergestellt (Bild, Spiegeln). Viel Zeit läßt sich sparen, wenn nicht auch noch unwichtige Details mühsam rekonstruiert werden. Wir kürzten beispielsweise einen Palmwedel, indem wir ihn mit dem Dachmuster überstempelten.

Bild drucken. Das Originalbild und die retuschierte Fassung wurden mit einer Rasterweite von 200 lpi auf Film belichtet. Anschließend wurden von den Filmen Kontakte hergestellt, die den Mitgliedern des Stadtrats zum Vergleich vorgelegt wurden.

Bewegungs- unschärfe

Übersicht: Motiv isolieren, in einem Alpha-Kanal speichern sowie in einer separaten Datei zwischenlagern, Hintergrund weichzeichnen, Motiv auf dem Hintergrund einfügen, Konturen des Motivs verwischen.

1a

Ausgangsbild

1b

Rot-Kanal

1c

Alpha-Kanal

2

Neue Datei mit schwebender Auswahl

JHD / FOTO: INSPIRE

EIN FOTO, DAS DEN EINDRUCK VON BEWEGUNG einfängt, wird den Betrachter in die Dynamik des Dargestellten mit einbeziehen können. Mit den Weichzeichnungsfiltern von Photoshop läßt sich sowohl ein Kameraschwenk simulieren, der dem Motiv scheinbar in seiner Bewegung folgt (siehe oben), als auch die Bewegungsunschärfe eines sich an einer feststehenden Kamera vorbeibewegenden Motivs (siehe Seite 59).

1 Motiv freistellen. Als erstes wird das Motiv isoliert. Nach der Betrachtung der einzelnen Farbkanäle dieses RGB-Bildes kamen wir zu dem Schluß, daß im Rot-Kanal der Kontrast zwischen Skifahrer und Hintergrund am deutlichsten ausfällt. Deshalb kopierten wir den Rot-Kanal (Befehl C), erstellten einen neuen Alpha-Kanal (Neuer Kanal aus dem Einblendmenü der Kanälepalette) und fügten die Auswahl in den neuen Kanal ein (Befehl V). Dann änderten wir die Tonwerte (Bild, Einstellen, Tonwertkorrektur), um den Kontrast zwischen Motiv und Hintergrund noch weiter zu erhöhen. Der Skifahrer in der Maske wurde mit dem Lasso bei weicher Auswahlkante von 0 Pixeln (damit kein Umriß aus Hintergrundpixeln entsteht) und bei aktivierter Glätten-Option freigestellt. Verschiedene Bereiche wurden mit dem Lasso ausgewählt und mit der Rückschrittaste oder der Kombination aus Wahl- und Rückschrittaste mit Weiß (der Hintergrundfarbe) bzw. Schwarz (der Vordergrundfarbe) gefüllt. Mehrere Bereiche wurden gleichzeitig bei gedrückter Umschalttaste ausgewählt. Mit dem Lasso wurden Freihandbereiche markiert (durch Ziehen) und gerade Auswahllinien durch gezielte Verwendung der Wahltaste Punkt für Punkt gesetzt.

2 Motiv zwischenlagern. Wenn das Motiv isoliert ist, wird es kopiert (Befehl C) und in eine neue Datei eingefügt (Ablage, Neu), die automatisch die richtigen Dimensionen erhält. Die schwebende Auswahl darf nicht aufgehoben werden. Die neue Datei dient sozusagen als sichtbare »Zwischenablage«. Der Vorteil, die Auswahl in ihrem schwebenden Zustand zu belassen, ist, daß man nicht Gefahr läuft, beim erneuten Auswählen einige der weißen Hintergrundpixel mit

3a

Weiche Auswahlkante

Radius: 10 Pixel

OK

Abbrechen

Abdeckung aus Teilen des Hintergrundes

3b

Das Motiv ist vollständig abgedeckt

4

Bewegungsunschärfe

Winkel: 21 °

Distanz: 40 Pixel

OK

Abbrechen

Der Hintergrund erhält Bewegungsunschärfe

5

Das Motiv ist wieder eingefügt

aufzunehmen und dann versehentlich mitzukopieren. Im Alpha-Kanal der Bilddatei bleibt die Position des Motivs erhalten, so daß es später problemlos an exakt der gleichen Stelle eingesetzt werden kann.

3 Motiv vom Hintergrund entfernen. Damit der Hintergrund weichgezeichnet werden kann, muß das Motiv entfernt werden, anderfalls würde es in den Hintergrund verwischen. Zu diesem Zweck wird das Motiv mit Teilen des Hintergrundes (in diesem Fall des Himmels) abgedeckt. Als Auswahlwerkzeug diente auch hier das Lasso, diesmal aber mit einer weichen Auswahlkante von 10 Pixeln. Nachdem die weiche Auswahl erstellt wurde, wurde sie bei gedrückter Wahltaste (um sie zu kopieren) auf den Skifahrer gezogen. Die weiche Auswahl glättet die Übergänge zwischen den kopierten Teilen und dem ursprünglichen Hintergrund, aber perfekte, nahtlose Übergänge sind gar nicht nötig. Weil der Hintergrund sowieso Bewegungsunschärfe erhält und das Motiv nachträglich wieder eingefügt wird, muß die Qualität der Abdeckung nicht unbedingt höchsten Ansprüchen genügen. (Selbst ein ziemlich unruhiger Hintergrund wie beispielsweise eine städtische Kulisse eignet sich für dieses Abdeckungs- und Weichzeichnungsverfahren.)

4 Hintergrund weichzeichnen. Sobald das Motiv vom Hintergrund eliminiert ist, kann der Bewegungsunschärfefilter auf ihn angewendet werden (Filter, Weichzeichnungsfilter). Der Winkel wurde auf die deutliche Ausrichtung der Skier eingestellt und die Distanz auf 40 Pixel festgelegt (bei einer gesamten Bildbreite von 600 Pixeln).

5 Motiv einsetzen. Das Motiv wird aus der zwischengelagerten Datei wieder in die Zwischenablage kopiert (Befehl C). In der Hintergrunddatei wird der Alpha-Kanal geladen (Auswahl, Auswahl laden) und das Motiv wieder an seine alte Position eingefügt (Befehl V). Das Motiv bildet jetzt das scharfe Zentrum des Bildes.

6 Details weichzeichnen.
Wenn das Bild einen zu perfekten Eindruck macht, können noch einzelne Details am Motiv weichgezeichnet werden. Beispielsweise kann die Rückenkontur des Skifahrers ausgewählt und mit einer Bewegungsunschärfe versehen werden. Oder ein kleiner Teil des Motivs wird so mit dem radialen Weichzeichner behandelt, daß der Rotationsmittelpunkt auf einem Angelpunkt liegt. Im Bei-

WINKEL MESSEN

Zum Messen der Ausrichtung eines Objekts kann der Linienzeichner verwendet werden. Dazu wird die Linienstärke auf 0 gesetzt und eine Linie parallel zum Objekt gezogen. Der Winkel kann dann in der Informationspalette abgelesen werden.

6a

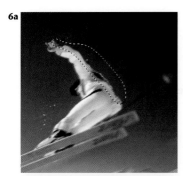

Die ausgewählte Rückenkontur

6b

*Ausgewähltes Detail für die radiale Weich-
zeichnung, Mittelpunkt verlagert*

spiel wurde als Mittelpunkt der kreisförmigen Weichzeichnung ein Punkt nahe der Hand des Skifahrers gewählt, die den Stock hält.

7 Variation: Vordergrund weichzeichnen. In der Datei des Ausgangsbildes wird der im ersten Schritt erstellte Alpha-Kanal geladen, um das Motiv auszuwählen. Die Auswahl wird bei gedrückter Umschalttaste mit dem Lasso und einer weichen Auswahlkante erweitert. Mit dem Bewegungsunschärfe-filter (Filter, Weichzeichnungs-filter) wird der Eindruck von Geschwindigkeit erzeugt. Dann wird das Motiv aus dem zweiten Schritt über dem weichgezeich-neten eingefügt. Wenn auch hier das Ergebnis zu perfekt wirkt, sollte mit dem Lasso eine weiche Auswahl erstellt werden (z.B. mit einer weichen Kante von 10 Pixeln). Die Auswahl wird zweimal mit einer Distanz von jeweils 20 Pixeln weichge-zeichnet.

Wird eine Bewegungsunschärfe in zwei Schritten angewendet, lassen sich harte Kanten verhindern, die bei der Weichzeichnung in einem Schritt entstehen können. Das obere Bild wurde einmalig mit einer Distanz von 40 Pixeln weichgezeichnet, das untere zweimalig mit einer Distanz von jeweils 20 Pixeln.

Distanz: 40 Pixel, einmal angewendet

Distanz: 20 Pixel, zweimal angewendet

7a

*Der Bereich, der mit der Bewegungsunschär-
fe behandelt werden soll, ist ausgewählt*

7b

Die Auswahl ist weichgezeichnet

7c

*Motiv wieder eingesetzt und grob ausge-
wählt, Auswahl weichgezeichnet*

Solarisation eines Portraits

Übersicht: *Gradationskurve des Bildes so verändern, daß einige Tonwerte umgekehrt werden.*

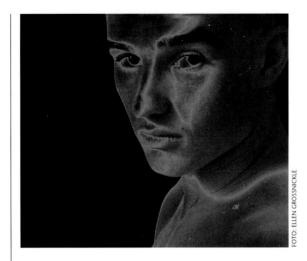

FOTO: ELLEN GROSSNICKLE

1a

1b

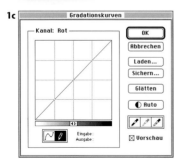

1c

DIE SOLARISATION WURDE ZUERST IM JAHRE 1860 von Sabbatier beobachtet und später, im Jahre 1929, zufällig von Lee Miller und Man Ray wiederentdeckt. Sie besteht in der teilweisen Umkehrung eines Negativs oder Positivs, die durch Lichteinwirkung während des Entwicklungsprozesses hervorgerufen wird und zum Teil erstaunliche Veränderungen verursacht. Heutzutage lassen sich die fotografischen Materialien wesentlich schneller entwickeln, als es in den 20er Jahren der Fall war, deshalb ist es heute auch viel schwieriger, eine Fotografie in der Dunkelkammer erfolgreich zu solarisieren. Durch Manipulation der Gradationskurve in Photoshop lassen sich aber vergleichbare Effekte erzielen.

1 Gradationskurve einblenden. Zur Bearbeitung muß der Farb- oder Graustufen-Scan in Photoshop geladen werden. (Es ist möglich, sowohl Farb- als auch Schwarzweißbilder zu solarisieren. Das hier gezeigte Portrait wurde als Farbfoto geladen und in Graustufen umgewandelt. Kontrast und Tonwertumfang wurden im Dialog Tonwertkorrektur (Bild, Einstellen) verbessert.) Anschließend wird der Dialog Gradationskurve (Bild, Einstellen) geöffnet und auf die Pfeile in der Leiste unterhalb des Diagramms geklickt, um die Richtung der Graustufen umzukehren. Die Vorschau-Option sollte aktiviert sein.

2 Mit der Gradationskurve experimentieren. Die normale Gradationskurve verläuft diagonal von links unten nach rechts oben, was bedeutet, daß jeder Ausgabewert dem Eingabewert entspricht. Wird die Kurve so verändert, daß sie von links oben nach rechts unten verläuft, erscheint das Bild negativ, so daß jeder Ausgabewert die Umkehrung des Eingabewerts darstellt. Daraus folgt, daß ein Bild, dessen Gradationskurve die Form eines V oder eines auf dem Kopf stehenden V annimmt, zum Teil positiv und zum Teil negativ ist. Die Gradationskurve kann solange mit dem Bleistift bearbeiten werden, bis das gewünschte Ergebnis erzielt ist. Um gerade Kurvensegmente zu zeichnen, muß die Umschalttaste gedrückt und die Endpunkte der Linien im Diagramm mit einfachem Mausklick gesetzt werden.

2a

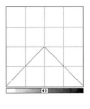

*Diese Einstellung hat
dieselbe Wirkung wie
der Solarisationsfilter*

2b

2c

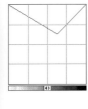

3

4a

4b

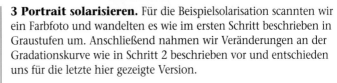

5

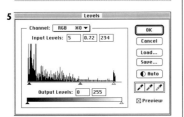

3 Portrait solarisieren. Für die Beispielsolarisation scannten wir
ein Farbfoto und wandelten es wie im ersten Schritt beschrieben in
Graustufen um. Anschließend nahmen wir Veränderungen an der
Gradationskurve wie in Schritt 2 beschrieben vor und entschieden
uns für die letzte hier gezeigte Version.

4 Farbe zusetzen. Da das Bild mit einer Farbe versehen werden
sollte, mußte es in den RGB-Modus zurückverwandelt werden (Modus, RGB-Farbe). Bevor wir den Dialog Farbton/Sättigung öffneten
(Bild, Einstellen), nahmen wir mit der Pipette einen mittleren Grauton auf. Im Dialog Farbton/Sättigung erschien die aufgenommene
Farbe im Beispielfeld. Die Optionen Vorschau und Kolorieren wurden
aktiviert und Farbton, Sättigung und Lab-Helligkeit eingestellt.

5 Abschließende Korrekturen. Die Tonwerte wurden erneut im
Dialog Tonwertkorrektur (Bild, Einstellen) nachjustiert; abgesehen
von der Veränderung des Kontrastes änderte sich auch die Farbe ein
wenig. Mit dem Stempel übermalten wir einen Kratzer. Die Reflexe
auf der Nase erwiesen sich in der Solarisation als zu dunkel, deshalb
wählten wir sie mit dem Lasso aus und hellten sie ein wenig mit dem
Befehl Fläche füllen auf (im Modus Aufhellen und mit einer Deckkraft von 40 Prozent).

Experimentieren. Eine Solarisation kann sowohl an einem Grau-
stufen- als auch an einem Farbbild eine sehr interessante Wirkung
hervorrufen, die sich besonders an Menschen, Pflanzen oder Tieren
entfaltet. Der Eindruck, den eine Solarisation vermittelt, kann sich
völlig vom Eindruck des Ausgangsbildes unterscheiden, und die Farb-
umwandlung kann in erheblichem Maße variieren, je nachdem,
welche Bereiche des Bildes positiv bleiben und welche umgekehrt
werden.

Beispiele. Auf dieser Seite befinden sich noch ein paar Beispiele von Farbfotos, die mit Gradationskurven solarisiert wurden, die der in Schritt 2 beschriebenen Kurve ähneln. Gradationskurven können mit der Schaltfläche Sichern gespeichert und mit der Schaltfläche Laden aktiviert werden (siehe Schritt 1c).

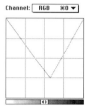

Solarisation eines Farbfotos: Einige Töne verwandeln sich in ihre Komplementärfarben

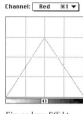

Ein anderer Effekt: Solarisation eines einzelnen Farbkanals

FOTO: SUSAN HELLER

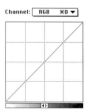
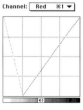
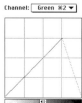

Ein Schwarzweißfoto wurde im RGB-Modus gescannt. Durch Manipulation an den Gradationskurven von zweien der drei Kanäle entsteht der Effekt eines kolorierten Bildes.

BEWEGTE BILDER: DER CYCLONE-FILTER

Die Kai's Power Tools enthalten einen Filter, der sich Cyclone-Filter nennt, und der mit der CD-ROM-Version von Photoshop 2.5 mitgeliefert wird. Dieser Filter erzeugt eine fortlaufend abgespielte Serie verschiedener Gradationskurven. Der Filter befindet sich im Menü Filter, Untermenü Video und kann auf eine Auswahl oder das gesamte Bild angewendet werden. Um das Durchspielen der verschiedenen Effekte für eine Pause zu unterbrechen (etwa um einen Effekt zu begutachten), muß die Leertaste betätigt werden. Soll der Effekt auf die Datei angewendet werden, ist die Eingabetaste zu drücken (während einer Pause oder auch während des Durchlaufs). Information über diesen Filter in englischer Sprache erhält man über die Hilfetaste.

Schwarz-weißfoto kolorieren

Übersicht: *Graustufenbild in den RGB-Modus konvertieren, Farbbalance für Lichter, Mittel-töne und Tiefen nachregulieren.*

JHD / FOTO: CRAIG McCLAIN

1

2a

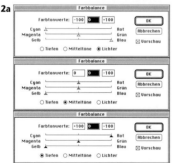

2b

SENSATIONELLE ERGEBNISSE lassen sich beim Einfärben von Graustu-fenbildern erzielen. Es gibt viele Möglichkeiten, Graustufenbilder zu kolorieren, und in diesem Buch werden zahlreiche Beispiele genannt. An dieser Stelle aber sei eine schnelle und einfache Vorgehensweise vorgestellt, die auf dem Dialog Farbbalance basiert.

1 Graustufenbild vorbereiten. Das Graustufenbild wird mit RGB-Farbe aus dem Menü Modus in ein RGB-Bild umgewandelt.

2 Färben. Den Dialog Farbbalance (Menü Bild, Einstellen) öffnen. Der Reihe nach die Regler für die Lichter, Mitteltöne und Tiefen ein-stellen. Dramatische Effekte lassen sich erzielen, wenn für die Lichter und Tiefen gegenteilige Einstellungen vorgenommen werden. Das Beispielfoto wurde mit einer Grafik aus einer Clipart-Bibliothek ver-vollständigt, die in einen Alpha-Kanal eingefügt und als Auswahl im Bild geladen wurde. Der ausgewählte Bereich des Hintergrundes wur-de in die Zwischenablage kopiert. Nachdem eine weiche Auswahlkan-te für den markierten Bereich festgelegt wurde, wurde er abgedunkelt (Tonwertkorrektur). Die Auswahl wurde erneut geladen und schließ-lich das ursprüngliche Bild aus der Zwischenablage eingefügt und ein wenig mit der Tonwertkorrektur aufgehellt. Die rechte Hälfte des Bil-des wurde mit dem Auswahlrechteck markiert und mit Bild, Fest-legen, Umkehren in ein Negativ verwandelt.

Die Farbtabelle Feuer im Modus Indizierte Farben

Experimentieren. Im Mo-dus Indizierte Farben können verschiedene Farbtabellen an-gewendet werden (Modus, Farbtabelle). Dann im Ein-blendmenü eine bestimmte Farbtabelle wählen oder eine Farbtabelle laden, die zuvor er-stellt und gesichert wurde.

Weich-
zeichnen

*Übersicht: Schwebende Aus-
wahl erstellen, weichzeichnen,
wieder mit dem Bild verbinden.*

FOTO: CREDIT

1a

1b

Gaußscher Weichzeichner

Radius: **10** Pixel   OK

Abbrechen

1c

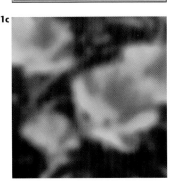

SEIT DEM ENDE DES 19TEN JAHRHUNDERTS setzen Fotografen Dunst-
und Nebeleffekte ein, um Bilder weicher erscheinen zu lassen. Sie
verminderten die Detailzeichnung in den Lichtern, in den Lichtern
und Mitteltönen oder im gesamten Bild. Mit einer Kamera kann dieser Effekt erreicht werden, indem eine hauchdünne Schicht Vaseline
auf einen Filter aufgetragen wird, der auf das Objektiv geschraubt
wird, oder indem der Filter einfach nur mit dem Atem angehaucht
wird. Auch in der Dunkelkammer läßt sich dieser Effekt durch Be-
spannen der Vergrößerungslinse mit Nylongewebe erzielen. Diese
Technik wird bei Portraitaufnahmen häufig verwendet, um kleine
Hautunregelmäßigkeiten unsichtbar zu machen, Haare weicher erscheinen zu lassen, oder um dem Bild einen romantischen Flair zu
verleihen. In Photoshop lassen sich mit dem Gaußschen Weichzeichner und der Montagekontrolle ähnliche Wirkungen erzielen.

1 Kopie des Bildes weichzeichnen. Das gesamte Bild oder nur
einen Bereich auswählen. Wenn nur ein Bereich ausgewählt ist, sollte
eine weiche Auswahlkante von ein paar Pixeln eingestellt sein. Mit
Befehl J wird die Auswahl zu einer schwebenden Auswahl – das heißt
zu einer Kopie, die exakt auf dem Original liegt. Dann den Gaußschen Weichzeichner wählen (Filter, Weichzeichnungsfilter). Für
das Beispiel wurde das gesamte Bild ausgewählt und ein Radius von
10 Pixeln eingegeben (bei einer Gesamtbreite von 505 Pixeln).

2 Dunst erzeugen. Im Menü Bearbeiten Montagekontrolle wählen
und eine der folgenden Einstellungen im Dialog Montagekontrolle
vornehmen.

• Wenn der Dunsteffekt so verfeinert werden soll, daß nur die Lichter weichgezeichnet werden, muß der Modus Aufhellen gewählt
und die Deckkraft etwas nachgeregelt werden.

• Sollen alle Tonwerte im ausgewählten Bereich vom Dunsteffekt betroffen sein, wird der Modus Normal gewählt. Über die Deckkraft
kann die Stärke der Weichzeichnung reguliert werden.

• Um nur einen bestimmten Tonwertbereich des Bildes weichzuzeichnen, werden die Regler des Graustufenbalkens bei gedrückter
Wahltaste bewegt. Durch das Drücken der Wahltaste werden die
Regler geteilt, was bedeutet, daß die Tonwerte in diesem Bereich
weiche Übergänge erzeugen und sich nur zu einem Prozentteil mit

2a

2b

2c

dem Bild vereinigen. Die beiden Teilregler werden so weit auseinanderbewegt, daß harte Farbbrüche vermieden werden. Es sollten ruhig verschiedene Reglerstellungen ausprobiert werden. Die günstigste Reglerstellung hängt von den Farben im Bild und vom gewünschten Effekt ab. Wenn die Wirkung voll und ganz den Vorstellungen entspricht, kann der Dialog Montagekontrolle mit OK geschlossen und die schwebende Auswahl im Bild aufgehoben werden (Befehl D).

FARBWERTBEREICH EINSCHRÄNKEN

Die Regler im Dialog Montagekontrolle bestimmen, auf welche Weise sich die Pixel der schwebenden Auswahl und des darunterliegenden Bildes zu einem endgültigen Bild vereinigen.

• Der Tonwertbereich, der zwischen den beiden Reglern für das darunterliegende Bild liegt, vereinigt sich mit der schwebenden Auswahl. Wenn also tiefe oder helle Töne von der Vereinigung ausgenommen werden sollen, müssen die Regler nach innen verschoben werden.

• Die Regler der schwebenden Auswahl bestimmen, daß alle Pixel des zwischen ihnen liegenden Farbwertbereichs sich mit den Pixeln des darunterliegenden Bildes vereinigen, indem sie sie ganz oder teilweise ersetzen.

Beide Regler stellen so etwas wie eine »Wenn-Dann-Bedingung« für die Pixel des darunterliegenden Bildes dar. Wenn das Pixel des darunterliegenden Bildes innerhalb des veränderbaren Farbwertbereichs liegt und das korrespondierende Pixel der schwebenden Auswahl innerhalb deren veränderbaren Bereichs, dann ersetzt das schwebende Pixel das darunterliegende, andernfalls bleibt das darunterliegende Pixel unverändert. Das Ganze wird durch die Möglichkeit, die Deckkraft (die bestimmt, in welchem prozentualen Verhältnis sich die Pixel vereinigen) und verschiedene Modi einzustellen, noch ein wenig komplizierter.

VERSUNKEN, ABER PRODUKTIV

Einige der Bildbearbeitungs- und Montagefunktionen von Photoshop sind so leistungsstark und bieten so viele Optionen, daß es einem schwer fällt, mit dem Experimentieren aufzuhören, hat man erst einmal angefangen. Neben den Befehlen aus dem Filter-Menü gehört auch die Montagekontrolle zu diesen faszinierenden Photoshop-Dialogen. Ein echter Photoshop-Fan kann sich gut und gern mehrere Tage im Filter-Menü oder in der Montagekontrolle verlieren. Tatsächlich braucht der Bildkünstler keine klare Vorstellung von dem besitzen, was er erreichen möchte, bevor er dem Dialog Montagekontrolle seine Fähigkeiten entlockt. Wir haben festgestellt, daß das Experimentieren ein guter Weg ist, die Fähigkeiten von Photoshop kennenzulernen. Aber man kann natürlich auch gezielt vorgehen, wenn man eine bestimmte Vorstellung im Kopf oder einen Auftrag zu erledigen hat.

■ **Cher Threinen** kreierte das Bild *Swimmers* aus dem Graustufen-Scan eines Schwarzweißfotos. Mit dem Stempel im Modus Kopie (ausgerichtet) löschte sie einige Linien, die am Rand des Schwimmbeckens störten. Das Lasso diente ihr zur Auswahl der Schwimmerinnen, mit Hilfe der Umschalt- bzw. Befehlstaste fügte sie der Auswahl Bereiche hinzu oder verkleinerte sie. Als die Auswahl fertig erstellt war, stellte sie eine weiche Auswahlkante mit geringer Breite ein (Auswahl, Weiche Auswahlkante, 2 Pixel) und sicherte sie in einem Alpha-Kanal (Auswahl, Auswahl sichern). Anschließend kopierte sie die Auswahl in einen dritten Kanal und kehrte ihn in ein Negativ um, um eine Maske zu erhalten, mit der das Wasser ausgewählt werden kann. Als nächstes wandelte sie das Mehrkanaldokument in ein RGB-Bild um. Zum Einfärben des Bildes lud sie eine Auswahl aus einem Alpha-Kanal, wählte aus dem Farbwähler eine Farbe und färbte die Auswahl mit Bearbeiten, Fläche füllen (Modus Farbe) ein. Für die Schwimmerinnen verwendete sie auch den Aufhellen-Modus und füllte die Flächen mit »Schichten« aus Wasser und Blau. Bereiche im Wasser die noch zu schwarz erschienen, wählte sie mit dem Lasso, dem Zauberstab und dem Befehl Auswahl, Weiche Auswahlkante aus, um sie mit Magenta oder Rot in den Modi Aufhellen und Farbe zu füllen. Die Umrisse der Schwimmerinnen erzeugte sie, indem sie den Alpha-Kanal mit den Schwimmerinnen als Auswahl lud, die Schwimmerinnen in die Zwischenablage kopierte und mit dem Befehl Hinter der Auswahl einsetzen hinter dem Original einfügte. Die noch ausgewählten Schwimmerinnen verschob Threinen ein wenig nach links, stellte für die Auswahlbegrenzung eine weiche Kante ein und färbte sie im Modus Normal und mit 100%iger Deckkraft in der jeweils gewünschten Farbe ein. Die Fische wurden in einem anderen Foto ausgewählt, koloriert und in das Bild eingesetzt.

■ Für die Collage dieses Portraits von *Katrin Eismann* begann **Russell Sparkman** mit zwei Fotografien, die er mit einer Digitalkamera aufgenommen hatte. Er vereinigte negative und positive Versionen dieser beiden Bilder und verwendete in allen drei Kanälen des Bildes (Rot, Grün und Blau), in denen bereits separate Einstellungen bezüglich der Hell-/Dunkel-Verteilung vorgenommen waren, eine andere Kombination aus Positiv und Negativ. Die abgeschrägten Kanten des Rahmens wurden mit Zeichenstiftpfaden erstellt und in eine Auswahl verwandelt, so daß die Seiten unabhängig voneinander im Dialog Tonwertkorrektur (Menü Bild, Einstellen) aufgehellt oder abgedunkelt werden konnten, wodurch die perspektivische Wirkung erzielt werden konnte. Dem Rahmen wurden Störungen hinzugefügt, und die Schatten am oberen und linken Teil des Rahmens wurden mit einer weichen Auswahl, die abgedunkelt wurde, erzeugt.

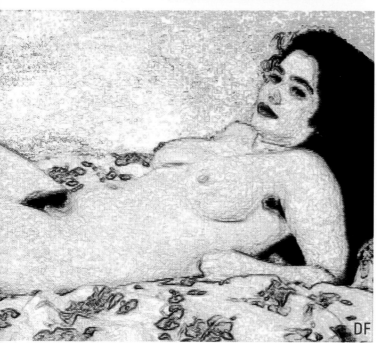

■ Als Ausgangsbild für *Rena Sketch* diente **Diane Fenster** ein Videostandbild. Sie wählte das gesamte Bild aus und kopierte es in die Zwischenablage. Auf das noch im Dokumentfenster befindliche Bild wendete sie den Gallery-Effects-Filter Find Edges an. Danach fügte sie die Farbversion des Bildes aus der Zwischenablage über dem »Kohlekreidebild« ein, wählte im Dialog Montagekontrolle den Modus Farben und verschmolz die beiden Versionen zu einem Bild.

MONTAGE
UND
COLLAGE

IN DER TRADITIONELLEN FOTOGRAFIE UND FOTOILLUSTRATION wird ein bedeutender Unterschied zwischen Montage und Collage gemacht. Die Montage ist ein Verfahren, bei dem für die Herstellung eines Abzugs mehrere Negative übereinander gelegt werden. Eine Collage ist die Zusammenstellung separater Fotografien zu einem neuen Bild, dabei finden manchmal auch nicht-fotografische Elemente Verwendung. Mit Photoshop wird die Unterscheidung zwischen Montage und Collage hinfällig, da fotografische und nicht-fotografische Objekte miteinander einfach kombiniert werden können und das Photoshop-Dokument in der Regel selbst Teil eines größer angelegten Seitenlayouts ist. Aber welchen Namen man dieser Kombinationsform auch immer geben mag, in der digitalen Bildverarbeitung ist das Verfahren wesentlich einfacher und erfordert weder eine Dunkelkammer noch Klebstoff.

Zu den nützlichsten Kompositionstechniken in Photoshop gehören weiche Auswahlen (Auswahlkanten), Verlaufsmasken, Alpha-Kanäle, der Stempel, die Befehle In die Auswahl einsetzen und Hinter der Auswahl einsetzen aus dem Menü Bearbeiten, der Befehl Bild, Berechnen, Montieren, sowie die Montagekontrolle aus dem Menü Bearbeiten.

Wenn es das Ziel des Photoshop-Anwenders ist, eine nahtlose Fotomontage zu kreieren, gehört mehr dazu, als nur die richtige Auswahl zu treffen und die geeigneten Montagetechniken anzuwenden. Sicher gehört es auch dazu, das Lasso oder Auswahlrechteck mit weicher Auswahlkante für nahtlose Übergänge zu verwenden, oder Hintergrundpixel an der Auswahlbegrenzung zu entfernen, um eine saubere Silhouette zu erhalten, oder den Gaußschen Weichzeichner auf den Hintergrund anzuwenden, damit das Bild den Eindruck realistischer Tiefenunschärfe erweckt.

Aber um zwei oder mehrere Bilder nahtlos miteinander kombinieren zu können, müssen sie in vielerlei Hinsicht zueinander passen. Beispielsweise sollte das Licht aus der gleichen Richtung einfallen und die Detailzeichnung und Farbverteilung in den Lichtern und Tiefen übereinstimmen. Die Detailzeichnung läßt sich mit den Dialogen Gradationskurven und Tonwertkorrektur (Menü Bild, Einstellen) anpassen. Die Farbverteilung kann bei Verwendung der Pipette in der Informationspalette als CMYK-Werte abgelesen werden (Menü Fenster, Informationspalette einblenden) und in den Dialogen Farbbalance und Variationen (Bild, Einstellen) nachgeregelt werden.

Die Einfallsrichtung des Lichts zu verändern, gestaltet sich wesentlich schwieriger, als die Detailzeichnung oder Farbverteilung nachzubearbeiten. Realistisch betrachtet ist es meist so schwierig, daß es im allgemeinen ratsamer ist, nach geeigneteren Fotografien zu suchen, statt am Ende an einer unüberwindlichen Aufgabe zu scheitern.

STICHWORT MONTAGE/COLLAGE

Wer über die in diesem Kapitel beschriebenen Montage- bzw. Collageprojekte hinaus zusätzliche Information erhalten möchte, findet im Stichwortverzeichnis weitere Verweise auf Abschnitte, die sich eingehend mit diesem Thema befassen.

Über-
blendungen

Übersicht: Die Arbeitsfläche
des ersten Bildes, das bereits in
der richtigen Breite und Auflösung vorliegt, auf die für das
endgültige Bild beabsichtigte
Größe erweitern, Größe und
Auflösung des zweiten Bildes so
einstellen, daß es zum ersten
paßt, mit dem Maskierungsmodus eine Verlaufsmaske erstellen, Maske als Auswahl laden
und das zweite Bild in das erste
einfügen.

JACK DAVIS / FOTOS: NASA, GRANT HEILMAN

DER NAHTLOSE ÜBERGANG EINES BILDES in ein anderes verlangt, daß
beide Bilder bestimmte Übereinstimmungen aufweisen, wie beispielsweise Lichteinfall, Kontrast, Farbsättigung und Detailzeichnung in
den tiefen Tönen. Abgesehen von dem gleichen Erscheinungsbild
beider Fotos müssen sie für die Montage auf die entsprechende Größe

Scan A mit einer Breite von 6 cm und einer Auflösung von 300 Pixel pro Inch

Scan B mit einer Breite von 10 cm und einer Auflösung von 600 Pixel pro Inch

gebracht werden. Wenn die Größe des Montagebildes und seine Auflösung vor dem Scannen der Fotos bekannt ist, können sie bereits mit den optimalen Einstellungen gescannt werden. Wenn die Scans aber bereits vorliegen oder vor der Montage mit ihnen experimentiert werden soll, muß möglicherweise mit unterschiedlichen Auflösungen und Bildgrößen gearbeitet werden. In diesem Fall müssen die gleichen Einstellungen wie an der Beispielillustration vorgenommen werden. Die Illustration für ein Psychologiebuch sollte die Vorstellung von Lautstärke und die Wirkung von Klang bildlich verdeutlichen.

Das Beispiel vereinigt ein Foto der NASA von einem Space-Shuttle-Start und ein Foto von einer Waldidylle. Der Shuttle wurde als das Ausgangsbild ausgewählt. Es war daher nicht nötig, es disproportional in der Größe zu verändern, damit es zum Waldbild paßt – es hätte sonst Qualitätseinbußen hinnehmen müssen. Das Waldbild bot einen größeren Spielraum – die Baumstämme konnten ein wenig gedehnt oder gestaucht werden, ohne ihr natürliches Erscheinungsbild zu verlieren. Den gleichen Spielraum bieten beispielsweise auch Fotografien des Himmels.

Das etwa 20 x 25 cm große Shuttle-Bild wurde auf einem Desktop-Scanner eingelesen. Der Scan wurde anschließend auf eine Breite von 6 cm beschnitten (der Breite der Spalte, in die das Montagebild passen sollte) und die Auflösung auf 300 dpi herabgesetzt (das zweifache der Rasterweite von 150 lpi, mit der die Abbildungen des Buches gedruckt werden sollten). (Wie man die optimale Scanauflösung ermittelt, ist in Kapitel 1 erklärt.)

Das Waldbild wurde ursprünglich von einem Dienstleistungsunternehmen gescannt und auf einem Dia von 10 x 12,5 cm Größe mit einer Auflösung von 600 dpi ausgegeben. Die beiden Bilder besaßen also unterschiedliche Größen und Auflösungen.

1 Bilder vorbereiten. Die im TIFF-Format vorliegenden RGB-Scans werden in Photoshop geöffnet. In dem Beispiel wurde das erste Bild vom Space Shuttle in der richtigen Größe und Auflösung gescannt. Wenn das nicht der Fall gewesen wäre, hätte im Dialog Bildgröße (Menü Bild) die Option Proportionen aktiviert, die Option Dateigröße deaktiviert und die gewünschte Auflösung und die als Maß genommene Seitenlänge eingegeben werden müssen (in diesem Fall die Bildbreite).

2 Bilder retuschieren. Wenn der Tonwertumfang, die Sättigung und die Farbverteilung der Bilder korrigiert und der Tondichte in den Tiefen und Lichtern die nötige Aufmerksamkeit geschenkt wurde, werden die Bilder so bearbeitet, daß sie zusammenpassen. Zunächst sollten die Rauchwolken nach unten erweitert werden, um den scharfkantigen Boden der Abschußrampe zu überdecken. Dazu wurde ein wenig von dem Qualm mit dem Lasso bei weicher Auswahlkante ausgewählt und die Auswahl bei gedrückter Wahltaste als Kopie an die neue Position verschoben. Dieser Vorgang wurde solange wiederholt, bis der Rampenboden vollständig im Verborgenen lag.

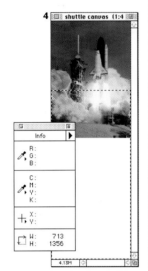

3 Arbeitsfläche erweitern.
Die Arbeitsfläche des ersten Bildes wird (sofern die korrekte Bildbreite und Auflösung eingestellt ist) auf die Abmessungen des beabsichtigten Montagebildes vergrößert (Bild, Arbeitsfläche). Damit ist Platz für das zweite Bild geschaffen. Die Breite des Bildes vom Shuttle wurde auf ihrem Wert belassen, nur die Höhe wurde verändert. Das Bild wird in diesem Stadium mit Sichern unter unter einem neuen Namen gesichert.

4 Größe des zweiten Bildes bestimmen. Mit dem Auswahlrechteck wird ein Bereich in der vollen Breite des Bildes markiert, der auch den Teil des ersten Bildes einschließt, in dem sich beide Bilder überlappen. In der Informationspalette wird die Höhe der Auswahl überprüft.

5 Größe des zweiten Bildes anpassen. Das Fenster des zweiten Bildes wird aktiviert. Es gibt mehrere Möglichkeiten, die Größe des zweiten Bildes der des ersten anzupassen.
(A) Wenn es sowohl Größe als auch Auflösung des zweiten Bildes erlauben, wird es beschnitten. Im Werkzeugdialog des Freistellungswerkzeugs (mit einem Doppelklick auf sein Symbol zu öffnen) werden Breite, Höhe und Auflösung auf feste Werte eingestellt. Wenn die Auflösung des Bildes anschließend verändert wird (siehe unten), besitzt der mit dem Freistellungswerkzeug ausgewählte Bereich automatisch die richtige Form und Größe.
(B) Wenn das Motiv des Bildes eine nicht proportionale Größenänderung erlaubt (wie etwa bei dem Waldbild), kann

6a

wie folgt vorgegangen werden: Im Dialog Bildgröße (Menü Bild) die Optionen Proportionen und Dateigröße deaktivieren und anschließend die Auflösung und die Pixeldimensionen des ersten Bildes, die aus dem angezeigten Informationsfenster notiert wurden, eingeben. (Der Vergleich des Bildes in diesem Stadium mit dem in Schritt 1b zeigt, daß es verschmälert wurde.)

(C) Veränderungen der Bildgröße und des Ausschnitts lassen sich miteinander kombinieren.

6 Maske erstellen. Die Verlaufsmaske wird mit einem Mausklick auf das Symbol für den Maskierungsmodus aus der Werkzeugpalette erstellt. Im Dialog Masken-Optionen (durch einen Doppelklick auf das Symbol zu öffnen) wird die Option Maskierte Bereiche aktiviert. Falls nötig, wird die Deckkraft der Maske so verändert, daß sowohl die Maske als auch das Bild angezeigt werden. Mit dem Verlaufswerkzeug wird in dem Bereich der Maske ein Verlauf erzeugt, in dem beide Bilder ineinander verschmelzen sollen (dazu muß im Werkzeugdialog ein linearer Verlauf eingestellt sein). Das weiße Ende des Verlaufs sollte sich da befinden, wo das zweite Bild eingefügt wird.

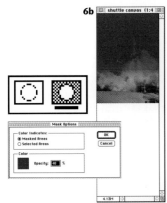

6b

7 Maske verfeinern und sichern. Sofern es nötig ist, wird die Maske nachbearbeitet, um beispielsweise Bereiche des ersten Bildes vor der Überblendung zu schützen. Im Beispiel wurden mit dem Lasso und einer weichen Auswahlkante von 10 Pixeln Bereiche des Qualms ausgewählt und der Maske hinzugefügt (durch Kombination aus Wahl- und Rückschrittaste mit der Vordergrundfarbe gefüllt), so daß diese Bereiche sich nicht mit dem zweiten Bild vereinigen. Durch Auswahl des Symbols in der Werkzeugpalette dann wieder in den Standardmodus zurückkehren und die fertiggestellte Maske mit Auswahl, Auswahl sichern in einem Alpha-Kanal speichern.

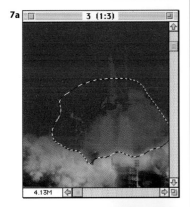

7a

8 Bilder vereinigen. Erstes Bild aus Schritt 4 aktivieren und die Maske aus Kanal 4 mit Auswahl, Auswahl laden in den RGB-Kanal laden. Zweites Bild aktivieren, es vollständig auswählen (Auswahl, Alles auswählen) und in die Zwischenablage kopieren (Bearbeiten, Kopieren). Erstes Bild aktivieren und das Bild aus der Zwischenablage durch die Maske hindurch einfügen (Bearbeiten, Einfügen) und mit dem ersten vereinigen. Gegebenenfalls muß das eingefügte Bild verschoben werden, um es exakt am ersten auszurichten. (Das fertiggestellte Bild wird auf Seite 70 gezeigt.)

7b

ABSOLUTE UND RELATIVE BILDGRÖSSE

Falls es nicht möglich sein sollte, bei der Veränderung der Höhe und Breite eines Bildes im Dialog Bildgröße die Option Proportionen und die Option Dateigröße gleichzeitig zu aktivieren, sind Höhe und Breite höchstwahrscheinlich auf die absolute Maßeinheit Pixel eingestellt. Jede andere (relative) Maßeinheit erlaubt, Dateigröße und Proportionen konstant zu halten, wenn die Abmessungen geändert werden.

Gemischte Auflösung

Übersicht: *Bild mit grobkör-
niger Struktur und niedriger
Auflösung erstellen, die Auflösung unter Beibehaltung der
Kornstruktur erhöhen, hochauflösendes Objekt importieren,
Korona-Effekt erzeugen.*

ROB DAY / FOTO: NASA / COVER DESIGN: VIRGINIA EVANS

1

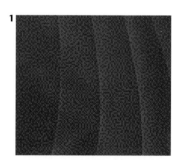

2

WIE LASSEN SICH ZWEI UNTERSCHIEDLICHE AUFLÖSUNGEN in einem
Photoshop-Bild kombinieren? Wie muß man vorgehen, wenn ein
fotorealistisches Element mit hoher Auflösung in eine grobkörnige
Bitmapstruktur eingefügt werden soll? Welche Technik Rob Day bei
der hier gezeigten Illustration für einen Buchumschlag anwendete,
die den Eindruck macht, als besäße das Bild zwei unterschiedliche
Auflösungen, wird im folgenden beschrieben.

1 Mit niedriger Auflösung beginnen. In der für die letztend-
liche Ausgabe benötigten Abmessung wird ein Bild mit niedriger
Auflösung gescannt oder neu erstellt. Die Auflösung sollte ein Viertel
der hohen Auflösung des fotorealistischen Elements betragen. Rob
Day scannte ein Blatt in Graustufen und mit einer Auflösung von
244 dpi, wandelte das Bild in den RGB-Modus um, reduzierte die
Auflösung auf 61 dpi und erzeugte einen dem Mezzotinto ähnlichen
Effekt (siehe Kapitel 3).

2 Interpolationsmethode festlegen. Im nächsten Schritt wird
die gegenwärtige Auflösung des Bildes mit einer Methode auf die
Auflösung des zu importierenden Elements erhöht, die das Bild der
höheren Auflösung und gleichwohl dessen grobkörnige Struktur bewahrt – im Beispiel wollte Day das niedrig auflösende Mezzotinto-
Muster beibehalten. Dazu muß in Photoshop eine Einstellung geän-

3

4

5a

5b

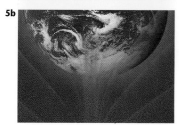

dert werden, die bei der Erhöhung der Auflösung die Interpolation der fehlenden Pixel bestimmt. Unter Ablage, Grundeinstellungen, Allgemeine wird als Interpolationsmethode Pixelwiederholung ausgewählt. Normalerweise wird die Standardvorgabe Bikubisch bei einer Auflösungssteigerung verwendet, bei der die Farbe der eingefügten Pixel aus dem Mittelwert der umliegenden Pixel berechnet wird und die somit für weiche Übergänge sorgt. Weil aber in diesem Fall das gepixelte Aussehen erhalten bleiben soll, ist die Pixelwiederholung die geeignetere Interpolationsmethode.

3 Auflösung erhöhen. Nun wird im Dialog Bildgröße (Menü Bild) für die Breite und Höhe des Bildes die Einheit Inch eingestellt (oder eines der anderen Längenmaße, mit Ausnahme der Einheit Pixel). Die Option Proportionen wird aktiviert, aber die Option Dateigröße muß ausgeschaltet sein. Während die Höhe und Breite unverändert bleibt, wird die Auflösung auf das Vierfache erhöht. Für den Buchumschlag ergibt sich damit eine Auflösung von 244 dpi (viermal 61 dpi), die für den Druck mit einer Rasterweite von 150 lpi ausreichend ist. (244 ÷ 150 = 1,62; die Auflösung liegt also im Bereich zwischen dem 1,5- und 2fachen der Rasterweite. Dieser Bereich eignet sich für Bilder, die weder diagonale Linien noch scharfe Kanten aufweisen und deshalb keine höhere Auflösung benötigen.)

4 Hochauflösendes Element importieren. Die hochauflösende Datei öffnen, das Element auswählen, kopieren und in das erste Bild einfügen. Das für das Beispiel importierte NASA-Bild von der Erdkugel hatte Day mit der Auflösung der Umschlagillustration von 244 dpi gescannt. (Solange die Auswahl über dem Bild schwebt, läßt sich ihre Größe mit Bild, Effekte, Skalieren verringern.)

5 Lichtkranz erzeugen. Als weiteres Gestaltungsmittel erzeugte Day eine Korona um den Erdball. Die ausgewählte Erde wird zuerst in die Zwischenablage kopiert (Befehl C) und dann in einem Alpha-Kanal gespeichert (Auswahl, Auswahl sichern). Für das immer noch ausgewählte Element wird eine weiche Auswahlkante eingestellt. Die Vordergrundfarbe wird mit der Farbe der Korona belegt. Durch Betätigen der Rückschritttaste und gleichzeitigem Gedrückthalten der Wahltaste wird die Auswahl mit der Vordergrundfarbe gefüllt. Dann die Auswahl laden und den Inhalt der Zwischenablage an genau die gleiche Position einfügen. Die pinkfarbenen Adern des Blattes über der Erdkugel wurden nachträglich eingefügt, indem eine Maske aus dem anfänglichen 244-dpi-Graustufen-Scan des Blattes erstellt, als Auswahl geladen und mit Pink gefüllt wurde. Das Bild wurde im EPS/DCS-Format abgespeichert und in Illustrator geöffnet, wo abschließend der Text montiert wurde.

Schatten und Reflexe

Übersicht: *Maske für Objekte zeichnen, Auswahlmaske für Reflex- und Schattenzonen erstellen, Objekte, Reflexe und Schattenspiegelungen in den neuen Hintergrund einfügen.*

1a

Produktfoto (Ausgangsbild)

1b

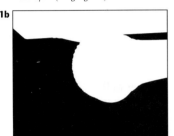

Die ausgewählten Objekte sind in einem Alpha-Kanal gespeichert (#5)

2

Das kopierte Bild wird in Kanal 6 eingefügt

3

Tonwertkorrektur und Bewegungsunschärfe

FOTO: PIONEER, JAPAN

JHD

DIE ERFOLGREICHE INTEGRATION eines Vordergrundmotivs in einen neuen Hintergrund beinhaltet mehr als nur das Ausschneiden und Einsetzen des Objekts in den Hintergrund. Durch seine Spiegelung in anderen Gegenständen fügt sich das Objekt natürlich in seine Umgebung ein, etwa durch Spiegelung der Schatten oder, was noch natürlicher wirkt, durch Spiegelung des sich auf der Oberfläche des Objekts brechenden Lichts im reflektierenden Untergrund. Die Reflex- und Schattenzonen auf der spiegelnden Platte in der obigen Collage, die als Verpackungsdesign für die japanische Firma Pioneer erstellt wurde, entnahmen wir der ursprünglichen Studioaufnahme der Elektronikgeräte und speicherten sie in Alpha-Kanälen, mit denen die aufzuhellenden oder abzudunkelnden Stellen im neuen Hintergrund präzise ausgewählt werden konnten.

1 Maske für die Objekte erstellen. In dem gescannten Bild werden die in den Hintergrund zu kopierenden Objekte mit dem Lasso oder Zeichenstift ausgewählt, indem ihre Umrisse nachgezeichnet werden. Wir begannen mit einem Scan von einem 10 x 12,5 cm großen Dia, einer Studioaufnahme der Produkte. Weil der CMYK-Scan eine Breite von 2500 Pixeln besaß, beschnitten wir die Ränder über und unter den Geräten, so daß die Datei kleiner und handlicher wurde. Wenn die Auswahl mit dem Zeichenstift der Pfadpalette vorgenommen wird, werden die zu kopierenden Objekte durch Klicken und Ziehen umrandet. Sobald der Pfad vervollständigt und durch Anklicken des Anfangspunktes geschlossen ist, sollte er gespeichert werden (Pfad sichern aus dem Einblendmenü der Pfadpalette). Um den Pfad in eine Auswahlbegrenzung zu verwandeln, wird der Befehl Auswahl erstellen aus dem Einblendmenü gewählt. Anschließend wird die Auswahl in einem Alpha-Kanal gespeichert (Auswahl, Auswahl sichern). In dem Beispiel trug der neu erstellte Alpha-Kanal die Nummer 5, da die Kanäle 0 bis 4 bereits mit dem CMYK-Kanal und den vier einzelnen Farbkanälen belegt waren.

2 Maske für die Reflexe erstellen. Im Hauptkanal (im Beispiel der CMYK-Kanal) wird das Bild vollständig ausgewählt (Befehl A) und kopiert (Befehl C), und anschließend in einen neuen Alpha-Kanal eingefügt (Neuer Kanal aus dem Einblendmenü der Kanälepalette, Befehl V). Die Reflexmaske war im Beispiel in Kanal 6 gespei-

4

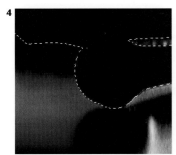

Kanal 5 wird in Kanal 6 geladen und die Auswahl mit Schwarz gefüllt

5a **5b**

Das kopierte Bild wird in Kanal 7 eingefügt und in ein Negativ verwandelt

Kanal 5 wird in Kanal 7 geladen und mit Schwarz gefüllt

6a

Reflexe werden aufgehellt und Schatten abgedunkelt

6b

Schatten und Reflexe sind fertiggestellt

chert. Im Dialog Tonwertkorrektur (Menü Bild, Einstellen) wird der Weißpunktregler für die Tonwertspreizung nach rechts verschoben, um die hellen Bereiche der Maske noch mehr aufzuhellen und zu betonen.

3 Oberflächenstruktur festlegen. Falls der Hintergrund des Bildes, oder genauer die Fläche, auf der die Objekte plaziert werden, eine besondere Struktur erhalten soll, kann diese Struktur jetzt der Reflexmaske im Alpha-Kanal hinzugefügt werden. Wir verwendeten den Bewegungsunschärfefilter (Menü Filter, Weichzeichnungsfilter) mit einer Distanz von 20 Pixeln, um den Eindruck einer metallisch glänzenden Oberfläche zu erzeugen, die sehr gut in das High-Tech-Ambiente der Produkte paßt. Einzelne Stellen, an denen die Objekte in den Hintergrund verwischten, wurden mit dem Stempel im Modus Kopie (ausgerichtet) retuschiert.

4 Reflexmaske vervollständigen. Nun wird die Objektmaske als Auswahl in den Reflexkanal geladen. Dazu wird bei aktivem Kanal 6 Kanal 5 mit Auswahl, Auswahl laden eingefügt. Indem die Auswahl die Vordergrundfarbe Schwarz erhält (durch Drücken von Wahl- und Rückschrittaste), werden die Reflexe in diesem Kanal isoliert. Um die Maske von weiteren Stellen zu säubern, kommt das Lasso in Verbindung mit Wahl- und Rückschrittaste oder aber ein schwarzmalender Pinsel zum Einsatz.

5 Maske für die Schattenspiegelungen erstellen. Ein weiterer neuer Kanal wird angelegt (Kanal 7) und die noch in der Zwischenablage befindliche Kopie des Scans eingefügt. Der Inhalt des Kanals wird mit Bild, Festlegen, Umkehren in ein Negativ verwandelt, so daß die Schatten nun als helle Bereiche erscheinen, die zur Auswahl der dunklen Spiegelungen dienen können. Wie bei der Reflexmaske werden die Tonwerte nachkorrigiert und eine Struktur hinzugefügt, die Umrisse der Objekte geladen und mit Schwarz gefüllt. Übrig bleibt eine Maske, die nur die sich auf dem glänzenden Untergrund spiegelnden Schatten enthält.

6 Schatten und Reflexe montieren. Im Dialog Bildgröße (Menü Bild) wurde die exakte Pixelabmessung des Produktfotos abgelesen und notiert. Dann wechselten wir zum Hintergrundbild und stellten im Werkzeugdialog des Auswahlrechtecks (per Doppelklick auf das Werkzeugsymbol öffnen) genau diese Werte ein. Mit dem Auswahlrechteck wurde der Bereich des neuen Hintergrundes, auf dem die Produkte plaziert werden sollten, markiert und in die Zwischenablage kopiert. Im Kanal 0 des Ausgangs-Scans luden wir die Objektmaske aus Kanal 5 (Auswahl, Auswahl laden, #5) und fügten den Hintergrund aus der Zwischenablage hinter dieser Auswahl ein (Bearbeiten, Hinter der Auswahl einsetzen). Dann luden wir nacheinander die Masken mit den Reflex- und Schattenzonen und hellten die ausgewählten Bereiche auf (Reflexe) bzw. dunkelten sie ab (Schatten). Zum Schluß wurde alles ausgewählt, kopiert und in die Hintergrunddatei eingesetzt.

Plastisches Modellieren

Übersicht: Arbeitsdatei einrichten, Teile des ersten Bildes in diese Datei kopieren und so bearbeiten, daß sie mit dem zweiten Bild harmonieren, Auswahl im zweiten Bild treffen, mit dem Stempel Bereiche der Arbeitsdatei in die zweite Datei kopieren, das veränderte (zweite) Bild in das erste kopieren, mit dem Stempel die Konturen verwischen.

ABSOLUT COUNTRYSIDE.

JACK CLIGGETT

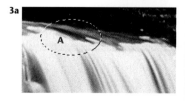

BEI DER MONTAGE ZWEIER FOTOS ist es oftmals notwendig, Strukturelemente des einen Fotos in das andere zu übertragen, damit die Einbettung des zweiten in das erste besonders realistisch wirkt. Auf dieser Vorgehensweise beruht auch die Werbeanzeige für den Wodka der Marke Absolut in der Zeitschrift *Countryside*, die Jack Cliggett, Leiter des Graphic Design Program der Universität Drexel, kreierte. Mit der bloßen Zusammenstellung der beiden Bilder und der Nachregulierung der Deckkraft von Wasser und Glas allein wäre es nicht getan, weil das Wasser plastisch über den überdimensionierten Flaschenkörper fließen sollte. Vom Prinzip her ähnlich wäre ein Verfahren, bei dem beispielsweise Haare über ein Gesicht zu legen oder ein Objekt mit Stoff zu bekleiden wäre.

1 Ausgangsdatei vorbereiten. Die Datei mit dem benötigten Bildmaterial wird geöffnet. Cliggett begann mit einem Foto von einem Wildwasserfall. Da die Größe des benötigten Bildausschnitts der Größe der Werbeanzeige von 18 x 25 cm entsprechen sollte, mußte das Bild mit hoher Auflösung gescannt werden. Die Datei besaß nach dem Scannen eine Größe von 54 MB, und war damit für eine zweckmäßige Bearbeitung zu schwerfällig und zu langsam. Deshalb kopiert Cliggett den Wasserfall – den einzigen Bereich des Bildes, der zu bearbeiten war – in die Zwischenablage, öffnete eine neue Datei und fügte die Kopie aus der Zwischenablage in sie ein.

2 Objekt auswählen. Im zweiten Bild wird der Bereich ausge-

BILDAUSSCHNITT ÖFFNEN

Mit dem Utility FASTedit von Total Integration, Inc. lassen sich kleine und handhabbare Ausschnitte von Scitex-CT- oder TIFF-Dateien öffnen. Wenn die Arbeit an dem ausgewählten Bereich beendet ist, fügt das Programm ihn wieder automatisch und absolut exakt in die Ursprungsdatei ein.

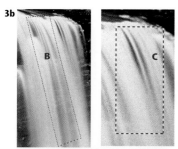

3b

3c

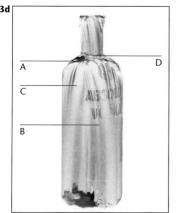

3d

4

wählt, der mit Bildelementen aus dem ersten gefüllt werden soll. Cliggett wählte die Flasche mit dem Lasso und einer weichen Auswahlkante von 2 Pixeln aus, für gerade Auswahllinien hielt er die Wahltaste gedrückt. (Die weiche Auswahlkante wird im Werkzeugdialog eingestellt, der mit einem Doppelklick auf das Lassosymbol in der Werkzeugpalette geöffnet wird.)

3 Bildbereiche kopieren. Einzelne Bildelemente werden mit den Auswahlwerkzeugen oder dem Stempel im ersten Bild isoliert und in das zweite Bild eingesetzt. Cliggett öffnete ein neues Dokument, um es als Arbeitsdatei zu verwenden, und begann, die Schultern der Flasche aus Wasser nachzubilden. Er kopierte dazu eine ovale Auswahl aus dem Wasserfall (A) in die Arbeitsdatei, spiegelte sie horizontal und stempelte sie im Modus Kopie (ausgerichtet) in die Flaschendatei. (Um ein Bild in den Stempel zu »laden«, wird mit dem Stempelwerkzeug bei gedrückter Wahltaste auf die zu kopierende Stelle in einer der geöffneten Dateien geklickt.) Cliggett drehte eine rechtwinklige, aber schräge Auswahl in der Arbeitsdatei gerade, bevor er ihren unteren Teil auf dem Bauch der Flasche einsetzte (B). Ein weiterer Bildbereich wurde gespiegelt und eingesetzt (C). Mit einem flachen Teilstück des Wasserfalls wurde der Übergang vom Flaschenhals zu den Schultern der Flasche nachempfunden (D). Damit das Wasser an diesen Stellen einen fließenden Eindruck macht, wurden sie mit dem Bewegungsunschärfefilter behandelt. Die Schrift auf der Flasche wurde mit dem Stempel aus dem originalen Flaschenbild wiederhergestellt. Cliggett verwendete eine kleine Werkzeugspitze und eine Deckkraft von 40%. Die dabei der Schrift hinzugefügten vertikalen Linien sollten den Eindruck des über sie fließenden Wassers verstärken.

4 Bilder zusammenmontieren. Das mit den Strukturelementen versehene Bild wird in das erste Bild kopiert. Falls nötig werden die Konturen beider Bilder mit dem Stempel verwischt. Cliggett kopierte die noch ausgewählte Flasche in die Zwischenablage und fügte sie in ein Duplikat der 7-MB-Version des Wasserfalls ein (Bild, Berechnen, Duplizieren). Dann kehrte er die Auswahl um (Auswahl, Auswahl umkehren), damit die Flasche vor der weiteren Bearbeitung geschützt ist. Unpassende Stellen des Wasserfalls entlang der Flasche wurden mit Teilstücken aus dem linken Bereich des Wasserfalls abgedeckt. Schließlich wurde der untere Teil der Flasche mit der Gischt verschmolzen, indem mit dem Stempel andere Teile des Bildes aufgetragen wurden. Details wie etwa die Zweige im Vordergrund wurden mit dem Stempel aus dem unbearbeiteten Bild des Wasserfalls wiederhergestellt.

Werbeanzeige fertigstellen. Nachdem die Montage aus Wasserfall und Flasche abgeschlossen war, wurde sie kopiert und in die 54 MB große Ausgangsdatei eingefügt. (Um sicherzustellen, daß die Auswahl wieder an genau dieselbe Stelle eingesetzt wird, wird die zu Beginn getroffene Auswahl in einem Alpha-Kanal des Ausgangsbildes gespeichert, und dieser Kanal vor dem Einsetzen der Montage als Auswahl geladen.) Das fertige Bild wurde etwas beschnitten, als TIFF-Datei abgespeichert und im Layoutprogramm mit Text versehen.

■ Das Poster *The Journeyman Project* von
Jack Davis, einer Collage aus übereinan-
dergelagerten und mit Bildern aus dem interaktiven Spiel gefüllten »Compact Disks«,
nahm seinen Anfang in Adobe Illustrator.
Davis zeichnete die Kreise für die Scheiben,
speicherte die Datei im EPS-Format ab und
öffnete sie in Photoshop als Graustufenbild.
Davis erzeugte mit Bild, Berechnen, Duplizieren eine Hintergrunddatei von derselben
Größe im RGB-Modus und speicherte das
Graustufenbild in einem Alpha-Kanal (#4).
Mit dem Zauberstab und einem Toleranzwert von 250 Pixeln wählte er die Scheiben
der Reihe nach aus und füllte sie mit Bildern
(Bearbeiten, In die Auswahl einsetzen). Anschließend richtete er zwei weitere Alpha-
Kanäle ein. Der erste enthielt eine Version
des Graustufenbildes mit breiteren Linien
(Bearbeiten, Kontur füllen), die im RGB-Bild
als Auswahl geladen wurde, um die Ränder
der Scheiben mittels Tonwertkorrektur aufhellen zu können. Der zweite Kanal beinhaltete ein Kopie der ersten Maske mit weichgezeichneten Scheibenkonturen. Die Maske
wurde als Auswahl geladen und die Tonwerte abgedunkelt. Im letzten Schritt wurde
Kanal 4 als Auswahl geladen und die Auswahl mit Schwarz gefüllt, um die Kanten
von den Pixeln zu säubern, die der Zauberstab hinterlassen hatte.

■ **Russell Sparkman** kombinierte Fotografien einer Geldnote und von Geldmünzen mit einem Dia von auf Leitern stehenden Malern zu der Collage *Dollar Signs*. Die Größe des Bildes machte er von der Qualität des Dia-Scans abhängig (die Maler sollten eine ausreichende Detailzeichnung aufweisen). Mit der Trace-Funktion des Malprogramms Painter von Fractal Design verlieh er der Dollarnote ein skizzenhaftes und teilweise gemaltes Aussehen. In Photoshop wählte er die unbear-

beitete Banknote mit einer weichen Auswahlkante aus und vereinigte sie mit der skizzierten Version. Der künstliche Himmel wurde mit dem KPT-Filter Texture Explorer erstellt. Für den künstlichen Boden kamen eine Störungsstruktur, eine vertikale Bewegungsunschärfe und senkrechte Linien für die Bodendielen zum Einsatz. Nachdem der Boden im Dialog Farbton/Sättigung nachbearbeitet wurde, wurde er perspektivisch verzerrt (Bild, Effekte, Perspektivisch verzerren). Für die Schatten wurden die

Maler und Leitern ausgewählt, die Auswahlen in Alpha-Kanälen gesichert und verschoben, wieder als Auswahl geladen und abgedunkelt. Die Eimer an den Leitern entstammen einem anderen Foto der Maler. Sparkman gab den Eimern teilweise einen grünen Schimmer, um sie natürlicher in ihre Umgebung einzubetten. Die Pinsel, die die Männer in den Händen halten, wurden mit dem Zeichenstift und anderen Malwerkzeugen bei fein eingestellten Werkzeugspitzen eingezeichnet.

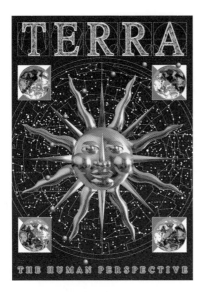

■ *Terra* von **Michael Gilmore** besteht vorrangig aus importierten Elementen. Die Sonne und die Planeten wurden in Swivel 3D erstellt. Die goldene Farbe wurde im Dialog Farbbalance eingestellt, nachdem die Datei in den RGB-Modus umgewandelt worden war. Die Sternenkarte wurde in FreeHand gezeichnet und ohne Probleme als EPS importiert. Die Texte »Terra« und »The Human Perspektive« stammen ebenfalls aus FreeHand. Der Schriftzug »Terra« wurde in Pfade umgewandelt und mit Konstruktionselementen versehen. In die Konturen der Buchstaben wurde ein TIFF-Bild eingefügt. Für den Import dieser Elemente in Photoshop verwendete Gilmore wahrlich ein »Low-Tech«-Verfahren: Die auf dem Bildschirm angezeigten Bilder wurden mit einem Screen-Capture-Programm abfotografiert und die Captures in die Photoshop-Datei eingefügt. Der Hintergrund des Bildes entstammt einer früheren Version von *Terra*. Ein Block auf der Syquest-Wechselplatte, auf der Gilmore an *Terra* arbeitete, wurde beschädigt. Bei dem Versuch, die beschädigte Platte zu reparieren und die Datei wiederherzustellen, war das einzige, was auf dem Bildschirm erschien, »Flimmern und Rauschen«. Einen Teil dessen machte Gilmore, sozusagen als »eine Art Tribut« an die ursprüngliche Datei, zu einem Muster (Bearbeiten, Muster festlegen) und füllte den Hintergrund damit aus (Bearbeiten, Fläche füllen, Muster).

■ Schriftzug und Grafiken für diesen *Verpackungsaufkleber* für einen Desktop-Trommelscanner entwarf **Jack Davis** zunächst in Adobe Illustrator und plazierte sie anschließend in einer Photoshop-Datei. Der Hintergrund besteht aus einem vergrößerten Scan eines gerasterten Vierfarbdrucks – der Photoshop-Filter Farbraster (Filter, Stilisierungsfilter) hätte hier sicherlich ebensogute Dienste geleistet. Das Raster wurde im Dialog Farbton/Sättigung nachbearbeitet. Den Übergang vom Pixelmuster in die Rasterung erledigte der Mosaik-Filter in zwei Schritten innerhalb einer Verlaufsmaske, und zwar mit zunehmend größer werdenden Pixeln. Die Schrift wurde mit Wolken gefüllt (Bearbeiten, Fläche füllen) und mit Schatten versehen (zur Technik siehe Seite 142 und 143). Die kleineren Buchstaben erhielten eine Art Hintergrundbeleuchtung (siehe Seite 150). Die Fotos und Collagen in der rechten unteren Ecke wurden in aus Illustrator in einen Alpha-Kanal importierte Kreissegmente eingefügt, die vor dem Einfügen mit dem Gaußschen Weichzeichner eine weiche Auswahlkante erhielten.

■ *Cupid* von **Michael Gilmore** nahm
seinen Anfang als Graustufenkomposition
und wurde später in den RGB-Modus konvertiert und in den Dialogen Farbbalance
und Farbton/Sättigung koloriert. Das Bild
von der Engelsstatue wurde zusätzlich mit
dem Störungsfilter behandelt. Der rechte
Teil des Hintergrundes ist ein Scan von
einer Landkarte aus dem 16ten Jahrhundert und der linke Teil mit den Swivel-3D-
Elementen ein gescanntes Foto von der
Wand des Dienstgebäudes, in dem Gilmore
arbeitet.

■ Das Besondere an *False Prophet* von
Michael Gilmore ist, daß es, obwohl es
aus vielen unterschiedlichen Elementen zusammengesetzt ist, den Eindruck macht, als
seien die einzelnen Komponenten mit
einem einzigen Foto aufgenommen. Diese
perfekte Integration erreichte Gilmore, indem er die Elemente in einer Graustufendatei montierte, die Datei in den RGB-Modus
umwandelte, die einzelnen Teile auswählte
und kolorierte. Dieses Verfahren gewährlei-
stete eine genaue Übereinstimmung der
Farben, weil alle Farbeinstellungen in einer
einzigen Datei vorgenommen wurden. Gilmore arbeitete an der 20 MB großen Datei
False Prophet mit einer Auflösung von
150 dpi. Weiterhin wählte er die Quietschepuppe aus und gab ihr mit Auswahl, Rahmen erstellen einen 3 Pixel breiten Rahmen,
auf den er den Störungsfilter Helligkeit interpolieren anwendete. Dadurch erhielt die
Puppe eine geglättete, aber unwirklich
anmutende Kontur. Für die Briefmarken
scannte Gilmore die Ecke einer echten Brief-
marke, kopierte und drehte sie so, daß sich
ein geschlossener Rahmen ergab. Für die
Motive scannte er Kunstradierungen aus
dem 19ten Jahrhundert. Der Scan einer
alten Landkarte von Irland und in Swivel 3D
erstellte Objekte vervollständigen das Bild.

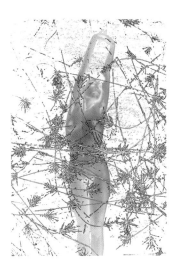

■ Bei den magenta-
farbenen Punkten im
Hintergrund von *Lau-
ra Stretching* handelt
es sich um Spiegelun-
gen des Sonnenlichts
auf einer Meeresober-
fläche, die **Lance
Hidy** in einem ge-
scannten Bild mit dem Zauberstab und
dem Befehl Auswahl, Ähnliches auswählen
gemeinsam markiert hatte. Hidy lud die
Auswahl in einen weißen Hintergrund und
färbte sie mit Bearbeiten, Fläche füllen ma-
gentafarben. Der weibliche Akt ist nichts
anderes als ein mit Bild, Festlegen, Umkehren hergestelltes Negativ. Für die stacheli-
ge Vordergrundstruktur wurden die hellen
Bereiche in einem Bild von getrocknetem
Gras mit dem Zauberstab und Auswahl,
Ähnliches auswählen isoliert. Die hellen Bereiche wurden in die Montage eingefügt
und mehrere Male mit dem Filter Unscharf
maskieren (Filter, Scharfzeichnungsfilter)
behandelt. Hidy vergleicht die entstehende
»Überschärfe« (die Ränder werden schwarz
und die Innenbereiche heller) mit der
Klangverzerrung eines übersteuerten Ver-
stärkers.

■ In *Neptune*, in dem
seine ausgeprägte Vor-
liebe für das Maritime
deutlich zu Tage tritt,
experimentierte
Lance Hidy mit ver-
schiedenen Lichteffek-
ten, die ihm in der
traditionellen Fotografie und Malerei nicht
möglich waren. Der Effekt dieses Bildes, der
an eine Solarisation erinnert, wird mit negativen Tonwerten und positiven Farben erreicht. Einen Schnappschuß seinen Sohnes
David wandelte Hidy mit Bild, Festlegen,

Umkehren in ein Negativ um und stellte
anschließend im Dialog Farbton/Sättigung
wieder die positiven Farben her. Zu diesem
Zweck verschob er den Farbtonregler an
das rechte Ende der Skala und den Sätti-
gungsregler ein wenig nach rechts. Mit
dem Stempel kopierte er Wassertropfen auf
die Haut des Jungen, die sich, ursprünglich
helle Flecken im Originalfoto, bei der Ton-
wertumkehrung in schwarze Punkte umgewandelt hatten. Außerdem stellte er mit
dem Stempel im Modus Zurück zur letzten
Version die ursprünglichen Mund- und
Augenpartien wieder her.

■ *Cactus Montage* von **Lance Hidy** ist eine Komposition aus vier Bildern. Die Bäume im Hintergrund wurden mit dem Zauberstab und dem Befehl Auswahl, Ähnliches auswählen ausgewählt, in ein Negativ umgewandelt (Bild, Festlegen, Umkehren) und blau gefärbt (Bild, Einstellen, Farbton/Sättigung). Der Kaktus wurde mit dem Lasso ausgewählt und nicht weiter behandelt. Die Isolierung der Meeresgischt geschah durch Auswählen des blauen Meeres mit dem Zauberstab und Löschen der Auswahl. Die Lobelien wurden ebenfalls mit dem Zauberstab ausgewählt und ihre Farbe nachträglich von Blauviolett in Rot abgeändert. Die vier Bilder wurden beschnitten und auf einen Farbverlauf aus drei Farben gelegt. Der mit dem Verlaufswerkzeug erstellte Farbverlauf beinhaltet einen Übergang von Schwarz zu Violett und einen zweiten von Violett zu Gold.

■ In *Q.P. Doll,* einer Werbepostkarte, die die Wiedergabequalität eines Druckers veranschaulichen sollte, montierte **Louis Fishauf** das Gesicht seines Sohnes Jackson in das einer Quietschepuppe. Er wählte das Gesicht der Puppe mit weicher Auswahlkante aus und fügte das Gesicht von Jackson mit Bearbeiten, In die Auswahl einsetzen an dessen Stelle ein. Nachdem die Auswahl positionsgenau justiert war und sich noch in schwebendem Zustand befand, blendete er die Auswahlbegrenzung aus (Befehl H) und paßte im Dialog Farbton/Sättigung (Bild, Einstellen) die Gesichtsfarbe der Farbe der Puppe an. Die vier Hintergrundbilder entstammen Videostandbildern bzw. Filmaufnahmen. Die Schrift und andere Formen wurden aus Adobe Illustrator importiert. Die einzelnen Elemente wurden nacheinander in der entsprechenden Reihenfolge eingefügt oder plaziert (im Falle der PostScript-Dateien). Um den Eindruck zu erwecken, daß die Hand den Bogen des Buchstaben P festhält, wählte Fishauf den Daumen aus und fügte den Bogen hinter der Auswahl ein (Bearbeiten, Hinter der Auswahl einsetzen).

FILTER

BEI DEN PHOTOSHOP-FILTERN handelt es sich um kleine, im Filter-
Menü zusammengefaßte Programme, die auf ein gesamtes Bild oder
eine Auswahl angewendet werden können. Das Menü faßt die Filter
in Untermenüs nach Art oder Hersteller zusammen. Neben Filtern für
spezielle (auch künstlerische) Effekte (diese Filter werden weiter unten in diesem Kapitel besprochen) finden sich in Photoshop drei Arten von Filtern, mit denen die Qualität gescannter Fotografien oder
sogar gemalter Bilder wesentlich verbessert werden kann. Zu diesen
Filtern, die zum täglichen Handwerkszeug eines jeden Photoshop-
Anwenders gehören, zählen die Scharfzeichnungsfilter, die Weichzeichnungsfilter und die Störungsfilter.

SCHARFZEICHNUNGSFILTER

Photoshop verfügt über vier Scharfzeichnungsfilter. Die Filter Scharfzeichnen und Stark scharfzeichnen betonen die Farbdifferenz von
aneinandergrenzenden Pixeln unterschiedlicher Farbe. Anders die Filter Unscharf maskieren und Konturen scharfzeichnen – sie machen
abrupte Farbübergänge oder »Konturen« ausfindig (Bereiche mit Kanten aus unterschiedlich gefärbten Pixeln) und erhöhen den Kontrast
der aneinanderstoßenden Pixel. Bereiche ohne Konturen bleiben relativ unverändert und behalten ihre glatte oder weiche Farbverteilung bei. Im folgenden ein paar Tips zur Anwendung der Scharfzeichnungsfilter:

1 Unscharf maskieren. Im allgemeinen kann man die übrigen
drei Scharfzeichnungsfilter getrost vergessen, denn der Filter Unscharf maskieren reicht für alle gängigen Schärfungseffekte aus.
Anders als Scharfzeichnen oder Stark scharfzeichnen, die den Unterschied angrenzender und ungleichfarbiger Pixel betonen, entfaltet
der Filter Unscharf maskieren seine Wirkung nur an Kanten oder
Konturen.

2 Scharfzeichnen im letzten Bearbeitungsschritt. Die Anwendung des Filters Unscharf maskieren sollte grundsätzlich der
letzte Arbeitsgang an einem Bild sein, nachdem alle anderen Bearbeitungen abgeschlossen sind, weil er künstliche Veränderungen hervor-
ruft, die von anderen Operationen verstärkt werden können.

3 Scans scharfzeichnen. Es kann vorkommen, daß Fotos nach
dem Scannen etwas verschwommen wirken. Sie sollten mit dem Filter Unscharf maskieren bearbeitet werden, um ihnen diesen Schleier
zu nehmen.

Fortsetzung auf Seite 88

Unscharf maskieren

Stärke: `35` %
Radius: `2,0` Pixel
Schwellwert: `0` Stufen

OK
Abbrechen

Ausgangsbild *Unscharf maskieren, 4mal: 25, 3, 2*

FOTO: KIDS / GAZELLE TECHNOLOGIES

Ausgangs-Scan *Konturen scharfz.*

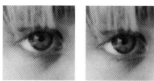

Scharfzeichnen *Stark scharfzeichnen*

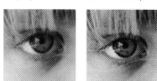

Unscharf maskieren: *Unscharf maskieren:*
50, 1, 0 *100, 1, 0*

Unscharf maskieren: *Unscharf maskieren,*
100, 3, 2 *4mal: 25, 3, 2*

FOTO: NASA

Ausgangsbild

Vergrößert *Unscharf maskieren:*
100, 1, 0

4 Scharfzeichnen nach Verändern der Bildgröße und -ausrichtung. Jedesmal, wenn die Bildgröße mit Bild, Bildgröße oder Bild, Effekte, Skalieren verändert wurde, sollte das Bild anschließend unscharf maskiert werden. Jede dieser Größenänderungen bedeutet eine Interpolation (siehe Astronaut). Wird ein Bild vergrößert oder seine Auflösung erhöht, fügt Photoshop mittels der Interpolationsmethode neue Pixel zwischen die alten ein. Wird hingegen die Abmessung eines Bildes verkleinert oder die Auflösung verringert, zieht Photoshop aneinandergrenzende Pixel zusammen und berechnet ihren Durchschnitt. Auch bei den Funktionen in den Untermenüs Effekte und Drehen im Menü Bild wird die Interpolationsmethode angewendet. Eine Interpolation besitzt immer die Tendenz, das Bild »weichzuzeichnen«.

5 Scharfzeichner einstellen. Folgende Werte lassen sich im Dialog Unscharf maskieren einstellen:

- Die Stärke des Filters (der Prozentwert, wie stark die Anwendung des Filters die Unterschiede an Konturen hervorhebt).
- Der Radius (wie viele Pixel zu beiden Seiten der Farbkontur von der Kontrasterhöhung betroffen werden). Nach Steigerung der Bildauflösung sollte ein größerer Radius eingestellt werden, da die Pixel im Verhältnis zum Bild kleiner geworden sind.
- Der Schwellwert (Größe des Farbunterschieds zwischen den an der Kontur anliegenden Pixeln, bei der der Filter wirksam wird). Bilder, die eine Kornstruktur besitzen oder winzige Farbverschiebungen aufweisen (wie beispielsweise Hauttöne), benötigen einen höheren Schwellwert, wenn der Filter Unscharf maskieren diese Störungen nicht scharfzeichnen soll.

6 Wiederholt unscharf maskieren. Es ist ratsam, den Filter Unscharf maskieren lieber häufiger mit geringer Stärke anzuwenden, anstatt nur einmal mit zu großzügigen Werten, weil die Scharfzeichnung dann weicher und gleichmäßiger erfolgt. (Dies gilt nicht für die Filter Scharfzeichnen und Stark scharfzeichnen, die die künstlichen Veränderungen bei wiederholter Anwendung verstärken.)

WEICHZEICHNUNGSFILTER

Die Weichzeichnungsfilter von Photoshop können auf ein gesamtes Bild oder einen Ausschnitt angewendet werden. Die Filter Weich-

Die Scharf- und Weichzeichnungsfilter können einem Bild eine räumliche Tiefe verleihen. Bereiche, die
dem Betrachter näher stehen, sollten
geschärft und andere, die im Hintergrund liegen, weichgezeichnet werden (oder unbehandelt bleiben).
Einer präzisen, handgesteuerten
Scharfzeichnung dient der Scharfzeichner aus der Werkzeugpalette
(bei gedrückter Wahltaste auf den
Weichzeichner klicken, der durch
einen fallenden Wassertropfen sym-
bolisiert wird). In der Pinselpalette
lassen sich der Radius (Spitzengröße)
und die Intensität des Scharfzeichners einstellen. (Die wiederholte
Anwendung des Scharfzeichners hinterläßt einen übertriebenen und un-
realistischen Kontrast, der dem einer
mehrmaligen Filteranwendung entspricht.)

*Francois Guérin malte in Painter ein Still-
leben aus Früchten (links) und erhöhte in
Photoshop die Plastizität der Objekte mit
dem Scharfzeichner (rechts)*

*Das Weichzeichnen des Hintergrunds redu-
ziert die Tiefenschärfe und lenkt die Aufmerksamkeit auf das Vordergrundmotiv*

zeichnen und Stark weichzeichnen (letzterer ist etwa drei- bis viermal
so stark wie der erste) erzeugen in dem Bild durch Reduzierung des
Kontrasts zwischen aneinandergrenzenden Pixeln Unschärfe. Der
Gaußsche Weichzeichner berechnet den Kontrast zwischen den Farben nach einer bestimmten mathematischen Kurve, so daß beispielsweise die meisten unscharf gezeichneten Pixel eines Schwarzweiß-
bildes im mittleren Graubereich liegen, während nur wenige Pixel in
den sehr dunklen oder sehr hellen Bereichen betroffen sind. Die Tiefe
der Weichzeichnung kann durch Erhöhen des Radius verstärkt werden. Die anderen drei Weichzeichnungsfilter fallen in die Kategorie
Spezialeffekte. Der Filter Bewegungsunschärfe erzeugt einen Effekt
wie beim Fotografieren eines bewegten Objekts und erlaubt die Einstellung der Bewegungsrichtung und der Stärke der Unschärfe. Der
radiale Weichzeichner unterscheidet zwei Erscheinungsweisen: Mit
der Option Kreisförmig wird ein Effekt erzeugt, der das Drehen der
Kamera um den Objektivmittelpunkt nachahmt (der Rotationsmittelpunkt kann im Bild frei festgelegt werden), während mit der Option
Strahlenförmig der Eindruck entsteht, als sei das Motiv beim Fotografieren gezoomt worden. Hier ein paar Tips für die praktische Anwendung der Weichzeichnungsfilter:

1 Hintergrund weichzeichnen. Zu den meistbeobachteten Feh-
lern bei einer Bildmontage zählt auch die Kombination eines scharf-
gestellten Motivs mit einem ebenso scharfen Bild als Hintergrund.
Dieses Problem läßt sich durch leichtes Weichzeichnen des Hintergrundes beheben, so daß der von einem Kameraobjektiv her gewohnte Eindruck einer Tiefenunschärfe entsteht. Diese Technik kann auch
in einem einzigen Foto angewendet werden, um die Tiefenschärfe zu
verringern und die Aufmerksamkeit auf das Vordergrundmotiv zu
lenken.

2 Schadhafte Stellen ausbessern. So manche Beschädigung in
einem Foto (wie beispielsweise Wasserflecken) läßt sich mit dem
Gaußschen Weichzeichner reparieren.

Bei einem Farbnegativfilm ist die blaue Körnung gröber als die rote oder die
grüne. Da das Blau im Negativ der Farbe Gelb im Positiv entspricht und Gelb
heller als Cyan oder Magenta ist, wird die gröbere Körnung im blauen Kanal
kaum deutlich zutage treten. Wenn aber ein Scharfzeichnungsfilter auf alle drei
Kanäle des RGB-Bildes angewendet wird, kann es passieren, daß diese Kornstruktur sichtbar wird. Um zu verhindern, daß diese Störungen bemerkt werden,
wird vor der Anwendung des Scharfzeichnungsfilters in der Kanälepalette das
Stiftsymbol des blauen Kanals ausgeblendet. Somit werden nur der rote und der
grüne Kanal geschärft. Das Bild erscheint dann insgesamt scharf, aber ohne daß
die Körnung im blauen Kanal verstärkt wird.

*Die Kanäle vor
dem Scharfzeich-
nen (von links
nach rechts: rot,
grün und blau)*

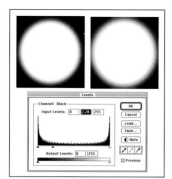

Gaußscher Weichzeichner: Verschieben des Gammareglers (Tonwertspreizung) vergrößert (Abb.) oder verkleinert die Maske

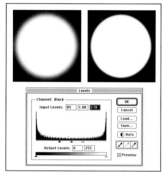

Gaußscher Weichzeichner: Weißpunkt- und Schwarzpunktregler (Tonwertspreizung) regulieren die Weichheit der Kontur

Unbehandelter Farbverlauf (links), Störungen hinzugefügt (Mitte) und Störungen nur im roten Kanal hinzugefügt (rechts)

3 Konturen im Alpha-Kanal weichzeichnen. Wenn eine Auswahl in einem Alpha-Kanal gesichert wurde, können die Übergänge zwischen den schwarzen und weichen Bereichen mit dem Gaußschen Weichzeichner verwischt werden. Anschließend läßt sich im Dialog Tonwertkorrektur (Bild, Einstellen) Breite, Intensität und Weichheit der Auswahlkante einstellen.

4 Manuelles Weichzeichnen. Der Weichzeichner aus der Werkzeugpalette (die Kehrseite des Scharfzeichners) gibt die Möglichkeit, Bereiche zum Weichzeichnen punktgenau anzusteuern.

STÖRUNGSFILTER

Von den Störungsfiltern in Photoshop lassen zwei die Farben eines Bildes weicher erscheinen, der dritte hingegen bewirkt eine Vergröberung. Der Filter Störungen hinzufügen erlaubt eine gleichmäßige oder eine Gaußsche Verteilung der Farb- bzw. Tonwerte der Pixel. Störungen entfernen ist ein Filter, der Konturen aufspürt und alle nicht identifizierten Bereiche von abrupten Farbänderungen bereinigt. Der Filter Helligkeit interpolieren berechnet den Durchschnitt der Helligkeitswerte der Pixel in einem Bild oder in einer Auswahl. Bei der Anwendung der Störungsfilter sind folgende Punkte zu beachten:

1 Farbverlauf mit Störungen nachbehandeln. Digital erzeugte Farbverläufe erscheinen oft zu glatt und perfekt. Die Anwendung des Filters Störungen hinzufügen läßt einen Farbverlauf natürlicher erscheinen. Falls ein ganz besonders subtiler Effekt gewünscht ist, kann der Filter in nur einem oder zwei der Farbkanäle angewendet werden.

2 Störungen als Ausgangsstruktur für ein Muster. Durch Hinzufügen von Störungen und der anschließenden Nachbearbeitung mit anderen Filtern lassen sich interessante Muster erzeugen. Beispiele werden auf den Seiten 93 bis 95 und in Kapitel 6 gezeigt.

3 Beim Scannen entstandene Störungen entfernen. Die von einigen Desktop-Scannern produzierten Störungen lassen sich mit dem Filter Störungen entfernen ganz oder teilweise korrigieren. Unter anderem dient der Filter Störungen entfernen auch der Korrektur von Moirémustern, einem Interferenzmuster, das bei einem ungünstigen Verhältnis von Scanauflösung und Druckraster des gescannten Bildes auftreten kann (siehe den Abschnitt »Auflösung« in Kapitel 1).

STÖRUNGEN OHNE REGENBOGENEFFEKT

Die Störungsfilter von Photoshop berücksichtigen bei der Änderung der Pixelfarben in einem Farbbild das gesamte Farbspektrum. Als Folge kann ein künstliches Regenbogenmuster auftreten. Störungen lassen sich aber auch ohne Änderung der Farben hinzufügen: Mit einem der Auswahlwerkzeuge das gesamte Bild oder einen Ausschnitt auswählen, schwebende Auswahl erstellen (Befehl J), Störungen hinzufügen, im Dialog Montagekontrolle oder in der Werkzeugspitzenpalette den Modus auf Luminanz stellen (für eine feine Veränderung kann die Deckkraft reduziert werden) und schließlich die Auswahl aufheben. Kai's Power Tools enthalten drei Filter, mit denen sich Störungsmuster erzielen lassen, die eine Farbveränderung auf noch restriktivere Weise verhindern.

Filter, Störungsfilter, Störungen hinzufügen, Gleichmäßig, 50

Störungen wie links, aber Luminanz-Modus in der Montagekontrolle

Filtereffekte kombinieren

Übersicht: *Mindestens zwei Kopien der Datei anlegen, verschiedene Filter oder Farbeffekte auf jede der Kopien anwenden, Effekte mit dem Befehl Angleichen vereinigen.*

MICHAEL GILMORE

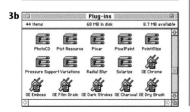

FILTER LASSEN SICH AUF VIELFÄLTIGE ART UND WEISE zu ganz neuen Effekten kombinieren. Für eine Illustration der japanischen Ausgabe von *Step-By-Step Electronic Design* setzte Michael Gilmore – inspiriert von dem Film *Jurassic Parc* – diesen Dinosaurier in Szene.

1 Bild wählen. Als Objekt für die Anwendung ungewöhnlicher Filtereffekte bietet sich vor allem ein außergewöhnliches Motiv an. Gilmore fotografierte einen Spielzeugdinosaurier, scannte das Foto und versuchte, das Aussehen des Dinosauriers noch weiter auf furchterregend zu trimmen.

2 Datei duplizieren. Wenn scheinbar gute Ideen den Gestaltungsprozeß beschleunigen, ist leicht vergessen, eine Kopie des Ausgangsbildes zu sichern, mit der man sich die Möglichkeit offen hält, doch besser wieder aufs Neue zu beginnen. Glücklicherweise ist es immer möglich, zum Ausgangszustand zurückzukehren, solange keine Zwischenstadien gesichert wurden. Wer auf Nummer sicher gehen möchte, sollte aber seine Ausgangsdatei duplizieren und während der Bearbeitung häufig zwischenspeichern. Ein Duplikat wird mit Bild, Berechnen, Duplizieren schnell erstellt.

3 Ersten Filter anwenden. Einen der Filter aus dem Filter-Menü wählen und gegebenenfalls die Parameter einstellen. Gilmore verwendete einen Filter der Aldus Gallery Effects Vol. 1 (mehr über GE-Filter auf der Seite 102). (Die Gallery Effects werden gemäß der mit der Software mitgelieferten Anleitung installiert. Die Filter werden aus dem vom Aldus-Installationsprogramm eingerichteten Ordner in den Ordner Zusatzmodule bewegt, so daß sie lose unter den anderen Filtern erscheinen. Damit Photoshop auf die neu installierten Filter zugreifen kann, muß das Programm neu gestartet werden.) Gilmore wählte im Menü Filter das Untermenü Gallery Effects und probierte unterschiedliche Einstellungen im Dialog des Filters GE Chrome aus, bevor er eine zufriedenstellende Filterwirkung für das Bild übernahm.

3c

3d

3e

4

5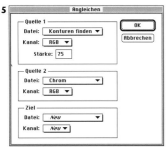

4 Zweiten Filter anwenden. Von dem gesicherten Ausgangsbild wird erneut ein Duplikat erstellt, um eine Originalfassung der Ausgangsdatei zu erhalten, die von jeglicher Filteranwendung unberührt bleibt. Gilmore wendete den Photoshop-Filter Konturen finden auf das Bild an und verwandelte es mit Bild, Festlegen, Umkehren in ein Negativ, um helle Konturen auf dunklem Hintergrund zu erhalten. (In früheren Photoshop-Versionen erzeugte der Filter Konturen finden automatisch helle Linien auf dunklem Hintergrund, ab der Version 2.5 erzeugt Photoshop jedoch dunkle Umrisse.)

5 Effekte angleichen. Wenn es sich bei den »gefilterten« Bildern um Kopien ein und desselben Ausgangsbildes handelt und sie weder in ihrer Größe noch in ihrer Form verändert wurden (was ja bei dem Beispiel der Fall ist), können sie mit den Funktionen unter Bild, Berechnen vereinigt werden. Gilmore verwendete den Filter Angleichen (Bild, Berechnen) und gab für Quelle 1 eine Stärke von 75% ein, damit der Kontureffekt stärker hervortritt als der Chromeffekt. Das Ergebnis ist auf Seite 91 oben abgebildet.

Experimentieren. Es lohnt sich, andere Filterkombinationen auszuprobieren. Die hier gezeigten Effektkombinationen wurden von Michael Gilmore hinsichtlich ihrer Farben (Bild, Einstellen, Farbton/Sättigung) und ihrer Farbverteilung (Bild, Festlegen) verändert.

Für dieses Bild wurde das Ausgangsbild solarisiert (Filter, Stilisierungsfilter, Solarisation) und mit Bild, Festlegen, Tonwertangleichung aufgehellt.

Für diesen Effekt wurde der Photoshop-Filter Ripple mit Standardeinstellungen auf das Ausgangsbild angewendet, die Farbe nachgeregelt (Farbton/Sättigung) und der GE-Filter Dry Brush eingesetzt.

Die links gezeigte Version ist ein Negativ des Ausgangsbildes (Bild, Festlegen, Umkehren). Auf das Negativ wurde der Mosaikfilter angewendet (oben links) und sowohl Farbton als auch Sättigung im Dialog Farbton/Sättigung nachjustiert (oben rechts). Diese Version wurde mit dem Ausgangsbild vereinigt (Bild, Berechnen, Differenz).

Schrift aufrauhen

Übersicht: *Schrift für die Verwendung in Bitmap- oder PostScript-Illustrationen mit Photoshop-Filtern wie Störungs- und Weichzeichnungsfilter oder Korneffekt aufrauhen.*

JHD / FOTO: TAIZO TASHIRO / INSPIRE

Text in einen Alpha-Kanal eingegeben

Tonwerte umgekehrt

Maske in einem zweiten Alpha-Kanal als Auswahl geladen

Gaußsche Störung, 500

Kontur füllen, 2 Pixel, Innen

Korneffekt, Auswahl aufheben, Korneffekt

Weichzeichnen (4mal)

DIE GLATTEN ZEICHENKONTUREN, die mit PostScript-Grafikprogrammen wie Adobe Illustrator oder Aldus FreeHand oder sogar mit Photoshop unter Verwendung des Adobe Type Managers erzeugt werden, sind für manche Anwendungen einfach zu brilliant. Der Designer Peter Kallish fand heraus, daß das »beschädigte« Erscheinungsbild von Schrift, das beispielsweise beim Fotokopieren, oder mit einer abgenutzten Schablone oder durch einen zu schwach eingefärbten Stempel erzeugt wird, mit Photoshop-Filtern nachgeahmt werden kann. Die hier gezeigten Beispiele stellen Variationen der Kallishschen Technik dar. Bei vielen kommen der Weichzeichnungsfilter, der die Übergänge zwischen kontrastierenden Farben oder Graustufen mit Unschärfe versieht, und der Korneffekt, der die Pixel mischt und neu verteilt, zur Anwendung.

1 Text im Alpha-Kanal speichern. Bild für aufzurauhenden Text öffnen und neuen Alpha-Kanal einrichten (Neuer Kanal aus dem Einblendmenü der Kanälepalette). Falls es sich um ein RGB-Bild handelt, trägt der neue Kanal die Nummer 4.

Mit Schwarz als Vordergrundfarbe wird der Text mit dem Textwerkzeug in einem Alpha-Kanal eingegeben (Option Geglättet im Dialog Textwerkzeug aktivieren). Die Intensität mit der sich die Filter auf die Buchstaben auswirken, hängt von der Auflösung des Bildes und der gewählten Schriftgröße ab. Im Beispiel kam Adobes Schablonenschrift Stencil mit einer Schriftgröße von 40 Punkt und einer Bildauflösung von 72 dpi zur Anwendung.

2 Zeichen unterschneiden und speichern. Solange der Text noch als schwebende Auswahl vorhanden ist, werden die Abstände zwischen den einzelnen Zeichen optimiert. Dazu werden nach und nach einzelne Buchstaben oder Gruppen abgewählt und die übrigen verschoben (Auswahltechniken siehe Kapitel 3). Das Drücken der Umschalttaste beim Verschieben garantiert, daß die Zeichen an der gemeinsamen Grundlinie verbleiben. Wenn die Abstände korrigiert sind, wird die Auswahl aufgehoben. Der Text bleibt im Alpha-Kanal gespeichert, damit auf ihn zurückgegriffen werden kann, falls neu begonnen werden muß. Mit Bild, Festlegen, Umkehren wird der Inhalt des Kanals umgekehrt, um weiße Schrift auf schwarzem Grund zu erhalten.

Tonwertkorrektur: *Schwellwert: 185*
84, 0,56, 241

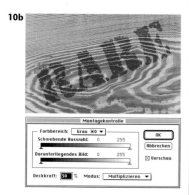

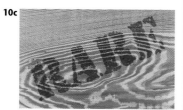

3 Zweiten Alpha-Kanal für das Aufrauhen einrichten. Mit dem Befehl Neuer Kanal aus dem Einblendmenü der Kanälepalette wird ein weiterer Kanal erstellt, in dem der Text aufgerauht wird (bei einem RGB-Bild ist dies Kanal 5). Der Text des vierten Kanals wird in Kanal 5 als Auswahl geladen (Auswahl, Auswahl laden, #4).

4 Struktur mit dem Störungsfilter erzeugen. Aus dem Menü Filter den Störungsfilter Störungen hinzufügen und eine Gaußsche Normalverteilung wählen. (Wir gaben einen Mengenwert von 500 Pixeln ein.) Die Auswahl nicht aufheben.

5 Konturen verstärken. Mit Schwarz als Vordergrundfarbe werden die Zeichenkonturen mit Bearbeiten, Konturen füllen verstärkt (Kontur: 2 Pixel, Position: Innen).

6 Struktur mit dem Korneffekt und dem Weichzeichner behandeln. Auf die noch ausgewählten Zeichen wird der Korneffekt (Filter, Stilisierungsfilter) mit der Option Normal angewendet. Dann wird die Auswahl aufgehoben und der Korneffekt erneut mit der gleichen Einstellung angewendet (Befehl F). Anschließend den Filter Weichzeichnen (Filter, Weichzeichnungsfilter) wählen und dreimal die Tastenkombination Befehl F betätigen, um den Weichzeichnungseffekt zu erhöhen.

7 Helligkeit nachjustieren. Im Dialog Tonwertkorrektur (Bild, Einstellen) werden der Weißpunkt-, Schwarzpunkt- und Gammaregler der Tonwertspreizung so verschoben, bis die Buchstaben ausreichend abgedunkelt sind. Im Beispiel wurde eine Einstellung von 84/0,56/241 verwendet.

8 Schwellwert einstellen. Falls eine Maske mit ausschließlich schwarzen und weißen Pixeln gewünscht ist, können alle Pixel des Kanals im Dialog Schwellwert (Bild, Festlegen) eine dieser beiden Farben zugewiesen bekommen. Wird der Regler nach rechts verschoben, erhöht sich der Anteil der schwarzen Pixel, wird er nach links bewegt, nimmt der Anteil der weißen Pixel zu. Wir stellten den Schwellwert auf 185 ein.

9 Auswahlmaske fertigstellen. Damit die Schrift als Maske, die in einem RGB-Kanal als Auswahl geladen werden kann, verwendbar ist, muß sie mit Bild, Festlegen, Umkehren invertiert werden.

10 Schrift kolorieren. In der Kanälepalette wird der RGB-Kanal gewählt, um das Hintergrundbild aus Schritt 1 zu aktivieren. Die aufgerauhte Schrift wird als Auswahl geladen (Auswahl, Auswahl laden, #5). Anschließend wird die Auswahl in eine schwebende Auswahl umgewandelt (Befehl J) und gedreht. Nachdem die Deckkraft eingestellt ist, wird das Feld für die Vordergrundfarbe angeklickt, um eine neue Farbe zu wählen, und schließlich die Auswahl mit Wahl- und Rückschrittaste mit der neuen Farbe gefüllt. Die Deckkraft der schwebenden Auswahl kann im Dialog Montagekontrolle (Menü Bearbeiten) so eingestellt werden, daß die Schrift den Hintergrund vollständig überdeckt oder sich mit ihm wie im Falle einer transparenten Farbe vereinigt.

A *Helvetica Extra Compressed, 72 Punkt; Störungen hinzufügen, Gaußsche Normalverteilung, 500; Kontur füllen, 2 Pixel, Innen, Schwarz; Auswahl aufheben; Korneffekt, Aufhellen; Weichzeichnen (5mal); Tonwertkorrektur: 151, 0,38, 220.*

B *Bauer Bodoni Bold, 72 Punkt; Schwarz füllen; Korneffekt, Aufhellen (7mal); Bild, Festlegen, Umkehren; Weichzeichnen (5mal); Tonwertkorrektur: 107, 0,58, 225.*

C *Futura Bold, 72 Punkt; Schwarz füllen; Auswahl aufheben; Gallery Effects Spatter, Spray Radius 5, Smoothness 8; Weichzeichnen (4mal); Tonwertkorr.: 79, 1,88, 191.*

D *ITC Century Bold, 72 Punkt; Schwarz füllen; Auswahl aufheben; Gallery Effects Ripple, Ripple Size 15, Ripple Magnitude 2.*

E *Triplex Bold, 72 Punkt; Störungen hinzufügen, Gaußsche Normalverteilung, 400; Gallery Effects Spatter, Spray Radius 25, Smoothness 9 (2mal); Korneffekt, Abdunkeln (2mal); Tonwertkorrektur: 200, 1,00, 255; Korneffekt, Normal (3mal); Korneffekt, Aufhellen (2mal); Korneffekt, Normal (3mal); Bild, Festlegen, Umkehren; Bild, Festlegen, Schwellwert, 221.*

F *Stone Serif Bold, 72 Punkt; mit 40%igem Schwarz füllen; Punktieren, Zellengröße 5; Korneffekt, Abdunkeln; Schwellwert, 185; Korneffekt, Abdunkeln (2mal).*

G *Stencil, 72 Punkt; Schwarz füllen; Auswahl aufheben; Wave; Schwellwert, 185.*

H *Times, 72 Punkt; Schwarz füllen; Gallery Effects Ripple, Ripple Size 10, Ripple Magnitude 6.*

12

11

In der eingangs gezeigten Beispielabbildung wurde der aufgerauhte Text mehrere Male eingefügt. Zuerst fügten wir ihn mit einer 60%igen Deckkraft ein, so daß sich die hellsten Farben nicht mit dem Bild vereinigten. Danach wurde der Text ein weiteres Mal im Modus Multiplizieren eingesetzt – die Farben in den dunklen Bereichen erschienen dadurch etwas intensiver und die in den hellen Partien ein wenig blasser. Um die Farbe der Schrift etwas zu verstärken, wurde die Auswahl erneut geladen und mit dem Relieffilter behandelt (Filter, Stilisierungsfilter). Weil nur die Schrift ausgewählt war, war die Wirkung des Filters recht schwach. Zu guter Letzt wurde dem Ganzen noch ein Lichtschein überlagert. Dazu wurde ein birnenförmiger Bereich mit dem Lasso und einer sehr weichen Auswahlkante ausgewählt, die Auswahl im Dialog Tonwertkorrektur aufgehellt, anschließend die Auswahl umgekehrt und abgedunkelt.

11 Experimentieren. Mit anderen Filterkombinationen lassen sich andere Effekte erzeugen. Die gezeigten Beispiele wurden mit einer Auflösung von 300 dpi erstellt. Begonnen wurde mit der Eingabe der Schriftzeichen in einen Alpha-Kanal, wie in Schritt 3 beschrieben. In einigen Fällen wurde der achte Schritt übersprungen (Einstellungen im Dialog Schwellwert), um einen Sprenkeleffekt mit verschiedenen Graden der Deckkraft zu erreichen.

12 Aufgerauhten Text exportieren. Wenn die Bearbeitung an der Schrift abgeschlossen ist, können die Schriftzeichen – so aufgerauht wie sie sind – als PostScript-Pfade exportiert werden. Zu diesem Zweck wird Kanal 5 in sich selbst als Auswahl geladen (Auswahl, Auswahl laden, #5) und die Auswahl in einen Pfad verwandelt (Pfad erstellen aus dem Einblendmenü der Pfadpalette). (Der im Dialog Pfad erstellen eingegebene Toleranzwert bestimmt, wie strikt sich der Pfad an die Kontur der Auswahlbegrenzung hält.) Dann wird der Pfad gesichert (Pfad sichern aus dem Einblendmenü) und schließlich im Adobe-Illustrator-Vektorformat exportiert (Ablage, Exportieren, Pfade → Illustrator). (Voraussetzung ist, daß sich der Filter Pfade → Illustrator im Ordner Zusatzmodule befindet.) Die aufgerauhte Schrift läßt sich dann wie jedes andere PostScript-Objekt bearbeiten.

Filter-übersicht

Übersicht: *Plug-in-Filter in den Ordner Zusatzmodule innerhalb des Adobe-Photoshop-Ordners bewegen, Photoshop starten, Bild öffnen, den zu filternden Bereich auswählen (falls das gesamte Bild gefiltert werden soll, braucht keine Auswahl getroffen zu werden), einen der Filter aus den Untermenüs im Filter-Menü wählen.*

FOTO: CARL & ANN PURCELL / WORLD TRAVEL, V.1 / GAZELLE TECHNOLOGIES

FOTO: YUJI SADO / PHOTOGRAPH 1996 / INSPIRE

ADOBE IST NICHT DER EINZIGE ANBIETER für Photoshop-Filter, denn durch Offenlegung des Programmkodes hat die Firma es anderen Software-Entwicklern ermöglicht, eigene Plug-in-Filter für Photoshop herzustellen und zu vertreiben. Zu den Entwicklern, die gegenwärtig größere Filterbibliotheken anbieten, gehören Aldus, Andromeda, HSC Software und XAOS Tools. Auf den folgenden Seiten sind viele Beispiele, die die Wirkung dieser Filter demonstrieren, abgebildet. Als Bildvorlage diente eine Montage aus einem Portrait und einem Stilleben (siehe Abbildung links). Die Bildunterschriften geben Auskunft über die jeweils eingestellten Parameter. Numerische Werte werden in der Reihenfolge aufgeführt, in der sie im Filterdialog einzugeben sind, von links oben nach rechts unten gelesen. Wenn mit den Standardvorgaben gearbeitet wurde, ist auf eine Angabe verzichtet worden.

Weil Filter sehr umfangreiche Berechnungen durchführen müssen, nimmt ihre Anwendung oft viel Zeit in Anspruch. Abgesehen von der Darstellung der Filtereffekte werden in der folgenden Beispielsammlung auch Tips gegeben, wie sich Probleme bei der Anwendung von Filtern vermeiden lassen und wie sich ihre Wirkung verbessern läßt.

LETZTE FILTERANWENDUNG WIEDERHOLEN

Wenn der zuletzt ausgeführte Filter erneut angewendet werden soll, braucht nur die Tastenkombination Befehl F betätigt zu werden. Falls vor der Wiederholung des letzten Filters die Einstellungen im Filterdialog verändert werden sollen, müssen die Tasten Befehl Wahl F gedrückt werden.

Adobe

Die Filtereffekte sind nach Filter-Untermenüs zusammengefaßt. Die Reihenfolge ist nicht alphabetisch, da sie sich an der Sortierung der englischsprachigen Programmversion orientiert. Einige Filter sind mit unterschiedlichen Wirkungen mehrmals vertreten.

Weichzeichnungsfilter: Weichzeichnen

Weichzeichnungsfilter: Stark weichzeichnen

Weichz.: Gaußscher Weichzeichner (2)

Weichzeichnungsfilter: Bewegungsunschärfe

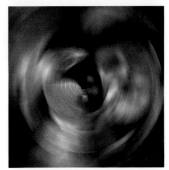

Weichz.: Radialer Weichz. (25/Kreisförmig)

Weichz.: Radialer W. (50/Strahlenförmig)

Verzerrungsfilter: Versetzen (Molekülstrukt.)

Verzerrungsfilter: Versetzen (Zerbröseln)

VERSCHIEBUNGSMATRIX

Einige der Verschiebungsmatrizen, die Adobe für den Verzerrungsfilter Versetzen mit Photoshop mitliefert, sind zweifarbige Dateien, die ziemlich langweilige Effekte erzeugen, wenn sie mit der Option Wiederholen angewendet werden. Mit der Option Auf Auswahlgröße skalieren entwickeln sie aber einen Tonumfang, der weitaus interessantere Effekte garantiert.

Verz.: Versetzen (2/2/Wiederh./Schichten)

Verz.: Versetzen (5/5/Auf A. skal./Schichten)

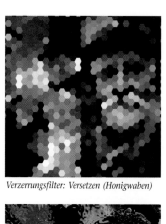

Verzerrungsfilter: Versetzen (Honigwaben)

Verz.: Versetzen (Rechteckige Kacheln)

Verzerrungsfilter: Versetzen (Freie Striche)

Verz.: Versetzen (Auf A. skal./Schnable)

Verz.: Versetzen (Durch v. Teil ers./Streifig)

Verz.: Versetzen (Durch v. Teil ers./Gequirlt)

Verzerrungsfilter: Pinch

Verz.: Polarkoordinaten (Polar → Rechteck.)

Verz.: Polarkoordinaten (Rechteck. → Polar)

Verzerrungsfilter: Ripple

Verzerrungsfilter: Neigen

Verzerrungsfilter: Spherize

Verzerrungsfilter: Twirl (75)

Verzerrungsfilter: Wave (1/Sinus)

Verzerrungsfilter: Wave (2/Quadrat)

Verzerrungsfilter: Wave (1/Dreieck)

Verzerrungsfilter: Zigzag (14/7/Kreisförmig)

Verzerrungsf.: Zigzag (30/15/Konzentrisch)

Verz.; Zigzag (14/7/Diagonal. wellenförmig)

Störungsfilter: Störungen hinzufügen

Störungsfilter: Störungen entfernen

Störungsfilter: Helligkeit interpolieren (2)

Sonstige Filter: Eigener Filter (Vorgabe)

Scharfzeichnungsfilter: Scharfzeichnen

Scharfzeichnungsfilter: Konturen scharfz.

Scharfzeichnungsfilter: Stark scharfzeichnen

Scharfz.: Unscharf maskieren (100)

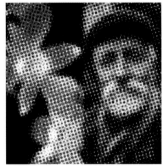

Stilisierungsfilter: Farbraster (6)

Stilisierungsfilter: Kristallisieren

Stilisierungsfilter: Korneffekt

Stilisierungsfilter: Relief

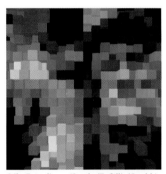

Stil.: Extrudieren (Quader/Zufällig/Geschl.)

Stilisierungsf.: Extrudieren (Quader/Helligk.)

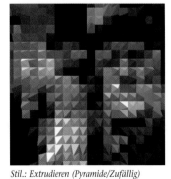

Stil.: Extrudieren (Pyramide/Zufällig)

Stil.: Extrudieren (Pyramide/Zufällig 20/80)

Stilisierungsfilter: Facetteneffekt

Stilisierungsfilter: Konturen finden

Stilisierungsfilter: Verwackelungseffekt

Stilisierungsfilter: Blendenflecke

Stilisierungsfilter: Mosaikeffekt (6)

Stilisierungsfilter: Punktieren

Stilisierungsfilter: Solarisation

Stilisierungsfilter: Kacheleffekt

Stilisierungsfilter: Konturwerte finden (32)

Stilisierungsfilter: Windeffekt (Sturm)

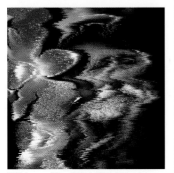

Stilisierungsfilter: Windeffekt (Orkan)

Stilisierungsfilter: Windeffekt (Wind)

WEICHZEICHNER TESTEN

Der radiale Weichzeichner stellt drei Optionen für die Qualität der Weichzeichnung zur Auswahl: Entwurf, Gut und Sehr gut. Zum Experimentieren mit der Stärke und der Position des Mittelpunkts sollte die Entwurfsqualität verwendet werden (sie ist gröber, aber schneller). Wenn die richtigen Einstellungen gefunden wurden, wird der Effekt in der Qualität Gut angewendet (bei sehr großen Bildern mit Sehr gut).

Aldus Gallery Effects 1

Die in Volume 1 der Gallery Effects enthaltenen Filter verleihen Fotos ein gemaltes oder gezeichnetes Aussehen.

Chalk & Charcoal

Charcoal

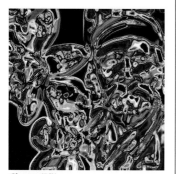

Chrome (7/3)

Craquelure

Dark Strokes

Dry Brush (Texture 1)

Dry Brush (Texture 3)

Emboss

Film Grain

Fresco

Graphic Pen (15/64)

Moszic

Poster Edges

Ripple

Smudge Stick

Spatter

Watercolor (Texture 1)

Watercolor (Texture 3)

FILTERWIRKUNG ABSCHWÄCHEN

Wenn die Wirkung eines Maleffektfilters zu extrem ausfällt, kann sie mit dem Befehl Rückgängig aus dem Menü Bearbeiten widerrufen und der Filter erneut mit einer schwächeren Einstellung angewendet werden. Leider benötigen die Gallery-Effects-Filter wie andere Spezialfilter auch viel Rechenzeit. Es gibt eine Möglichkeit, diese langen Rechenzeiten zu vermeiden: Das Bild in eine schwebende Auswahl verwandeln (Befehl J) und den Filter auf die schwebende Kopie anwenden. Wenn die Filterwirkung stärker als gewünscht ist, kann der Effekt durch Verminderung der Deckkraft in der Werkzeugspitzenpalette abgeschwächt werden.

FOTO: PHOTOTONE / LETRASET

Ausgangsbild

Schwebende Auswahl gefiltert

Beide Versionen vereinigt

Aldus Gallery Effects 2

Volume 2 der Gallery Effects enthält neben weiteren Mal-effekten Filter, die eine Struk-turoberfläche nachahmen.

Accented Edges

Angled Strokes

Bas Relief

Colored Pencil

Diffuse Glow (2/7/13)

Glowing Edges

Grain (enlarged)

Grain (horizontal)

Grain (regular)

Grain (soft)

Grain (speckle)

Note Paper

Palette Knife (7/3/2)

Patchwork

Photocopy

Rough Pastels

Sprayed Strokes

Stamp (3/6)

Texturizer (brick)

Texturizer (burlap)

Texturizer (canvas)

Texturizer (custom pict file)

Underpainting

Andromeda Series 1

Die Filtereffekte der Andromeda Series 1 sind den traditionellen fotografischen Objektivfiltern nachempfunden.

cMulti

Designs (mezzo/basic #3)

Designs (mezzo/pattern grains)

Diffract

Halo

Prism

Rainbow

Reflection

sMulti

Star

Velocity

Andromeda Series 2

Die 3D-Filter der Andromeda Series 2 erlauben die Projektion von Bildern auf dreidimensionale Körper in Photoshop.

3D; Cubed

3D; Cylinder

OPTIMAL VERZERREN

Bei der Anwendung von Verzerrungsfiltern lassen sich oftmals bessere und klarere Ergebnisse erzielen, wenn der Filter mehrere Male mit einer niedrigen Einstellung angewendet wird, statt nur einmal mit voller Kraft. Der Unterschied tritt vor allem in Bildern mit geraden Linien zutage. Im Beispiel wurde ein Bildschirmfoto von einer der mit Photoshop mitgelieferten Farbpaletten verwendet. Die mittlere Abbildung besitzt weichere Farbübergänge.

3D; Plane

3D; Sphere

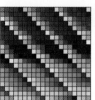

Pantone Farbpalette

Twirl-Filter mit einem Winkel von 50° 10mal angewendet

Twirl-Filter mit einem Winkel von 500° einmal angewendet

VERSTECKTE VORSCHAU FÜR VERZERRUNGSEFFEKTE

In Photoshop 2.5 ist es dem Anwender aufgrund der Standardvorgaben versagt, die Auswirkung der Filter aus dem Untermenü Verzerrungsfilter (Menü Filter) im jeweiligen Filterdialog in einer Vorschau angezeigt zu bekommen. Dieser Mangel wird möglicherweise im ersten Update zur Version 2.5 behoben werden. Bis dahin aber sei hier der Trick verraten, wie sich die Vorschau-Option aktivieren läßt. Mit dieser Option läßt sich der Zeitaufwand bei der Anwendung dieser Filter erheblich verkürzen.

Wahltaste gedrückt halten und Über die Zusatzmodule aus dem Apple-Menü wählen, aus der Liste den gewünschten Filter des Untermenüs Verzerrungsfilter auswählen. Im Dialog Verzerrungen die Option Show previews & sliders aktivieren. Mit einem Mausklick auf die Dialogfläche wird der Dialog wieder geschlossen. Wenn der entsprechende Filter nun aufgerufen wird, erscheint die Vorschau in seinem Dialog. Der Filter muß nun nicht mehr zeitraubend auf die Auswahl angewendet werden, um seine Auswirkung beurteilen zu können.

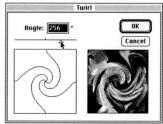

Kai's Power Tools

Unter den 33 KPT-Filtern finden sich auch der Gradient Designer und der Texture Explorer. Beide stellen so eine Art Kreuzung zwischen Lieblingsspielzeug und einem Sack voller elektronischer Lollipops dar.

Blur: KPT Smudge Darken

Blur: KPT Smudge Lighten

Distort: KPT Glass Lens Bright

KPT: 3D Stereo Noise (siehe KPT-Hilfe)

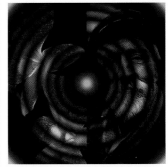

KPT: Gradient Designer (spfx, glow jade)

KPT: Gradient on Paths

KPT: Julia Set Explorer

KPT: Mandelbrot Set Explorer

KPT: Pixelbreeze

KPT: Pixelstorm

KPT: Pixelwind

KPT: Texture Explorer (Proced.; ohne Gesicht)

Noise: KPT Grime Layer

Noise: KPT Hue Protected Noise Maximum

Noise: KPT Hue Protected Noise Medium

Noise: KPT Hue Protected Noise Minimum

Sharpen: KPT Sharpen Intensity

Stylize: Diffuse More KPT

Stylize: Find Edges & Invert KPT

Stylize: Find Edges Charcoal KPT

Stylize: Find Edges Soft KPT

Stylize: Scatter Horizontal KPT

Video: KPT Cyclone

Xaos

Paint Alchemy von Xaos Tools ist ein Filter mit über 30 Einstellmöglichkeiten und unzähligen Stilarten. Richtung, Größe und andere Pinseleigenschaften können von Farb- oder Helligkeitsveränderungen im Bild abhängig gemacht werden.

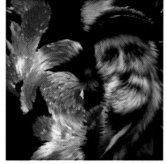

Brush Vortex

Colored Balls

Colored Pencils

Crayons on Textured Paper

Draft

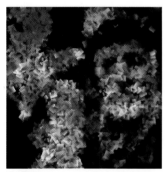

Gradient

Ice Cubes

Impressionist

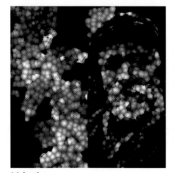

Molecular

Sponge Clip

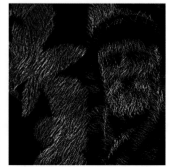

Threads

Wow!-Filter-Widgets

Für die oberen drei Zeilen wurde der Photoshop-Filter Versetzen mit Verschiebungsmatrizen von der Wow!-Diskette verwendet. In der unteren Zeile wurden PICT-Bilder von der Diskette mit dem Paint-Alchemy-Filter eingesetzt.

Verz.: Versetzen (Wow drops/5/5/tile)

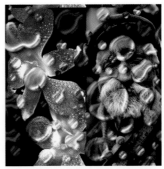

Verz.: Versetzen (Wow drops/5/5/stretch)

Verz.: Versetzen (Wow puzzle/3/3/tile)

Verz.: Versetzen (Wow woven/3/3/tile)

Verz.: Versetzen (Wow ice cubes/5/5/tile)

Verz.: Versetzen (Wow tile sm./3/3/tile)

Verz.: Versetzen (Wow tile med./3/3/tile)

Verz.: Versetzen (Wow tile med./3/3/stretch)

Paint Alchemy: (Wow small brush)

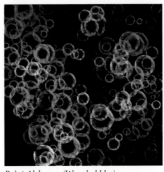

Paint Alchemy: (Wow bubbles)

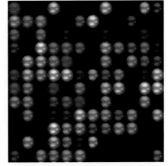

Paint Alchemy: (Wow ornaments)

■ **Louis Fishauf** kreierte den Geldstrudel *Money Swirl* mit den Filtern Twirl, Spherize und dem Radialen Weichzeichner. Das Bild wurde aus zwei Dateien zusammengesetzt: Die eine enthielt die Spirale und die andere die Banknoten. Für den Strudel malte Fishauf ein schwarzes Kreuz (+) auf weißen Grund und verwirbelte es mit dem Filter Twirl. In der anderen Datei ordnete er die Scans der Banknoten im Quadrat an und verzerrte sie mit dem Spherize-Filter. Auf die ausgewählten Enden der Banknoten wendete er den radialen Weichzeichner kreisförmig an, wobei der Mittelpunkt des Bildes als Rotationsmittelpunkt gewählt wurde. »Ich benötigte über 20 Versuche, um den Effekt hinzubekommen, der mir vorschwebte«, berichtet Fishauf. »Ich wünschte, ich hätte die Einstellungen aufgeschrieben, die schließlich zum Ergebnis führten.«

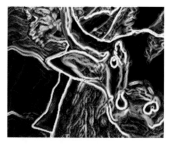

■ Als Ausgangsmaterial für *Neon Cowboy* dienten **Ellie Dickson** zwei gescannte Fotos von einem Bullen und einem Cowboy. Sie montierte die beiden Fotos zusammen und nahm Farbkorrekturen mit den Malwerkzeugen und den Funktionen aus dem Untermenü Einstellen (Menü Bild) vor. Dann wählte sie die Konturen des Bullen und des Reiters mit dem Lasso und einer weichen, 15 Pixel breiten Auswahlkante aus und kopierte die Auswahl in die Zwischenablage (das gesamte Bild war insgesamt über 1100 Pixel breit). Ohne die Auswahl aufzuheben fügte sie die Kopie aus der Zwischenablage mit Bearbeiten, Hinter der Auswahl einsetzen ein und stellte im Dialog Montagekontrolle eine Überblendung von 50 Prozent ein. Die hinter der Auswahl eingefügte Kontur verschob sie ein wenig nach links. Sie fügte die Kontur erneut hinter der Auswahl ein, diesmal jedoch mit einer 40%igen Deckkraft, und verschob auch diese Kopie. Den gesamten Vorgang wiederholte sie für 30 und für 20 Prozent Deckkraft. In der gleichen Richtung wendete sie den Bewegungsunschärfefilter auf das Bild an. Schließlich wurden noch der Wave-Filter und der Filter Konturwerte finden eingesetzt, bevor das Bild mit Bild, Festlegen, Umkehren seinen Neoneffekt erhielt.

■ **Kai Krause,** Mitentwickler von Kai's Power Tools von HSC-Software, erstellte *Neo Fragile* mit dem KPT-Filter Mandelbrot Set Explorer in der Einstellung Copper Something. Das Innere wurde auf Schwarz eingestellt, um ein fraktales Aussehen zu erzielen. Dann filterte er das Bild mit Glass Lens Bright und stellte die Farben mit dem Farbtonregler im Dialog Farbton/Sättigung ein. Um die Kanten zu schärfen, ging er wie folgt vor: Er markierte die verbliebene Kugel mit dem Auswahloval, kopierte sie in die Zwischenablage und setzte sie vor einem neuen, schwarzen Hintergrund ein. Aus dieser Datei erstellte er eine Maske und erhöhte ihren Kontrast im Dialog Tonwertkorrektur. Der Maske wurden ein paar schwarze Striche hinzugefügt, die deckungsgleich waren mit einigen der Strahlen der farbigen »Sternenexplosion«. Im Dialog Montieren (Bild, Berechnen) setzte er als Quelle 1 das Fraktal ein, als Maske die im Alpha-Kanal erstellte Maske und die Sternenexplosion als Quelle 2. An den weißen Stellen der Maske kam das Fraktal zum Vorschein, während die schwarzen Bereiche von dem Explosionsbild gefüllt wurden.

■ Die »aufgerauhte« Schreibmaschinenschrift in *The Mother Zone*, einem Buchumschlag, erzeugte **Louis Fishauf** mit dem Spatter-Filter der Aldus Gallery Effects Vol. 1 und dem Weichzeichnungsfilter aus Photoshop. Er sicherte die Schrift in einem Alpha-Kanal als Maske, damit sie vor den gescribbelten Farbstrichen geschützt ist. Eine zweite Maske sollte dazu dienen, die Bereiche unmittelbar an der Kontur der Buchstaben zu schützen, um die Intensität der Farbstriche zu vermindern und die Buchstaben hervorzuheben. Zu diesem Zweck kopierte er den Alpha-Kanal mit der weißen Schrift in einen neuen Kanal (Bild, Berechnen, Duplizieren, Neu). Im neuen Kanal lud er die Schrift als Auswahl (Auswahl, Auswahl laden) und kopierte sie in die Zwischenablage. Nachdem er die Auswahlbegrenzung mit Auswahl, Weiche Auswahlkante verwischt und die weiche Auswahl mit der weißen Hintergrundfarbe gefüllt hatte (Rückschritttaste), fügte er die Schrift aus der Zwischenablage wieder genau über der weichen Auswahl ein. Auf diese Weise hatte er die weiche Auswahlkante im Inneren der Buchstaben entfernt, sie erstreckte sich nur noch außerhalb der Schriftzeichen. Die fertiggestellte Maske wurde im RGB-Kanal als Auswahl geladen (Auswahl, Auswahl laden, #4) und umgekehrt (Auswahl, Auswahl umkehren). Die Farbstriche wurden auf einem druckempfindlichen Wacom-Grafiktablett gescribbelt, wobei die abweichende Strichstärke durch unterschiedlichen Druck mit dem Eingabestift hervorgerufen wurde.

MALEN MIT PHOTOSHOP

WIE DIE ARBEITEN IN DIESEM KAPITEL ZEIGEN, stehen Photoshop-Malern weitaus mehr Werkzeuge zur Verfügung als nur Farbe und Pinsel: Sie können die Bearbeitungswerkzeuge, die Alpha-Kanäle und die vielfältigen Möglichkeiten der Farbkorrektur und Montagekontrolle nutzen. Werden im engeren Sinne unter Malwerkzeugen aber nur solche verstanden, die die Vordergrund- bzw. Hintergrundfarbe oder einzelne Pixel auftragen können, zählen zu den Malwerkzeugen von Photoshop der Fülleimer, das Verlaufswerkzeug, der Linienzeichner, der Radiergummi, der Buntstift, der Airbrush, der Pinsel, der Stempel und der Wischfinger. All diese Werkzeuge können aus der Werkzeugpalette ausgewählt werden – ein einfacher Mausklick hinterläßt einen einzelnen »Fußabdruck« des Werkzeugs, während durch Ziehen mit der Maus bei gedrückter Maustaste ein Strich erzeugt wird. Die Strichführung der meisten dieser Werkzeuge läßt sich auf gerade Linien einschränken, wenn die Umschalttaste gedrückt und ein Eckpunkt nach dem anderen angeklickt wird. Die Linien des Linienzeichners, der nur geradlinig zeichnet, lassen sich bei gedrückter Umschalttaste auf Winkel in Schritten zu 45° einschränken. Die Einstellung der Parameter läßt sich für diese Werkzeuge einerseits im Werkzeugdialog, der mit einem Doppelklick auf das jeweilige Symbol in der Werkzeugpalette geöffnet wird, vornehmen oder in der Werkzeugspitzenpalette (wird mit Werkzeugspitzenpalette einblenden aus dem Menü Fenster geöffnet).

Im folgenden nun eine knappe Auflistung der wichtigsten Optionen in den Werkzeugdialogen:

Glätten: Nur im Füllwerkzeug-Dialog. Linienzeichner, Airbrush, Pinsel, Stempel und Wischfinger malen immer mit einer weichen (glatten) Kante (außer im Modus Bitmap oder Indizierte Farben), der Buntstift hingegen immer mit scharfer Kante. Beim Verlaufswerkzeug hängt es von der Auswahl, die mit dem Verlauf gefüllt werden soll, ab, ob die Verlaufskontur geglättet oder scharf erscheint.

Pfeilspitzen: Nur im Linienzeichner-Dialog. Es lassen sich Pfeilspitzen an beiden oder nur an einem der Enden einer Linie definieren.

Verblassen: Airbrush, Pinsel und Buntstift können so eingestellt werden, daß ihre Striche von der Vordergrundfarbe in die Hintergrundfarbe übergehen oder transparent werden. Der Abstand bestimmt die Entfernung vom Anfangspunkt eines Strichs (in 100%iger Vordergrundfarbe) bis zu dem Punkt, an dem der Strich die Hintergrundfarbe vollständig angenommen hat oder transparent geworden ist. Das Verlaufswerkzeug arbeitet sozusagen immer im Verblassen-Modus, da es einen fließenden Übergang von Vordergrund- zu Hintergrundfarbe erzeugt.

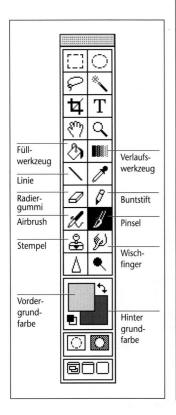

Füll-werkzeug
Linie
Radier-gummi
Airbrush
Stempel

Verlaufs-werkzeug
Buntstift
Pinsel
Wisch-finger

Vorder-grund-farbe
Hinter grund-farbe

Fortsetzung auf Seite 116

Vereinigungsmodi

Die Werkzeugspitzenpalette

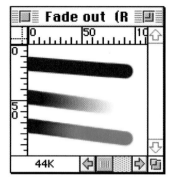

Malen mit Verblassungsrate: Keine (oben), von Vordergrund zu transparent (mitte) und von Vordergrund zu Hintergrund (unten)

PFADE FÜLLEN

Der Zeichenstift kann auch als ein Malwerkzeug verwendet werden: Pfad zeichnen wie in Kapitel 2 beschrieben. Befehl Unterpfadkontur füllen aus dem Einblendmenü der Pfadpalette wählen und im Dialog das Werkzeug auswählen, das die Pfadkontur füllen soll.

WIRKUNGSLOSES WERKZEUG

Wenn ein Dokument eine aktive Auswahl enthält, werden die Malwerkzeuge nur innerhalb der Auswahlbegrenzung wirksam. Falls es so erscheint, als funktioniere ein Werkzeug nicht, liegt es wahrscheinlich an einer bestehenden Auswahl, die nicht sichtbar ist – entweder weil sie sich außerhalb des im Fenster sichtbaren Bereichs befindet oder weil die Auswahlbegrenzung ausgeblendet ist (Befehl H). Lösung: Auswahl mit Befehl D aufheben.

Fingerfarbe: Nur im Wischfinger-Dialog. Normalerweise verschmiert der Wischfinger nur die vorhandenen Farben, bei aktivierter Option Fingerfarbe trägt er zudem ein wenig Vordergrundfarbe auf.

Zurück zur letzten Version: Im Dialog Stempel einstellen sorgt dieser Modus dafür, daß die behandelten Bereiche aus der zuletzt gesicherten Dateiversion wiederhergestellt werden. (Auch der Radiergummi, der normalerweise die Hintergrundfarbe aufträgt, kann die zuletzt gesicherte Version wiederherstellen, wenn bei seiner Anwendung die Wahltaste gedrückt wird.)

Zurück zum Schnappschuß: In diesem Modus stellt der Stempel den Zustand wieder her, der mit Bearbeiten, Schnappschuß aufnehmen zwischengespeichert wurde.

Verlaufswerkzeug einstellen: Optionen siehe Kapitel 1.

Impressionist: In diesem Modus stellt der Stempel eine impressionistisch anmutende (leicht verschmierte) Variante der zuletzt gesicherten Version wieder her.

Muster: Das Füllwerkzeug und der Stempel können Bereiche mit dem gegenwärtig festgelegten Muster füllen bzw. übermalen. Der Stempel kann das Muster ausgerichtet auftragen (als ob das Muster im Hintergrund läge und der Stempel den Vordergrund löschte) oder nicht ausgerichtet (jeder Ansatzpunkt des Stempels beginnt mit derselben Stelle des Musters). Wie Muster festgelegt werden, wird auf den Seiten 118 und 160 beschrieben.

Druck: Bei Einsatz eines druckempfindlichen Grafiktabletts läßt sich für Airbrush, Wischfinger, Pinsel, Buntstift und Stempel definieren, wie das Werkzeug auf den Druck des Eingabestifts reagiert. Zu den veränderbaren Optionen gehören je nach Werkzeug Größe, Farbe, Deckkraft und Druck.

Stärke: Bestimmt im Linienzeichner-Dialog die Breite der Striche.

Die Optionen in der Werkzeugspitzenpalette umfassen Vereinigungsmodi (wie sich das Gemalte mit dem darunterliegenden Bild verbindet) und eine stufenlos regelbare Eigenschaft wie beispielsweise die Deckkraft. Die Funktionsweise der einzelnen Modi sollte im Adobe Photoshop Handbuch nachgelesen und ausprobiert werden. Obwohl sich die Prozentwerte des Reglers in der Werkzeugspitzenpalette stufenlos mit der Maus verändern lassen, können sie auch über die Tastatur in 10-%-Schritten eingegeben werden. Die Taste 1 setzt den Regler auf 10%, die Taste 2 auf 20%, usw. Die Taste 0 stellt den Regler auf 100% ein.

Über das Einblendmenü der Werkzeugspitzenpalette ist es möglich, neue Werkzeugspitzen bis zu einer Größe von 1000 x 1000 Pixel in die Palette aufzunehmen (Neue Werkzeugspitze wählen und Einstellungen im Dialog vornehmen, oder einen Bereich im aktiven Bild auswählen und Werkzeugspitze festlegen wählen), vorhandene Werkzeugspitzen zu bearbeiten (Werkzeugspitzen-Optionen), einzelne Paletten zu benennen und zu sichern (Werkzeugspitzen sichern), gesicherte Paletten zu laden (Werkzeugspitzen laden) oder der aktiven Werkzeugspitzenpalette eine weitere hinzuzufügen (Werkzeugspitzen hinzufügen).

Papier-strukturen

Übersicht: *Mit Filtern eine Papierstruktur erzeugen, den Filter Verschiebungseffekt anwenden und Konturen so säubern, daß die Struktur ein gleichmäßiges Erscheinungsbild erhält, Struktur als Muster festlegen, RGB-Kanal und einen Alpha-Kanal mit dem Muster füllen, Auswahl aus dem Alpha-Kanal in den RGB-Kanal laden, Auswahlbegrenzung ausblenden, malen.*

1

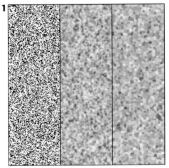

2a

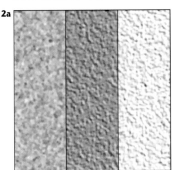

2b

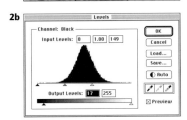

MIT COMPUTERN ERSTELLTE BILDER, die auf einem klaren, weißen Hintergrund gemalt sind, lassen die Struktur vermissen, die beim Malen auf natürlicher Leinwand oder Papier entsteht. Zwar läßt sich mit verschiedenen Filtern einem bereits gemalten Bild eine Struktur hinzufügen (siehe die Filterbeispiele in Kapitel 5), aber interessanter ist es, eine Papier- oder Leinwandstruktur herzustellen, die sich beim Malen auch wie eine solche verhält.

1 Struktur vorbereiten. Neue Graustufendatei öffnen, den Filter Störungen hinzufügen anwenden (Filter, Störungsfilter) und Bild weichzeichnen. (Für die 225-dpi-Beispieldatei stellten wir einen Mengenwert von 500 und eine Gaußsche Normalverteilung ein und wendeten dann den Gaußschen Weichzeichner mit einem Radius von 1 Pixel an). Anschließend mit dem Filter Facetteneffekt behandeln (Filter, Stilisierungsfilter). Durch verschiedene Störungs- und Weichzeichnungsfilter und abweichende Einstellungen in den Filterdialogen lassen sich unterschiedliche Strukturen bilden.

2 Struktur veredeln. Bis die gewünschte Struktur entsteht, muß ein bißchen experimentiert werden. (Wir wendeten den Filter Stark weichzeichnen und den Relieffilter an.) Im Dialog Tonwertkorrektur wird die Papierstruktur »gebleicht«, indem der Weißpunktregler für die Tonwertspreizung nach links bewegt wird, um die Detailzeichnung in den Lichtern zu erhöhen, und der Schwarzpunktregler des Tonwertumfangs nach rechts, um den Kontrast zu verringern. Die Oberfläche der Struktur sollte weiß sein und die Schatten aus hellen bis mittleren Grautönen aufgebaut sein. Je größer der Tonwertunterschied zwischen weißer Oberfläche und Schatten, desto gröber erscheint das »Papier«.

3 Struktur in ein Muster verwandeln. Damit die Papierstruktur jede gewünschte Bildgröße ausfüllen kann, wird sie nahtlos zu einem größer angelegten Muster wiederholt. Dazu wird der Filter Verschiebungseffekt (Filter, Sonstige Filter) auf einen horizontalen und vertikalen Verschiebungswert von 50 Pixeln eingestellt und die Option Durch verschobene Bereiche ersetzen aktiviert. Die Pixel, die am rechten und unteren Rand der Datei wegfallen, füllen die leeren Bereiche am oberen und linken Rand wieder auf. Mit dem Stempel in einem

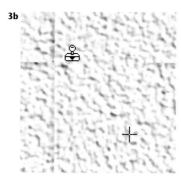

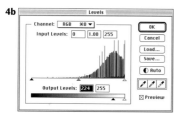

der Kopie-Modi werden offensichtliche Brüche an den Übergängen retuschiert. Zum Schluß wird das Muster gesichert.

4 Muster als Struktur für ein Bild festlegen. Wenn die Papierstruktur als Untergrund für ein neu entstehendes Gemälde dienen soll, wird eine RGB-Datei mit einer Auflösung von 225 Pixel pro Inch und den gewünschten Abmessungen geöffnet. Die Datei mit der Papierstruktur wird ebenfalls geöffnet und als aktuelles Muster festgelegt: Auswahl, Alles auswählen und Bearbeiten, Muster festlegen wählen. Nun kann die Struktur in den RGB-Kanal oder in einen Alpha-Kanal oder in beide gelegt werden:

• Wenn das Muster als sichtbare Papierstruktur im Bild erscheinen soll (etwa in den nicht bemalten Bereichen), wird es in den RGB-Kanal gelegt. Dazu den RGB-Kanal in der Kanälepalette aktivieren, alles auswählen und mit dem Muster füllen (Bearbeiten, Fläche füllen, Muster). Falls gewünscht, kann das Bild im Dialog Tonwertkorrektur ein wenig aufgehellt werden.

• Wenn das Muster auch nachfolgende Bearbeitungen mit dem Malwerkzeug beeinflussen soll, wird es wie oben beschrieben in einen neuen Alpha-Kanal (Kanal 4) gefüllt.

5 Malen. Malwerkzeug auswählen und den Modus sowie die Deckkraft in der Werkzeugspitzenpalette einstellen. Wenn Kanal 4 als Auswahl geladen wird (Auswahl, Auswahl laden), wird die Farbe nicht gleichmäßig aufgetragen, sondern mit voller Intensität auf die weißen, »hervorstehenden« Bereiche der Struktur, jedoch mit geringerer Intensität auf die grauen, »tieferliegenden« Stellen. Diese Wirkung läßt sich auch umkehren, so daß sich die Farbe in den »Tälern« sammelt. Dazu wird die Auswahl, nachdem sie geladen wurde, umgekehrt (Auswahl, Auswahl umkehren). Da es aber nahezu unmöglich ist, bei der pulsierenden Auswahlmarkierung einen natürlich wirkenden Pinselstrich nachzuahmen, wird die Auswahlbegrenzung mit Befehl H ausgeblendet, nicht aber aufgehoben. Die Auswahl ist dann zwar unsichtbar, aber beim Malen ist sie deutlich erkennbar. Das Ergebnis hängt davon ab, welches Malwerkzeug ausgewählt ist, ob mit harter oder weicher Kante gemalt wird und ob die Struktur im Alphaoder im RGB-Kanal gespeichert ist.

• Im Modus Multiplizieren erscheint die Farbe an den Stellen, an denen über bereits vorhandene Striche gemalt wird, intensiver.

• Für einen Aquarelleffekt ist die Deckkraft zu reduzieren. Die auf die grauen Bereiche der Struktur aufgetragene Aquarellfarbe vermischt sich mit dem Grau im RGB-Kanal und erscheint dunkler. Wiederholtes Auftragen der halbtransparenten Farbe verstärkt sie.

• Um einen Effekt wie beim Malen mit Kohle, einem Stift oder einem trockenen Pinsel zu erzielen, muß der Kontrast des im Alpha-Kanal befindliche Musters im Dialog Tonwertkorrektur reduziert werden, bevor es in den RGB-Kanal als Auswahl geladen wird. Der Farbauftrag sollte mit hoher Deckkraft erfolgen.

Experimentieren. Im Beispiel auf Seite 117 oben verwendeten wir ein dunkles Papier und einen kleinen, scharfkantigen Pinsel im Modus Normal für Weiß bzw. Multiplizieren für alle übrigen Farben.

Harter Pinsel ohne Struktur

Harter Pinsel mit Struktur

Weicher Pinsel ohne Struktur

Weicher Pinsel mit Struktur

Malen mit Licht

Übersicht: Strichzeichnung erstellen, mit Farbe füllen, Plastizität erzeugen, Lichtreflexe und andere Details hinzufügen.

FRANCOIS GUÉRIN

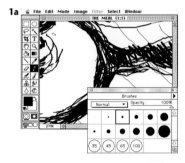

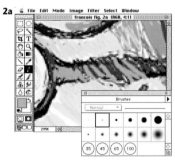

KÜNSTLERISCHE MALEFFEKTE auf einem Computer zu erzeugen, erfordert vom Anwender, von traditionellen Maltechniken zu abstrahieren und sie auf digitale Eingabegeräte zu übertragen. Der Maler und Illustrator Francois Guérin, der normalerweise mit Öl, Pastellfarben, Gouache oder dem Malprogramm Painter von Fractal Design arbeitet, hat herausgefunden, daß es mehrere Möglichkeiten gibt, Photoshop effektiv als Malprogramm zu nutzen. Das ohne Vorlage gemalte Bild *The Meal* wurde hauptsächlich mit den Malwerkzeugen, dem Lasso, dem Gaußschen Weichzeichner und den Funktionen im Untermenü Einstellen des Menüs Bild erstellt. Guérin standen ein Quadra 700 und ein druckempfindliches Wacom-Grafiktablett zur Seite. Er ist begeistert davon, daß der Eingabestift nahezu wie ein Pinsel in der Hand liegt, von dessen Druckempfindlichkeit macht er aber relativ wenig Gebrauch.

1 Strichzeichnung erstellen.

Mit dem Buntstift wird ein skizzenhaftes Bild gezeichnet, wobei unterschiedliche Stiftstärken aus der Werkzeugspitzenpalette zum Einsatz kommen können. Für die Schattenbereiche verwendete Guérin eine breitere Spitze.

2 Farbe auftragen.
Aus dem Fenster-Menü wird die Farbpalette eingeblendet und aus ihr eine Farbe gewählt. Für die ersten Züge bieten sich die »weichen« Werkzeugspitzen aus der zweiten Reihe der Spitzenpalette an. Um die Strichzeichnung zu übermalen wird der Modus Normal eingestellt.

DAS SCHNELLSTE WERKZEUG

Der Buntstift zeichnet unabhängig von der gewählten Werkzeugspitze scharfkantige Linien. Weil die Buntstiftstriche nicht geglättet werden müssen, reagiert der Buntstift schneller als der Pinsel und folgt der Handbewegung ohne Verzögerung.

FARBIGE FARBREGLER

Um das Mischen von Farben in der Farbpalette zu erleichtern, sollte das Plug-in Dynamische Regler aus dem Ordner Weitere Zusatzmodule in den Ordner Zusatzmodule bewegt und Photoshop neu gestartet werden. (Die HSB-Regler sind auch ohne Plug-in dynamisch.)

3a
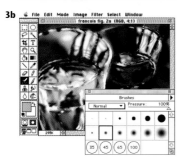

3b
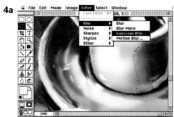

4a

4b
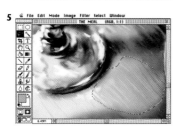

5

6

3 Räumliche Tiefe erzeugen.

Im Mischfeld der Farbpalette werden die Farben gemischt, die für die Vortäuschung plastischer Formen benötigt werden. Hier bieten sich vor allem Pinsel und Airbrush an, weil sie weichere Kanten besitzen und leicht Farbverläufe erzeugen können.

4 Strukturen andeuten.

Guérin ahmte unter Verwendung des Buntstifts mit kleinster Spitze auf dem Tisch eine Holzstruktur nach, die er anschließend mit dem Wischfinger verschmierte. Einigen Elementen des Bildes verlieh er mit den Weichzeichnungsfiltern ein weicheres Aussehen. So wurden beispielsweise Partien der Tasse und Untertasse, nachdem sie mit dem Lasso und einer weichen Auswahlkante ausgewählt wurden, mit dem Gaußschen Weichzeichner behandelt. (Weiche Auswahlkante einstellen: Doppelklick auf das Symbol in der Werkzeugpalette und Wert eingeben. Weichzeichner einstellen: Menü Filter, Weichzeichnungsfilter, Weichzeichner und Wert eingeben.)

5 Farbtöne aufeinander abstimmen.
Damit die Farbtöne des Stillebens mit der simulierten Ausleuchtung harmonieren, werden Bereiche mit dem Lasso und einer weicher Auswahlkante ausgewählt und in den Dialogen Farbton/Sättigung, Tonwertkorrektur und Farbbalance nachbearbeitet (Menü Bild, Einstellen).

6 Details ausarbeiten und Lichtreflexe hinzufügen.
Um Elemente des Bildes plastisch zu formen, können auch traditionelle Techniken zur Anwendung kommen, wie etwa das Auftragen von Strichen in der Form der Objektgestalt. Guérin formte auf diese Weise zum Beispiel die Serviette unter der Gabel. Durch Nachbehandlung mit dem Weichzeichner aus der Werkzeugpalette wirkten die Lichtspiegelungen auf dem Glas noch realistischer. (Falls der Wassertropfen nicht in der Werkzeugpalette angezeigt wird, bei gedrückter Wahltaste auf das Symbol des Scharfzeichners, einem spitzen Dreieck, klicken.) Der Wischfinger bietet sich an, um Strukturen hinzuzufügen und in den Bereichen, wo Licht und Schatten aufeinander treffen (beispielsweise im Holz des Tisches), kleine Farbverläufe zu erzeugen. Auch eignet er sich zur Ausformung sternenförmiger Lichtreflexe wie beispielsweise auf dem Zinken der Gabel.

Technik der digitalen Malkunst: ein weiteres Beispiel.
Ausgangsskizze für dieses Kakteenbild von Francois Guérin war eine in Photoshop erstellte Strichzeichnung. In die Konturen füllte er mit dem Füllwerkzeug Farbe ein und korrigierte einige Details mit dem

---

FARBPALETTE ERWEITERN

Der Mauszeiger eines Malwerkzeugs verändert sich zu einer Pipette, wenn er über die kleinen Farbfelder der Farbpalette bewegt wird. Es lassen sich aber auch Farben aus dem Bild selbst oder aus dem Mischfeld der Farbpalette aufnehmen, ohne die Pipette aus der Werkzeugpalette wählen zu müssen. Dazu wird bei aktiviertem Malwerkzeug einfach die Wahltaste gedrückt, und an seiner Stelle erscheint die Pipette. Wird der Mauszeiger bei gedrückter Wahltaste über die aktuellen Farbfelder geführt, ändert er sich in das Füllwerkzeug, um anzuzeigen, daß das darunterliegende Feld mit der Vordergrundfarbe gefüllt werden kann.

Mit dem Buntstift Strichzeichnung erstellen und die Flächen mit Farbe füllen

Weiche Farbübergänge durch Weichzeichnen

Tiefenunschärfe durch Weichzeichnen

Pinsel. Für die weichen Farbübergänge nahm er das Lasso mit einer weichen Auswahlkante und den Gaußschen Weichzeichner zu Hilfe. Die Kanten, an denen sich unterschiedliche Farben berührten, verschmierte er mit dem Wischfinger und korrigierte sie hier und da mit dem Pinsel. Die plastische Form der runden Pflanzen erreichte er mittels Pinsel und Airbrush, während die Stacheln mit dem Buntstift gemalt wurden. Die einheitliche Ausleuchtung des Bildes gelang ihm durch gezielte Lassoauswahl der entsprechenden Bereiche, die er hinsichtlich Farbbalance, Helligkeit, Kontrast, Farbton und Sättigung nachbearbeitete. Die für die Bearbeitung ausgewählten Bereiche – vor allem sehr komplexe Bereiche wie die Blume im Vordergrund – speicherte er in einem Alpha-Kanal, damit er jederzeit weitere Farbeinstellungen an ihnen vornehmen konnte, ohne sie erneut mühsam auswählen zu müssen. Die augenscheinliche Tiefe des Bildes ist dem Weichzeichnungsfilter zu verdanken. Guérin wendete ihn dreimal auf den kleinen Kaktus auf der rechten Seite des Bildes an, der am weitesten vom Betrachter weg zu liegen scheint, zweimal auf die spitzen Kakteen im linken Hintergrund und einmal auf die näherstehenden runden Kakteen.

BENUTZERDEFINIERTE FARBTABELLE ERSTELLEN

Wenn die aktuelle Farbpalette eines gemalten Bildes erhalten bleiben soll, um sie für ein anderes Bild nutzen zu können, wird wie folgt vorgegangen (wichtig ist, daß auch der zweite Schritt ausgeführt wird):

1. Bild sichern (Menü Ablage, Sichern), in den Modus Indizierte Farben umwandeln (Menü Modus) und im Dialog die Optionen 8 Bit und Flexibel wählen (das Bild wird später wieder in den ursprünglichen Modus zurückgesetzt).

2. Im Menü Modus den Befehl Farbtabelle und im Dialog die Schaltfläche Sichern wählen und einen Namen für die Farbtabelle eingeben. Nun den ursprünglichen Modus mit Ablage, Zurück zur letzten Version wiederherstellen. (Verwenden Sie nur den Befehl Zurück zur letzten Version und nicht den entsprechenden Modus aus dem Modus-Menü, ansonsten würde das Bild Farbinformationen verlieren!)

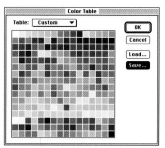

3. In der neuen Datei wird die Farbpalette mit Farbpalette einblenden aus dem Fenster-Menü zur Ansicht gebracht. Aus dem Einblendmenü der Farbpalette den Befehl Farben laden wählen und den Namen der Farbtabelle auswählen. Die kleinen Felder der aktuellen Farbauswahl werden um die Farben der Farbpalette erweitert.

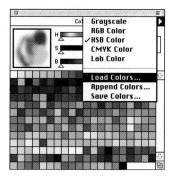

Grau-
stufenbild
kolorieren

Übersicht: *Graustufenbild malen, Bereiche des Bildes auswählen und mit Farbe füllen, Deckkraft und Modi variieren, dem Bild mit den Mal- und Bearbeitungswerkzeugen den letzten Schliff geben.*

CHER THREINEN

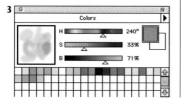

DAS STIMMUNGSVOLLE LICHT eines Motivs einzufangen, gehört zu den schwierigsten Aufgaben eines Malers. Oftmals bietet es sich an, das Bild zuerst als Graustufendatei zu erstellen und später unter Verwendung der Bearbeitungsmodi Aufhellen, Abdunkeln und Farbe mit Farben zu füllen. Cher Threinen übertug für das Bild *Tranquil Beach* eine Bleistiftskizze in ein Graustufenbild.

1 Hell und Dunkel absetzen. Graustufendatei öffnen und mit den Malwerkzeugen die hellen und dunklen Bereiche auftragen. Threinen verwendete für ihr Graustufenbild hauptsächlich den Pinsel, den Airbrush, den Wischfinger und den Weichzeichner.

2 Weiche Übergänge erzeugen. Abrupte Farbübergänge oder scharfkantige Striche werden mit dem Gaußschen Weichzeichner (Filter, Weichzeichnungsfilter) »entschärft«. Threinen wendete ihn mit einem Radius von 2 Pixel auf das gesamte Bild an.

3 Farben mischen. Das Graustufenbild wird mit Modus, RGB-Farbe in ein Farbbild umgewandelt. Farbpalette öffnen und im Mischfeld die Farben mischen, die zum Einfärben benötigt werden. (Falls die Palette auf dem Schreibtisch größenreduziert ist, kann sie mit einem Mausklick auf das Erweiterungsfeld in der oberen rechten Ecke des Palettenfenster aufgeklappt werden. Wenn sich die Palette überhaupt nicht in der Anzeige befindet, kann sie mit Fenster, Farbpalette einblenden eingeblendet werden.)

4 Einzufärbende Bereiche auswählen. Die Bereiche, die mit einer Farbe versehen werden sollen, werden mit dem Lasso ausgewählt. Jede getroffene Auswahl sollte in einem Alpha-Kanal gesichert werden (Auswahl, Auswahl sichern), damit die Auswahl später erneut geladen werden kann – auf diese Weise ist es möglich, das Bild Schritt für Schritt einzufärben. Dies entsprach auch der Vorgehensweise Threinens: Sie wählte Bereiche des Himmels, des Wassers und des Strands sowie den Lichtschein im Himmel und im Wasser mit dem Lasso und unterschiedlich weichen Auswahlkanten aus und sicherte die Auswahlen in Alpha-Kanälen.

4

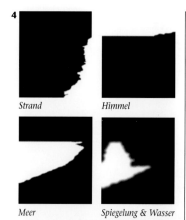

Strand   *Himmel*

Meer   *Spiegelung & Wasser*

5a

5b

5c

5 Farbe auftragen. Sobald eine Auswahl getroffen wurde, wird sie mit Befehl J in eine schwebende Auswahl verwandelt. Die schwebende Auswahl erlaubt es, die Werkzeugspitzenpalette zur Regulierung von Modus und Deckkraft des Farbauftrags zu verwenden. Mit der Pipette wird aus der Farbpalette eine Vordergrundfarbe gewählt und die Auswahl durch Drücken von Wahl- und Rückschrittaste mit dieser Farbe gefüllt. Mittels des Deckkraftreglers und der einzelnen Modi in der Werkzeugspitzenpalette kann mit der spezifischen Art des Farbauftrags experimentiert werden. Hier bieten sich vor allem die Modi Aufhellen (der sich nur auf die Pixel auswirkt, die dunkler als die Vordergrundfarbe sind), Abdunkeln (verändert nur die helleren Pixel) und Farbe an (beeinflußt Farbton und Sättigung, aber nicht die Tonwerte an sich).

Threinen lud nacheinander die ausgewählten Bereiche, die sie in Alpha-Kanälen gespeichert hatte, wandelte sie in schwebende Auswahlen um und färbte sie ein. Der Bereich der Meeresoberfläche beispielsweise, in dem sich das Sonnenlicht spiegelt, wurde als schwebende Auswahl isoliert und mit einem grünlichen Blauton im Modus Aufhellen und mit reduzierter Deckkraft koloriert. Dann hob Threinen die Auswahl auf, um die Farbe zu übernehmen, erstellte erneut die gleiche schwebende Auswahl und füllte den Bereich mit demselben Blauton, stellte diesmal aber den Modus Farbe ein. Als nächstes wurden die Sonne und der Bereich um sie herum als schwebende Auswahl isoliert und im Modus Farbe mit einem blassen Gelbton gefüllt. Aufgrund der 40%igen Deckkraft vermischten sich das Blau und das Gelb zu einem hellen Grün, während die lichten Bereiche eine gelbe Färbung erhielten. Beim Einfärben der übrigen Bereiche achtete sie darauf, weiche Auswahlkanten einzustellen, damit die Übergänge fließend verlaufen.

Lichter und Tiefen nachjustieren. Die hellen und dunklen Bereiche des Bildes werden mit den Malwerkzeugen, dem Wischfinger und dem Weichzeichner nachbehandelt. Mit verschiedenen Bearbeitungsmodi und unterschiedlichen Stärken der Deckkraft lassen sich die hellen bzw. dunklen Bereiche betonen. Ganz zum Schluß dunkelte Threinen noch ein paar Schattenpartien in den Wellen ab und änderte die Form der Strandküste.

DECKKRAFT-TASTEN

Die Deckkraft des Farbauftrags läßt sich in der Werkzeugspitzenpalette auch ohne die Maus regulieren. Mit den Zifferntasten sowohl der alphanumerischen als auch der numerischen Tastatur läßt sich die Deckkraft in 10-%-Schritten eingeben: Die Taste 1 stellt eine 10%ige, die Taste 2 eine 20%ige Deckkraft ein, usw., wobei 0 eine völlige Deckung gewährleistet. Die Tasten sind zusammen mit allen Mal-, Zeichen- und Bearbeitungswerkzeugen wirksam.

STUMME MODI

Falls der Deckkraftregler und das Modus-Einblendmenü der Werkzeugspitzenpalette nicht auf die schwebende Auswahl ansprechen, muß eines der Auswahlwerkzeuge (oder das Textwerkzeug) aus der Werkzeugpalette gewählt werden – schon sind die Optionen aktiviert.

Strichbild kolorieren

Übersicht: *Hintergrund erstellen, Strichbild scannen und korrigieren, mit dem Hintergrund verbinden, Bildelemente mit volltönigen Farben und Verläufen füllen.*

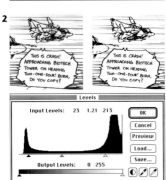

»ZWAR SPARE ICH DADURCH KEINE ZEIT«, sagt Tom Yun über sein Verfahren, handgezeichnete Strichbilder zu kolorieren, »aber es ist viel leichter, visuelle Effekte in hoher Qualität mit Photoshop zu erzeugen als mit einem Airbrush auf traditionelle Weise.«

1 Farbigen Hintergrund erstellen. Der Hintergrund des Bildes wird in der gleichen Auflösung wie die des Scans erstellt. Die suggerierte Bewegungsunschärfe erstellte Yun in einer 1 Pixel breiten Datei, indem er mit dem Pinsel graue Tupfer auftrug. Den schmalen, graustufigen Bildstreifen dehnte er auf die Breite des gescannten Bildes (Bild, Effekte, Skalieren). Bevor er die erzeugten Linien im Dialog Farbbalance (Bild, Einstellen) kolorieren konnte, mußte er den Kontrast reduzieren (Bild, Einstellen, Helligkeit/Kontrast), weil die Farbbalance keinerlei Auswirkung auf reines Schwarz oder Weiß hat. Nach dem Kolorieren skalierte er den Hintergrund auf die richtige Höhe (Bild, Effekte, Skalieren) und kopierte ihn in die Zwischenablage (Auswahl, Alles auswählen und Bearbeiten, Kopieren).

2 Scan korrigieren. Um den Kontrast des gescannten Strichbildes zu erhöhen und schwarze Linien auf weißem Grund zu erhalten, verschob Yun im Dialog Tonwertkorrektur die Schwarzpunkt- und Weißpunktregler für die Tonwertspreizung zur Mitte.

3 Hintergrund einsetzen. Damit der Hintergrund in eine Auswahl eingesetzt werden kann, muß eine Maske erstellt werden. Yun wählte die Flugzeuge und Sprechblasen mit dem Lasso (bei eingeschalteter Glätten-Option) entlang ihrer Umrisse aus. Die Auswahl wurde in einem Alpha-Kanal gespeichert (Auswahl, Auswahl sichern) und der neue Kanal invertiert (Bild, Festlegen, Umkehren). Dann aktivierte er den RGB-Kanal in der Kanälepalette, lud die Maske als Auswahl (Auswahl, Auswahl laden) und fügte den Hintergrund aus der Zwischenablage mit Bearbeiten, In die Auswahl einsetzen ein.

4 Dunkle Linien abschwächen. Um die schwarzen Linien aus dem Hintergrund des gescannten Strichbildes zu entfernen, fügte Yun ein Negativ des Strichbildes (eine mit Bild, Festlegen, Umkehren behandelte Kopie) über der Maske aus Schritt 3 ein. Im Dialog Montagekontrolle (Menü Bearbeiten) vereinigte er die beiden Masken im Modus Abdunkeln und korrigierte hier und da mit schwarzer Farbe. Nachdem die neue Maske im RGB-Kanal als Auswahl geladen wurde, wurden die schwarzen Linien im Dialog Tonwertkorrektur aufgehellt.

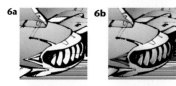

5 Kreisförmige Farbverläufe. Mit Hilfe von Masken aus Alpha-Kanälen, die im RGB-Bild als Auswahl geladen werden, lassen sich Bereiche des Strichbildes zum Kolorieren freistellen. Yun erstellte zunächst in einem neuen Alpha-Kanal eine Negativkopie der Maske aus dem dritten Schritt (Bild, Berechnen, Duplizieren, Neu, Umkehren). Im neuen Kanal schwärzte er die nicht benötigten Bereiche und behielt nur die weißen Sprechblasenbereiche übrig. Im RGB-Kanal wurde die Maske als Auswahl geladen und die Sprechblasen mit einem gelbweißen Verlauf gefüllt. (Im Werkzeugdialog, der mit einem Doppelklick auf das Verlaufssymbol geöffnet wird, wird als Verlaufstyp Kreisförmig ausgewählt. Die Felder für Vordergrund- und Hintergrundfarbe werden nacheinander angeklickt und auf die beiden Verlaufsfarben eingestellt. Mit dem Verlaufswerkzeug wird eine Linie aus der Mitte bis zum Rand des zu füllenden Bereichs gezogen – die bestehende Auswahl schützt die nicht ausgewählten Bereiche vor der Verlaufsfüllung.)

6 Lineare Farbverläufe. Mit dem Lasso und unterschiedlich weichen Auswahlkanten wählte Yun zuerst größere Bereiche der Flugzeuge aus, dann kleinere, und füllte sie mit dem Verlaufswerkzeug. (Die Auswahlkante wird im Werkzeugdialog eingestellt.) Für Spiegelungen auf der Flugzeugoberfläche wählte er weitere Bereiche aus (für geradlinige Auswahlbegrenzungen wurden die Eckpunkte mit dem Lasso bei gedrückter Wahltaste angeklickt) und veränderte ihre Tonwerte durch Verschieben des Gammareglers für die Tonwertspreizung im Dialog Tonwertkorrektur.

7 Hintergrundausleuchtung. Um die Farbe des Hintergrundes zu verändern, kann auch die Maske, die zu seiner Auswahl dient, bearbeitet werden. Yun erzeugte zwei vertikale Schwarzweißverläufe, jeweils von einer imaginären Horizontlinie ausgehend. Der Modus Abdunkeln garantierte, daß die schwarzen Flugzeuge von den Verläufen ausgenommen wurden. Die neue Maske lud Yun als Auswahl in den RGB-Kanal und hellte den Himmel im Dialog Tonwertkorrektur durch die Maske hindurch auf.

8 Verfeinerungen. Zu guter Letzt sollte der Triebwerksausstoß farbig dargestellt werden. Yun begann in einem neuen, mit Schwarz gefüllten Kanal kreisförmige Verläufe von Weiß nach Schwarz mit dem Verlaufswerkzeug zu erstellen (Modus: Aufhellen). Die nicht benötigten Bereiche füllte er mit Wahl- und Rückschrittaste wieder mit Schwarz. Die Maske der Feuerschweife wurde in den RGB-Kanal geladen, die Auswahl mit Weiß gefüllt und im Dialog Farbbalance koloriert (Bild, Einstellen). Die Lichter wurden nach Gelb hin verändert und die Mitteltöne nach Rot und Magenta. Als letzten Arbeitsgang lud Yun erneut die Maske aus dem dritten Schritt in den RGB-Kanal und versah die Auswahl mit einer Bewegungsunschärfe von 10 Pixel Distanz (Filter, Weichzeichnungsfilter, Bewegungsunschärfe). Die Umrisse der Flugzeuge wurden ebenfalls leicht weichgezeichnet, um den Eindruck eines gemalten Bildes zu verstärken.

■ In *Analog Flame* verschmierte **Jack Davis** die mit dem Pinsel gemalten Farben mit dem Wischfinger. Als Ersatz für »natürliche« Malwerkzeuge setzte er ein druckempfindliches Wacom-Grafiktablett ein. Der Wischfinger konnte den Bewegungen des Eingabestifts aber nur mit ziemlich kleiner Werkzeugspitze schnell genug folgen, deshalb erstellte Davis das Bild zunächst mit halber Auflösung. Auf diese Weise konnte er mit einer Werkzeugspitze arbeiten, die auch nur halb so groß war wie die eigentlich gewünschte. Nach Fertigstellung des Bildes mußte er es nur noch mit Bild, Bildgröße auf die doppelte Größe skalieren und als Interpolationsmethode die Bikubische Interpolation einstellen (Ablage, Grundeinstellungen, Allgemeine). Ein Bild wie dieses, ohne scharfe Kanten und mit verlaufenden Farben, behält die weichen Farbübergänge bei der von Photoshop durchgeführten Interpolation bei. Bei der Arbeit an diesem Bild war Davis auch eine andere Technik eine große Hilfe: Für die sich nach oben züngelnden Farben drehte er das Bild einfach auf den Kopf, da es leichter ist, den Eingabestift von oben nach unten (zum Maler hin) zu ziehen, anstatt ihn nach oben (vom Maler weg) zu drücken. In der traditionellen Malerei ist diese Technik nichts Ungewöhnliches.

■ **Ellie Dickson** malte *On Vine Street* auf traditionelle, künstlerische Weise mit Pinsel und Leinwand, mußte aber feststellen, daß sie das Ergebnis nicht befriedigte. Dann versuchte sie es in Photoshop. Sie fotografierte das Gemälde und scannte das Foto. In Photoshop wandelte sie den Scan vom Modus RGB-Farbe in den Modus Graustufen um und konvertierte ihn anschließend wieder in den RGB-Modus. So behielt das Bild zwar seine Tonwerte bei, nicht aber seine Farben, die Dickson neu zu komponieren beabsichtigte. Sie wählte Bereiche mit dem Lasso und einer weichen Auswahlkante aus und füllte sie mit Bearbeiten, Fläche füllen im Modus Farbe und mit einer Deckkraft von 10 bis 15 Prozent. Nachdem die Bereiche eingefärbt waren, trug sie die gleichen Farben noch einmal mit dem Airbrush auf. Diesmal verwendete sie allerdings den Modus Normal, wobei sie die Deckkraft häufig veränderte. Zum Schluß gab sie dem Bild mit dem Pinsel und einer kleinen Werkzeugspitze den letzten Schliff.

Als Vorlage für den Umschlag seines Comicbuchs *Buster the Amazing Bear* diente **Tom Yun** eine grobe Bleistiftskizze, die er scannte. In Photoshop arbeitete er im Graustufenmodus und benutzte das Lasso, um Partien »wegzuretuschieren«, die er mit unterschiedlichen Grauabstufungen füllte. Die pelzige Struktur des Fells erzeugte er durch Verschmieren der grauen Bereiche mit dem Wischfinger – Wacom-Grafiktablett und Digitalstift waren hier die Eingabegeräte. Yun konvertierte das Bild in den Modus RGB-Farbe und fügte ein Bild von einem Gewitter im Hintergrund ein. Dann richtete er einen neuen Alpha-Kanal ein, färbte ihn schwarz, und malte in ihn einen weißen Blitzstrahl. Der Kanal wurde in einen neuen Kanal derselben Datei dupliziert (Bild, Berechnen, Duplizieren) und der neue Kanal mit dem Gaußschen Weichzeichner behandelt, so daß er als Maske für das Leuchten um den eigentlichen Blitz dienen konnte. Nachdem dem ersten Alpha-Kanal noch ein paar feinere Blitzverästelungen hinzugefügt wurden, kehrte Yun zum RGB-Kanal zurück und verwendete die beiden Masken dazu, um den Blitz und sein Leuchten unabhängig voneinander und unabhängig von den anderen Elementen der Illustration auszuwählen. Mit der Rückschrittaste wurden die als Auswahl geladenen Bereiche weiß gefärbt. Andere Partien wurden mit dem Lasso und einer weichen Auswahlkante ausgewählt. Farbe erhielt die Illustration schließlich durch Anwendung des Dialogs Farbbalance auf jeden der ausgewählten Bereiche.

Für das Bild *Parker's* nutzte **Bert Monroy** ein anderes Verfahren als jenes, mit dem er zuvor schon viele fotorealistische Gemälde erstellt hatte. Gewöhnlich verwendete er eine Fotografie als Sichtvorlage, die er aber nicht scannte. Dieses Mal jedoch begann er seine Arbeit nicht in Photoshop, sondern in Illustrator. Im Grafikprogramm, das ihm erlaubte, »feine Details zu zeichnen, wie es in Photoshop unmöglich gewesen wäre«, zeichnete er das Gebäude und die Brücke nach. Während er für das Gebäude nur eine Datei vorsah, speicherte er die komplexen Brückenelemente in insgesamt vier separaten Dateien. Dazu mußte die Brückenkonstruktion genau analysiert und in Ebenen aufgeschlüsselt werden. In Illustrator füllte er die gezeichneten Elemente mit Farben. Nachdem die Dateien im EPS-Format gesichert und in Photoshop plaziert wurden, wählte Monroy die farbigen Flächen aus und versah sie mit einer Struktur, genauer gesagt mit Störungen. Für dieses 1500 Pixel breite Bild stellte er zwischen 8 und 24 Störungen ein. Für die Nachahmung von Straßenschmutz wählte er mit dem Lasso und einer weichen Auswahlkante Bereiche aus, fügte ihnen Störungen hinzu und dunkelte sie ab. Die Autos auf dem Parkplatz und die Spiegelungen in den Fensterscheiben wurden nicht in Illustrator erstellt, sondern vollständig in Photoshop gemalt. Dazu äußert sich Monroy: »Zuerst trage ich Farbtupfer auf, verwische sie mit dem Wischfinger und bearbeite sie schließlich noch einmal mit dem Weichzeichner aus der Werkzeugpalette. Ich verfahre genau in der von der traditionellen Malerei her gewohnten Weise.«

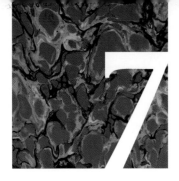

PHOTOSHOP
UND
POSTSCRIPT

DER AUSTAUSCH VON BILDMATERIAL zwischen Illustrator und Photoshop funktioniert absolut problemlos – außerdem lassen sich auch beide Datentypen in Layoutprogramme wie PageMaker oder QuarkXPress übertragen. Wie ist aber vorzugehen, wenn es Sinn macht, Bildmaterial aus Illustrator (oder einem anderen objektorientierten Vektorgrafikprogramm) mit einem Bild aus Photoshop zu kombinieren? Ist es besser, das Photoshop-Bild in Illustrator zu importieren oder die Illustrator-Grafik in Photoshop zu plazieren? Und in welchem Stadium werden die beiden in einem dritten Programm montiert? Die nachfolgenden Punkte helfen bei der richtigen Entscheidung.

- Obwohl es mit dem Zeichenstift in Photoshop möglich ist, Bézier-Kurven zu zeichnen, fehlt dem Programm die Eigenschaft eines Rastergitters oder magnetischer Hilfslinien, wie sie von Adobe Illustrator und Aldus FreeHand her bekannt sind. Wenn eine Zeichnung absolute geometrische Genauigkeit verlangt, ist es meist leichter, für diese Aufgabe ein Grafikprogramm einzusetzen.

- Das Textwerkzeug erzeugt mit dem Adobe Type Manager (ATM) sehr glatt verlaufende Zeichenkonturen, und Photoshop ermöglicht erstaunliche Schrifteffekte. Wenn es aber um professionelle Gestaltung mit Schrift geht, sind PostScript-Programme unübertroffen.

- Wenn die Vorteile von PostScript für einzelne Elemente nicht aufgegeben werden sollen (beispielsweise in einer Broschüre, in der das Bildmaterial aus Photoshop nur ein Element unter anderen auf einer Seite darstellt, die ansonsten auch Logos und jede Menge Schriftzeichen enthält) sollte das Photoshop-Bild in die PostScript-Datei integriert werden.

- Für die Verwaltung mehrseitiger Dokumente bieten sich Layoutprogramme an, in die die Photoshop-Dateien und Vektorgrafiken importiert werden. Layoutprogramme ermöglichen zudem, eine größere Anzahl von Seitenelementen präzise auszurichten, und sind vor allem dann anzuraten, wenn das Bildmaterial mit größeren Textmengen kombiniert werden soll.

Dieses Kapitel stellt ausführlich praktische Beispiele für das Zusammenspiel von PostScript-Programmen mit Photoshop vor – doch spielen PostScript-Elemente auch in vielen Techniken, die an anderer Stelle in diesem Buch beschrieben werden, eine wichtige Rolle.

Rastern mit Photoshop

Übersicht: *Zeichnung im PostScript-Programm erstellen, in Photoshop plazieren, Filtereffekte anwenden, aus Photoshop auf einem Farbdrucker ausgeben.*

MAX SEABAUGH / ADAPTED FROM BALTHUS

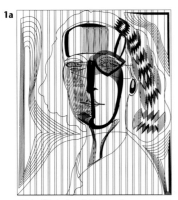

Adobe Illustrator, Zeichenmodus

Adobe Illustrator, Originalansicht

UM EIN DIGITAL ERZEUGTES BILD drucken zu können, muß es *gerastert* werden, das heißt in das für die Druckausgabe verwendete Punktraster des Druckers (oder eines höherauflösenden Belichters) übersetzt werden. Gewöhnlich übernimmt der im Drucker eingebaute *RIP (raster image processor)* die Rasterung. Vektorgrafiken wie Adobe Illustrator- oder Aldus FreeHand-Dateien können auch in Photoshop gerastert werden. Und wenn ein Bild erst einmal gerastert ist, lassen sich in Photoshop mit sehr einfachen Bearbeitungen interessante Veränderungen am Bildmaterial vornehmen.

Max Seabaugh vom MAX Studio in San Francisco zeichnete dieses Portrait in Adobe Illustrator. Er beabsichtigte, den glatten PostScript-Pfaden mehr Weichheit zu verleihen, einen pointilistischen Effekt zu kreieren und die Datei auf einem 300-dpi-Tintenstrahldrucker auszugeben, dessen Farbqualitäten Seabaugh sehr schätzte.

1 Grafik zeichnen und sichern. Mit den Zeichenwerkzeugen und -funktionen von Illustrator wird die Grafik erstellt und im Standardformat gesichert.

2 Datei in Photoshop öffnen. In Photoshop im Menü Ablage den Befehl Öffnen wählen und den Namen der Illustrator-Datei auswählen. Im Dialog EPS-Umwandlungsoptionen die gewünschte Breite, Höhe, Auflösung und den Modus des Bildes wählen. Seabaugh übernahm die Illustrator-Grafik in seiner Originalgröße und im als Stan-

2

3a

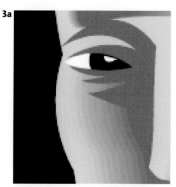

In Photoshop mit 72 dpi gerastert

3b

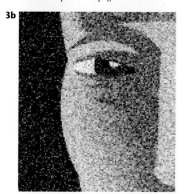

Störungsfilter mit Gaußscher Normalverteilung und einem Wert von 50 Störungen

dardvorgabe eingestellten CMYK-Modus. Seabaugh änderte die Auflösung von 72 dpi nicht, da es ihm bewußt auf eine grobe Struktur ankam. Sie könnte aber ohne weiteres erhöht werden, wenn das Bild ein glatteres Aussehen erhalten soll.

3 Datei bearbeiten und drucken. An dem gerasterten Bild können alle erdenklichen Veränderungen vorgenommen werden. Beispielsweise kann dem Bild mit dem Störungsfilter eine Struktur hinzugefügt werden. So verfuhr auch Seabaugh: Er wählte Filter, Störungsfilter, Störungen hinzufügen, Gaußsche Normalverteilung und stellte die Anzahl der Störungen auf 50 ein. Anschließend druckte er das Bild aus.

ÜBERDRUCKEN

In Vektorgrafikprogrammen deckt ein Objekt, das über einem anderen gelagert ist, die darunterliegende Farbe im Normalfall vollständig ab. Mit der Überdrucken-Funktion lassen sich die beiden Farben aber mischen. Entsprechend der Anzeige auf dem Bildschirm drucken Filmbelichter und Farbdrucker (Geräte, die eine Datei direkt auf einer Seite farbig drucken, ohne zu separieren) die Farben nicht transparent, sondern sparen die verdeckten Farben aus (siehe linkes Beispiel). Wenn ein Überdrucken der Farben gewünscht ist, wird eine Kopie der Datei in Photoshop gerastert und aus Photoshop ausgedruckt (rechtes Beispiel).

Ausdruck aus Illustrator auf einem Farbdrucker: Verdeckte Bereiche werden ausgespart.

In Photoshop gerastert und ausgedruckt: Überdeckende Bereiche erscheinen transparent.

ÜBERFÜLLEN

Photoshop kann auch dazu verwendet werden, Überfüllungen zu erzeugen. Überfüllen bedeutet, daß die verdeckenden Druckfarben die ausgesparten Bereiche nur in den Randzonen ein wenig überdrucken. So werden weiße Lücken, sogenannte »Blitzer«, vermieden, die durch Ungenauigkeiten beim Drucken entstehen können. Das manuelle Überfüllen von Objekten kann in Vektorgrafikprogrammen sehr mühsam sein, dazu muß ein Objekt nach dem anderen bearbeitet werden. Stattdessen kann die EPS-Datei auch in Photoshop geöffnet werden, wo die Konturen als Pixeltreppen sichtbar werden. Dazu wird unter Ablage, Grundeinstellungen, Allgemeine die Option PostScript glätten abgeschaltet und die Datei mit einer Auflösung geöffnet, bei der die Breite der Überfüllung mindestens 1 Pixel beträgt. Eine Datei, deren Überfüllung beispielsweise 0,5 Point betragen soll, muß mindestens mit einer Auflösung von 144 dpi gerastert werden.

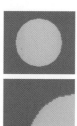

Anzeige der Illustrator-Datei auf dem Bildschirm: Die Überfüllung ist nicht sichtbar.

In Photoshop gerastert und auf dem Bildschirm dargestellt: Überfüllung ist sichtbar.

Montage mit einer PostScript-Maske

Übersicht: *Photoshop-Dateien wie gewohnt erstellen, die Form der Maske in Illustrator zeichnen, Maske in Photoshop plazieren, Teile des Bildes mit der Maske auswählen, weiche Auswahlkante einstellen, Auswahl über dem zweiten Bild einfügen.*

1a **1b**

an evening with
Peter Sprague and friends:
Peter Sprague: guitar,
Fred Benedetti: guitar,
Tripp Sprague: saxophone, flute,
performing jazz, classical,
and new music.
Sunday, April 26 7:00 pm,
Theatre East,
A Division of the
East County Performing Arts Center,
210 East Main Street, El Cajon.
$8 General, $6 Students/Seniors.
Box Office 440–2277 Noon–6 pm.
No service charge
for phone or mail orders.
Visa, MasterCard
and checks accepted.
Free parking.

Blurring the Edges

JOHN ODAM

DER ZEICHENSTIFT IN PHOTOSHOP kann zwar Bézier-Kurven zeichnen, aber dem Programm fehlt die von Vektorgrafikprogrammen her gewohnte Möglichkeit, Objekte an einem Rastergitter oder an Hilfslinien auszurichten. Glatte und sich wiederholende Kurven sollten besser in Illustrator oder in FreeHand gezeichnet werden. Alles, was der Designer John Odam bei diesem Veranstaltungsplakat für ein Konzert mit klassischer und jazziger Gitarrenmusik erreichen wollte, war ein weicher Übergang zwischen den Gitarrenkörpern. Statt »mei-

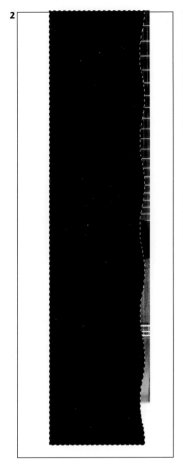

ne Zeit mit den Alpha-Kanälen zu vertrödeln«, erzählt Odam, »zeichnete ich in Illustrator eine Form, die sich als Überblendungsmaske eignete.« Diese Maske konnte er auch ein zweites Mal verwenden, um die Kante am unteren Rand des Bildes weichzuzeichnen. Die Elemente des Bildes – überblendete Gitarrenkörper, Schrift und Wellenrand – wurden in PageMaker montiert. Hier wurde auch der rechtsbündige Hinweistext eingefügt und an einer unsichtbaren Kontur ausgerichtet, die die Wellenform der Maske fortsetzte.

1 Photoshop-Dateien vorbereiten. Für jedes der beiden Montageelemente wird eine separate Datei eingerichtet. (Im Beispiel wurden die Gitarren einfach auf einen Flachbettscanner gelegt und gescannt. Beim Scannen wurde sowohl die letztendliche Postergröße als auch die Auflösung des für den Druck vorgesehenen Thermosublimationsdruckers berücksichtigt. Da die Instrumente nicht in voller Länge auf den Scanner paßten, waren je drei Scans nötig. Odam entschied sich dafür, den beim Scannen entstandenen Grünschimmer nicht zu korrigieren, sondern beizubehalten. Die drei Elemente durch Ausschneiden und Einsetzen zusammenzufügen, war schließlich Routinesache; nur wenige Übergangsstellen mußten retuschiert werden.) Gegebenenfalls muß die Größe einer Datei der anderen angepaßt werden, damit die beiden Elemente zusammenpassen (Bild, Effekte, Skalieren).

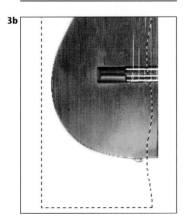

2 Maske in Illustrator zeichnen und importieren. In Illustrator wird die als Überblendungsmaske vorgesehene Form gezeichnet. Die Form erhält eine schwarze Füllung ohne Umrißlinie. Die Datei wird im EPS-Format abgespeichert und in Photoshop mit Ablage, Plazieren in die Zieldatei eingefügt. Die wellenförmige Kante der importierten Form wird sorgfältig über dem für die Überblendung vorgesehenen Bildbereich positioniert.

FREEHAND-DATEIEN IMPORTIEREN

Jede komplexere FreeHand-Zeichnung, die mehr Farben als nur Schwarz und Weiß in den Füllungen enthält, läßt sich nicht ohne gravierende Qualitätseinbußen in Photoshop plazieren. Mit dem Programm EPS Exchange ist es jedoch möglich, eine FreeHand-Datei in das Illustrator-Format zu konvertieren, das in Photoshop problemlos geöffnet werden kann. Zu beachten ist jedoch, daß FreeHand und Illustrator Objekte in unterschiedlicher Weise verwalten. Dazu gehören unter anderem gemusterte Füllungen, zusammengesetzte Pfade oder Masken. Deshalb gelingt die Übersetzung einer FreeHand-Datei ins Illustrator-Format nicht immer 100%ig, so daß die Datei in Illustrator meist eine Nachbehandlung erfordert.

PLAZIERTES BILD SKALIEREN

Photoshop 2.5 besitzt die Fähigkeit, aus Illustrator importierte Objekte interaktiv zu skalieren. Wenn das Objekt im Bild plaziert ist, kann es durch Ziehen an den Eckgriffen in seiner Größe verändert werden. Die Größenänderung behält automatisch die Proportionen bei – wenn die Proportionen verändert werden sollen, muß beim Ziehen die Befehlstaste gedrückt werden. Um das Objekt zu verschieben, muß an den Seitenbegrenzungen gezogen werden. Innerhalb der Markierung nimmt der Mauszeiger die Form eines Hammers an – ein Mausklick mit dem Hammer besiegelt die Plazierung.

4a

Weiche Auswahlkante

Radius: **10** Pixel

OK

Abbrechen

4b

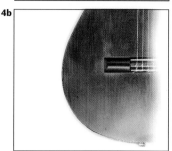

5

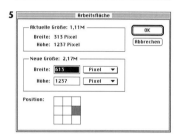

Arbeitsfläche

Aktuelle Größe: 1,11M
Breite: 313 Pixel
Höhe: 1237 Pixel

OK

Abbrechen

Neue Größe: 2,17M
Breite: **613** Pixel
Höhe: 1237 Pixel

Position:

6

3 Maskenränder »löschen«. Solange die Auswahl noch schwebend ist, wird im Dialog Montagekontrolle (Menü Bearbeiten) der schwarze Regler für die schwebende Auswahl nach rechts verschoben. Durch diese Maßnahme werden alle Grautöne links von der Reglerposition gelöscht. (Falls die Option PostScript glätten im Dialog Grundeinstellungen: Allgemeine aktiviert ist, erhält ein aus Illustrator importiertes, schwarzes Objekt an den Rändern Grauabstufungen, die durch das Glätten hervorgerufen werden. Wird der Schwarzpunktregler ganz nach rechts verschoben, werden alle Grautöne aus der Maske eliminiert.)

4 Kante weichzeichnen und Auswahl kopieren. Für die noch schwebende Auswahl wird eine weiche Auswahlkante mit einem Radius von 15 Pixel eingestellt, wodurch die Konturen weichgezeichnet erscheinen. Die Auswahl in die Zwischenablage kopieren. (Die Abbildung 4b zeigt die Auswahl zum besseren Verständnis auf einem weißen Hintergrund an. Man beachte die weiche Kante.)

5 Arbeitsfläche vergrößern. Das zweite Bild öffnen und im Dialog Arbeitsfläche (Menü Bild) auf der linken Seite des Bildes so viel Fläche hinzufügen, wie für die aus der Zwischenablage einzufügende Hälfte benötigt wird.

6 Hälften montieren und Datei sichern. Das in der Zwischenablage befindliche Element wird eingefügt und genau über dem zweiten Bild positioniert. Wenn die endgültige Position gefunden ist, wird die Auswahl aufgehoben, und die Montage ist perfekt.

Maske erneut verwenden. Für die weichgezeichnete Welle am unteren Rand des Plakats drehte Odam die Maske in Illustrator um 90°. Dann öffnete er eine neue Photoshop-Datei im Graustufenmodus und stellte deren Größe etwas breiter als das Plakat ein. Die Maske wurde in der Photoshop-Datei plaziert und mit dem Gaußschen Weichzeichner behandelt (Filter, Weichzeichnungsfilter). Mit dem Freistellungswerkzeug beschnitt er die Seiten und den unteren Rand des Elements, so daß nur oben eine weiche Kante übrig blieb. Die montierte Gitarre und die Welle wurden als LZW-komprimierte TIFF-Bilder abgespeichert und in PageMaker positioniert, wo schließlich noch der Text hinzugefügt wurde. Von dem etwa DIN A3 großen Plakat wurden auf einem Farbdrucker 20 Kopien gedruckt.

RGB ALS CMYK DRUCKEN

Wenn eine RGB-Datei auf einem Farbdrucker ausgegeben werden soll, kann im Druckdialog die Option Als CMYK drucken aktiviert werden. In diesem Fall übernimmt Photoshop die Umrechnung der RGB-Werte in CMYK-Werte, anstatt sie dem Drucker zu überlassen. Das Ergebnis der Photoshop-Umrechnung ist oft besser, doch sollten zum besseren Vergleich Probeausdrucke auf beide Arten gedruckt werden.

Austausch zwischen Photoshop und Illustrator

Übersicht: Hintergrund in Photoshop gestalten, PostScript-Elemente in Illustrator zeichnen, jedes Element als separate Datei speichern und in der Photoshop-Datei plazieren, den Schriftzug in Illustrator erstellen und nach Photoshop exportieren.

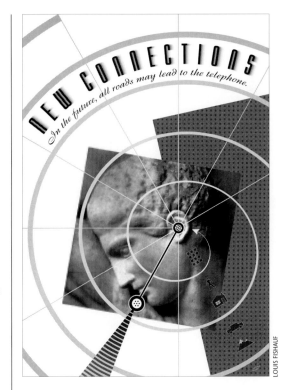

LOUIS FISHAUF

ES GIBT VIELE MÖGLICHKEITEN, die »weichen« Effekte, die sich mit Photoshop erzielen lassen, mit der grafischen und typografischen Präzision eines PostScript-Programms zu verbinden. Als Paradebeispiel kann diese von Louis Fishauf hergestellte, ganzseitige Schwarzweißillustration für das *Wall Street Journal* gelten. Es bietet sich an, einen Hintergrund aus Photoshop in Illustrator zu importieren und ihn mit Schrift und grafischen Elementen anzureichern. Dann wird das PostScript-Material in die ursprüngliche Photoshop-Datei übertragen und mit speziellen Effekten behandelt. Hier ist es von besonderem Vorteil, die einzelnen Schrift- und Grafikobjekte separat zu importieren, damit sie in Photoshop einzeln mit unterschiedlichen Effekten bearbeitet werden können. Um zu gewährleisten, daß die Elemente beim Hin- und Hertauschen ihre exakte Position beibehalten, werden sie in Illustrator mit Schnittmarken versehen. Wenn die Arbeit an den Illustrator-Elementen in Photoshop abgeschlossen ist, werden sie wieder exportiert und in Illustrator zuletzt durch Schriftzeichen ergänzt. So nehmen die glatten Konturen der Buchstaben durch das mehrmalige Im- und Exportieren keinen Schaden.

1 Hintergrund erstellen. In Photoshop wird ein Hintergrund gemalt oder zusammengestellt und im EPS-Format abgespeichert, damit er in Illustrator geladen werden kann. Für den Hintergrund öffnete Fishauf eine neue Datei mit 500 Pixeln in der Breite und 716 Pixeln in der Höhe, bei einer Auflösung von 200 Pixel pro Inch. Fishauf kam zu dem Schluß, daß eine Bildauflösung von 200 dpi für die mit einer

1

Hintergrund aus Photoshop

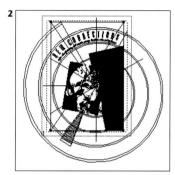

2

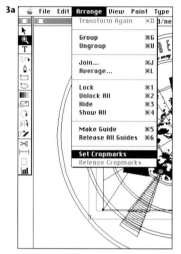

In Illustrator grafische Elemente hinzugefügt

3a

| File | Edit | **Arrange** | View | Paint | Type |

Transform Again   ⌘B

Group   ⌘G
Ungroup   ⌘U

Join...   ⌘J
Average...   ⌘L

Lock   ⌘1
Unlock All   ⌘2
Hide   ⌘3
Show All   ⌘4

Make Guide   ⌘5
Release All Guides   ⌘6

Set Cropmarks
Release Cropmarks

3b

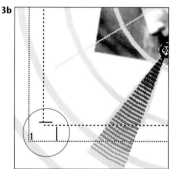

Positionsrahmen durch Illustrator-Schnitt-marken

Rasterweite von 85 lpi gedruckten Zeitung mehr als ausreichend sein müßte und auch nach der Vergrößerung der Datei auf die volle Zeitungsseitengröße eine gute Wiedergabe garantiert. (Für Bilder mit geraden Linien sollte die Auflösung das Zweifache der Rasterweite betragen: 2 x 85 = 170.) Den Hintergrund montierte Fishauf aus zwei Scans zusammen. Der eine zeigt eine Skulptur, auf die er den Mosaikfilter anwendete, und der andere ein Gittermuster, das er mit dem Störungsfilter bearbeitete.

2 Elemente in Illustrator erstellen. In Illustrator eine neue Datei öffnen und mit Datei, Bild plazieren das Photoshop-Bild laden. Es ist darauf zu achten, daß in Illustrator im Dialog Grundeinstellungen (Menü Bearbeiten) die Option Plazierte Bilder sichtbar aktiviert ist. Nun werden Text- und grafische Objekte erstellt, wobei der Photoshop-Hintergrund als Positioniervorlage dient. Fishauf zeichnete die Spirale mit dem Ovalzeichner, die Strahlen mit dem Zeichenstift und die an Stärke und Grauwert abnehmenden Kreisbogensegmente im unteren linken Bereich des Bildes mit dem Angleichungswerkzeug. Mit dem Pfadtextwerkzeug wurde der Text auf einer Kurve eingegeben und mit dem Befehl Outline erstellen in ein Vektorobjekt umgewandelt. Die kleinen Elemente im rechten unteren Bereich des Bildes importierte er aus einer anderen Illustrator-Datei, in der unzählige Symbole, die er gesammelt, selbst gezeichnet oder getraced hatte, untergebracht waren.

3 Positionsrahmen festlegen. Exakt über die Begrenzung des importierten Photoshop-Bildes wird ein großes Rechteck gelegt und mit Umformen, Schnittmarken setzen in einen unsichtbaren Positionsrahmen umgewandelt. Die Schnittmarken »beschneiden« das Bildmaterial, wenn es zurück nach Photoshop übertragen wird.

4 Illustrator-Elemente vereinzeln. Dieser Schritt macht es möglich, die Illustrator-Grafik in einzelnen Teilen zu importieren und mit unterschiedlichen Photoshop-Effekten zu überarbeiten. Es muß nur darauf geachtet werden, daß die einzelnen Elemente bei der letzten Montage wieder an ihre ursprüngliche Position zurückkehren.

Wenn Fishauf ein einzelnes Element in Photoshop plazieren wollte, wählte er zuerst alle anderen Elemente aus und wandelte sie in Hilfslinien um (Menü Umformen, In Hilfslinien umwandeln). Auf diese Weise blieben die Elemente in der Datei, waren aber nach dem Import in Photoshop unsichtbar. (Der Import wird im fünften Schritt beschrieben.) Nachdem er das vereinzelte Element bearbeitet hatte, wechselte er wieder zu Illustrator, wandelte die Hilfslinien zurück in Objekte (Umformen, Alle Hilfslinien zurückwandeln), wählte neue Objekte aus und wandelte diese in Hilfslinien um. Auf diese Weise konnte er nach und nach jeweils andere Elemente isolieren. Am Ende besaß Fishauf mehrere Versionen der Datei: eine mit der großen Schrifttype (4a), eine mit der Spirale und den Strahlen (4b) und weitere mit verschiedenen Symbolen der Kommunikationstechnik.

5 Illustrator-Objekt importieren. Vor dem Import der Illustrator-Datei in Photoshop wird das Hintergrundbild aktiviert. Wenn die

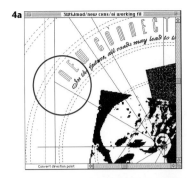

4a

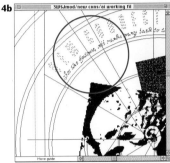

4b

In Hilfslinien umgewandelte Illustrator-Objekte werden unsichtbar

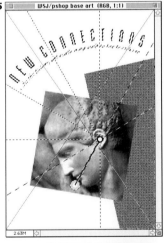

5

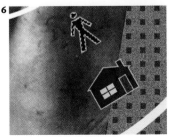

6

importierten Objekte mit geglätteten Konturen erscheinen sollen, muß die Option PostScript glätten im Dialog Grundeinstellungen: Allgemeine aktiviert sein. (In der Informationspalette kann überprüft werden, ob die importierten Objekte skaliert werden müssen, um in die Photoshop-Datei zu passen.) Menü Ablage, Plazieren wählen und die teils aus Hilfslinien bestehende Illustrator-Datei auswählen. Auf dem Bild erscheint ein »X« als Stellvertreter für das importierte Objekt. Nach einer kurzen Zeit wird anstelle des »X« ein Bild des plazierten Elements angezeigt – ob die Illustrator-Datei im Standardformat gespeichert wurde oder nicht, spielt dabei keine Rolle. Der Positionsrahmen der Illustrator-Datei (die Schnittmarken) beschneidet die Datei automatisch auf seine Größe. In der Informationspalette sollte die Größe des importierten Objekts mit 100% der Originalgröße angezeigt werden.

6 PostScript-Elemente bearbeiten. Nach dem Import der Illustrator-Datei ist das Objekt, das nicht in Hilfslinien umgewandelt wurde, automatisch ausgewählt. Bevor die Auswahl aufgehoben wird, kann seine Farbe korrigiert, Filter angewendet oder andere Veränderungen vorgenommen werden. Unter anderem füllte Fishauf die Spirale und die Strahlen mit einem radialen Verlauf oder wendete den radialen Weichzeichner auf die großen Schriftzeichen im Modus Kreisförmig an (Filter, Weichzeichnungsfilter, Radialer Weichzeichner). Die kleinen Symbole stellte er mit dem Deckkraftregler im Dialog Montagekontrolle halbtransparent ein.

Abschließende Arbeiten in Illustrator. Damit die Zeichenkonturen so glatt wie möglich aussehen, wird das Bildmaterial aus Photoshop wieder in Illustrator positioniert und mit der PostScript-Schrift versehen (bzw. den verwandelten Outlines). Fishauf öffnete die modifizierte Photoshop-Datei in Illustrator, schnitt die an der Kurve ausgerichteten Buchstaben aus und fügte sie genau über ihren Schatten ein (siehe die eingangs gezeigte Illustration).

■ Am Anfang von *nUkeMan* des Illustrators **Steve Lyons** stand eine Bleistiftzeichnung, die er scannte und in Adobe Illustrator als Vorlage öffnete. Mit

dem Zeichenstift von Illustrator zeichnete er die schwarzweißen Hintergrundformen, denen er Füllungen ohne Umrißlinien zuwies. Die Datei speicherte er im EPS-Format und öffnete sie in Photoshop, wo er weiche Auswahlen erstellte, zur Erzeugung von Strukturen Störungs- und Weichzeichnungsfilter anwendete und die Farbe einiger weißer Flächen änderte. Auch die Photoshop-Datei speicherte er im EPS-Format, damit sie in Illustrator importiert werden konnte (Ablage, Sichern unter, EPS, 8-Bit, Binär). In Illustrator zeichnete er die scharfkantigen Grafiken nach der gleichen Skizzenvorlage, wählte alle Grafiken aus und gruppierte die Auswahl, damit er die Elemente gemeinsam verschieben konnte. Die dreidimensionalen Elemente wurden in Adobe Dimensions erstellt und in Illustrator importiert. Den weichen Hintergrund importierte er aus Photoshop (Menü Datei, Bild plazieren) und legte ihn in die hintere Zeichenebene (Bearbeiten, Nach hinten stellen). Für die Farbseparation mit Adobe Separator speicherte er die Datei im EPS-Format ab.

■ *nubART* wurde von **Steve Lyons** nach dem gleichen Verfahren wie *nUkeMAN* hergestellt, außer daß als Hintergrund ein Schachbrettmuster

vorlag, auf das er zuerst den Twirl-Filter und anschließend den Störungsfilter anwendete. Die mit Kegeln bestückte Kugel im Zentrum des Bildes erzeugte er in Adobe Dimensions. Als die Kugel in Illustrator importiert wurde, erwies sie sich als extrem unhandlich. »Es schien, als ob es anderthalb Stunden dauern würde, bis sie in der Originalansicht erscheint«, beklagt sich Lyons. Deshalb plazierte er sie im Photoshop-Hintergrund. Die übrige Vorgehensweise entsprach der von *nUkeMAN*.

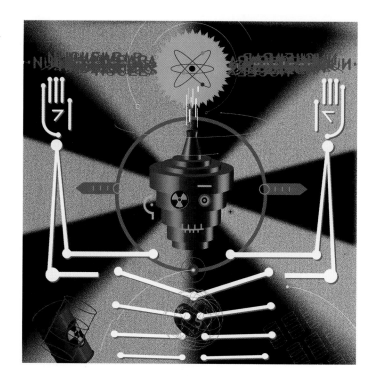

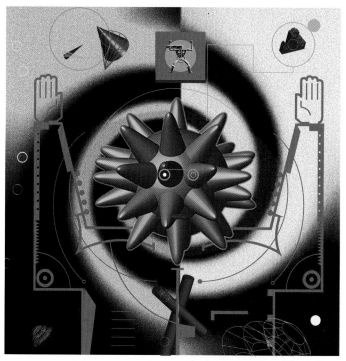

■ **Louis Fishauf** erstellte die präzise gezeichneten Linien und die Sonnenstrahlen des Posters für die *Umweltgipfelkonferenz in Rio* in Adobe Illustrator mit den Kopier- und Rotationsfunktionen. Die einzelnen Elemente wurden nacheinander in Photoshop plaziert (dieses Verfahren wird auf den Seiten 135-137 beschrieben), mit Farbe gefüllt, mit einem Lichtschein versehen und insgesamt etwas weichgezeichnet. Als das Bild fertig erstellt war, wurde es im EPS-Format gespeichert und in Illustrator importiert, wo nur noch die Schrift hinzugefügt wurde.

■ Diese Illustration für die *Macworld Expositions 1993* erstellte **Louis Fishauf** in Adobe Illustrator, wobei der Schriftzug auf der Weltkugel in Adobe Dimensions erstellt und in Illustrator importiert wurde. Leider kam es bei dem Versuch, die Datei auszudrucken, immer wieder zu PostScript-Fehlern, was offensichtlich an der importierten Kugel lag. Deshalb entschied Fishauf, das Bild in Photoshop zu rastern. Er öffnete die EPS-Datei mit einer Auflösung von 250 Pixeln pro Inch und den Abmessungen, mit denen sie gedruckt werden sollte. Als er die einzelnen Farbkanäle des CMYK-Bildes überprüfte, stellte er fest, daß in den Farbverläufen schwarze Streifen und Streifen einer anderen Farbe auftraten. Die betreffenden Verläufe (wie die Farbabstufungen über den Augen) reparierte er mit dem Weichzeichnungsfilter. Die Kanälepalette war ihm ein nützliches Hilfsmittel bei dieser Arbeit, da er alle vier Kanäle anschauen konnte (durch Auswahl der Augensymbole in der Kanälepalette), während der Weichzeichnungsfilter in nur zweien von ihnen zur Anwendung kam (durch Auswahl der Stiftsymbole). Die Überfüllenfunktion von Photoshop (Bild, Überfüllung) erlaubte ihm, Überfüllungen im Bild zu definieren, damit beim Druck durch eventuelle Registerungenauigkeit keine Blitzer entstehen können. Bei fotografischen Bildern ist ein Überfüllen meist nicht nötig, weil die einzelnen Pixel eine oder mehrere ihrer Prozeßfarben (Cyan, Magenta, Gelb oder Schwarz), mit denen sie gedruckt werden, mit benachbarten Pixeln teilen. Bei Bildern wie diesem, die glatte Formen und extreme Farbkontraste aufweisen, ist die Anwendung der Überfüllungsfunktion oftmals sinnvoll.

SPEZIAL-
EFFEKTE

DIE MEISTEN SPEZIALEFFEKTE in diesem Kapitel ahmen das Wechselspiel von Licht und bestimmtem Material nach, sie reichen von einfachen Schlagschatten bis hin zu komplexen Lichtspiegelungen und Lichtbrechungen. Die Kanäle von Photoshop, die Rechenfunktionen und die Bearbeitungsmöglichkeiten für Farb- und Tonwertänderungen stellen ein leistungsstarkes Werkzeugset für die Erzeugung fotorealistischer und hyperrealistischer Bildeffekte dar. Die Kanäle dienen der Speicherung von Auswahlen, die beliebig oft mit gleichbleibender Auflösung und Präzision geladen werden können. Eine wichtige Rolle spielen der Gaußsche Weichzeichner beim Verwischen von Kanten und Glätten von Kurven und der Relieffilter bei der Vortäuschung plastischer Formen. Das Verschieben mehrerer Kopien ein und derselben Maske ebnet den Weg für die Simulation von Lichteffekten, einem weiteren bedeutenden Anwendungsgebiet für Weichzeichnungsfilter und Relieffilter.

Die Fähigkeit, »geschrumpfte« oder »aufgeblähte« Versionen ein und derselben Grafik zu erstellen (durch die Filter Dunkle Bereiche vergrößern und Helle Bereiche vergrößern sowie dem Befehl Konturen füllen), bildet die Grundvoraussetzung für spezielle Schärfungseffekte. Die Rechenfunktionen, insbesondere die Funktion Differenz, erzeugen in einem neuen Alpha-Kanal auf bestimmte Weise die Vereinigung modifizierter Versionen einer Grafik. Wenn die Bearbeitung in den Kanälen abgeschlossen ist und das Ergebnis in das Bild geladen wird, läßt sich die Auswahl mit sehr feinen Veränderungen in den Dialogen Tonwertkorrektur, Farbbalance und Variationen vom Hintergrund abheben. Ein anfangs simples Objekt präsentiert sich am Ende mit einem Relief-, Bildhauer-, Metallic-, Glas- oder Kristalleffekt.

SCHNELLVERFAHREN FÜR SCHLAGSCHATTEN

Das folgende Verfahren erzeugt einen echt wirkenden Schlagschatten, und ist außerdem schneller und einfacher durchzuführen als die auf den Seiten 142 und 143 beschriebene Methode. Der einzige Nachteil ist, daß der Schatten nachträglich nicht geändert werden kann. Auf dem Hintergrundbild ein grafisches Objekt plazieren oder einfügen (oder Textwerkzeug verwenden) (A). Die schwebende Auswahl in die Zwischenablage kopieren. Befehls- und Wahltaste gedrückt halten und die Auswahlbegrenzung in die Schattenposition verschieben (nicht die Auswahl selbst) (B). Mit Weiche Auswahlkante (Menü Auswahl) einen Radius zum Verwischen der Schattenkonturen festlegen. Schatten im Dialog Tonwertkorrektur (Bild, Einstellen) abdunkeln (C). Den Inhalt der Zwischenablage über dem Schatten einfügen und an seine ursprüngliche Position verschieben (D). Falls nötig, wird zur exakten Positionierung die Ansicht vergrößert (Befehl +).

Schlag-schatten

Übersicht: Auswahlmaske für das Objekt im Alpha-Kanal erstellen, Kanal duplizieren und Gaußschen Weichzeichner anwenden, Maske für den Schatten verschieben, Objektmaske in den Schattenkanal laden, Auswahl umkehren und mit Weiß füllen. Maskenfarbe umkehren, Objektauswahl im Hauptkanal laden, Schattenmaske als Auswahl laden und abdunkeln.

1

2

Objektmaske in Kanal 4

Duplikat in Kanal 5 weichgezeichnet

3a

3b

Mehrere Kanäle erscheinen in der jeweiligen Maskenfarbe, einzelne Kanäle schwarzweiß

4a
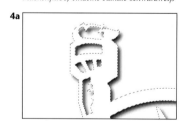

Kanal 4 in Kanal 5 als Auswahl geladen, Auswahl umgekehrt und mit Weiß gefüllt

4b

Kanal 5 nach der Tonwertumkehr (Negativ)

FRÜHER ODER SPÄTER kommt jeder Photoshop-Anwender in eine Situation, in der er einen Schlagschatten erzeugen muß. Hier stehen mehrere Verfahren zur Auswahl (siehe Seite 140 und die Beispiele am Ende dieses Kapitels). Die hier beschriebene Methode erlaubt größtmögliche Flexibilität, was nachträgliche Änderungen angeht, weil das Objekt, das den Schatten wirft, und der Schatten selbst in separaten Alpha-Kanälen gespeichert werden – sie lassen sich völlig unabhängig voneinander nachbearbeiten. Auf diese Weise läßt sich der Schatten beispielsweise zu einem späteren Zeitpunkt noch weiter abdunkeln oder mit einer anderen Farbe belegen, ohne das übrige Bild in Mitleidenschaft zu ziehen. Auch läßt sich der Hintergrund, auf dem sich der Schatten abzeichnet, komplett austauschen.

1 Alpha-Kanal für das Objekt anlegen. Datei öffnen und Neuer Kanal aus dem Einblendmenü der Kanälepalette wählen. Das den Schatten werfende Objekt mit Ablage, Plazieren importieren oder mit dem Textwerkzeug Text eingeben. (Im Beispiel wandelten wir ein Symbol aus einem Zeichensatz in Illustrator in eine Outline um und plazierten diese in Kanal 4.)

2 Alpha-Kanal für den Schatten einrichten. Den Kanal mit Bild, Berechnen, Duplizieren verdoppeln. Als Quelle Kanal 4 angeben und als Ziel einen neuen Kanal derselben Datei bestimmen. Die Konturen mit dem Gaußschen Weichzeichner (Filter, Weichzeichnungsfilter) weichzeichnen. Für dieses 850 Pixel breite Bild verwendeten wir einen Radius von 3 Pixel.

3 Schatten versetzen. Werden mehrere Kanäle angezeigt, ist die Standardvorgabe für die Maskenfarbe ein Rot mit 50%iger Deckkraft. Wird die Maskenfarbe für eine der Masken geändert (auf den Namen des Kanals doppelklicken und auf das Farbfeld klicken) und werden beide Masken gleichzeitig angezeigt, läßt sich der eintretende Schat-

5

Kanal 4 als Auswahl geladen und Auswahl mit dem KPT-Filter Gradient Designer gefüllt

6a

Schattenauswahl geladen

6b

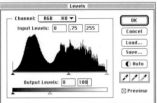

Weißpunktregler im Dialog Tonwertkorrektur verschoben, um den Schatten abzudunkeln

teneffekt beim Verschieben der weichgezeichneten Maske gegenüber der scharfkonturigen am besten beurteilen. Bei der Beispielillustration beließen wir die Voreinstellungen von Kanal 4. Die Farbe für die Maske in Kanal 5 aber legten wir auf ein 50%iges Grün fest. Um beide Kanäle angezeigt zu bekommen, wählten wir Kanal 5 in der Kanälepalette und aktivierten das Auge für Kanal 4. Beide Masken befanden sich mit der eigenen Farbe in der Ansicht, aber nur Kanal 5 ließ sich bearbeiten. (Falls Objekt und Schatten präzise auf dem Hintergrund positioniert werden müssen, bietet es sich an, auch den Hauptkanal durch Aktivieren des Augensymbols einzublenden.) Wir wählten die weichgezeichnete Maske mit Befehl A aus und zogen sie ein wenig nach rechts und nach unten, bis die Überlagerung von roter und grüner Maske den Schatteneffekt zeigte, den wir uns wünschten. Durch Ausblenden von Kanal 4 blieb auf dem Bildschirm nur noch die Schattenmaske in der Schwarzweißdarstellung sichtbar.

4 Schattenmaske anpassen. In Kanal 5, der als einziger eingeblendet ist, wird die Auswahl aus Kanal 4 geladen (Auswahl, Auswahl laden, #4). Als Hintergrundfarbe sollte Weiß eingestellt sein (wenn nicht, auf das Feld für Standardvorgabe klicken). Anschließend Auswahl umkehren und durch Betätigen der Rückschrittaste mit Weiß füllen. Jetzt sollte überprüft werden, ob die Stärke des Schattens dem gewünschten Maß entspricht (falls nicht, wird Schritt 3 wiederholt und die Schattenmaske richtig positioniert). Die Auswahlmaske für den Schattenbereich ist fertiggestellt, wenn sie mit Bild, Festlegen, Umkehren invertiert wird.

5 Objekt erstellen. Die Auswahlmaske für das Objekt wird in den RGB-Kanal geladen (Auswahl, Auswahl laden, #4). Die Auswahl wird mit dem KPT-Filter Gradient Designer gefüllt (befindet sich auf der WOW!-Diskette).

6 Schlagschatten erzeugen. Schattenmaske als Auswahl laden (Auswahl, Auswahl laden, #5) und Auswahl im Dialog Tonwertkorrektur (Bild, Einstellen) abdunkeln.

Der letzte Schliff. Um dem Objekt ein reliefartiges Aussehen zu verleihen, luden wir Kanal 4 erneut im RGB-Kanal und wendeten den Gallery-Effects-Filter Emboss an. Da das Ergebnis fast zu perfekt war, wurde das Objekt mit dem KPT-Filter Hue Protected Noise nachbehandelt (ebenfalls auf der WOW!-Diskette vorhanden).

Relief

Übersicht: Alpha-Kanal anlegen, Kanal duplizieren, Duplikate vergrößern und weichzeichnen, Reliefeffekt erzeugen, Lichter und Tiefen verstärken, in zwei Masken separieren.

Unbehandelte Maske

Duplizierte Maske

Helle Bereiche des Duplikats vergrößert

Vergrößerung weichgezeichnet

Weichzeichnung mit dem Relieffilter behandelt

Kontrast erhöht

DURCH PRÄGEN ENTSTEHT IM WAHRSTEN SINNE DES WORTES ein Eindruck, als stünde das Bild auf einem Hintergrund aus Papier oder einem anderen Material ein wenig hervor. Dieser Reliefeffekt kann als Überdruck oder als Blindprägung erzeugt werden. Die Anwendung des Photoshop-Relieffilters ist hier nur ein Teil des Verfahrens (Filter, Stilisierungsfilter). Der Trick besteht ganz einfach darin, separate Masken für die hervortretenden Oberflächen und für die seitlichen Kanten zu erstellen. Durch verschiedenartige Kombinationen dieser Masken lassen sich Lichter und Tiefen hervorheben und unterschiedliche Reliefeffekte erzielen. Das hier gezeigte Relief besitzt scharfkantige Reliefflächen und weiche Übergänge zur Untergrundfläche. Weitere Prägeeffekte sind auf der nächsten Seite abgebildet.

1 Maske für die Relieffläche anlegen. In einer RGB-Datei einen neuen Alpha-Kanal öffnen (Neuer Kanal aus dem Einblendmenü der Kanälepalette), Text eingeben (oder eine Grafik plazieren) und Tonwerte umkehren (Befehl I).

2 Vergrößerte Maske erstellen. Die Maske in einen neuen Kanal duplizieren (Bild, Berechnen, Duplizieren) und den Filter Helle Bereiche vergrößern anwenden (Filter, Sonstige Filter), um die weißen Flächen zu vergrößern.

3 Weichzeichnungsmaske einrichten. Kanal 5 in Kanal 6 duplizieren. Mit dem Gaußschen Weichzeichner werden die Kanten verwischt. Der Radius der Weichzeichnung sollte etwas größer sein als der Radius für die Vergrößerung der hellen Bereiche. Für das 1275 Pixel breite Beispielbild stellten wir einen Vergrößerungsradius von 5 Pixel und einen Weichzeichnungsradius von 7 Pixel ein.

4 Reliefwirkung erzeugen. Im Dialog Relief (Filter, Stilisierungsfilter) die entsprechenden Einstellungen vornehmen. Wir legten den Winkel auf -45° fest (damit das Licht von links oben kommt), stellten eine Höhe von 3 Pixel und eine Stärke von 100% ein. Anschließend wird im Dialog Tonwertkorrektur (Bild, Einstellen) die Schaltfläche Auto gewählt, um den Kontrast zu erhöhen.

5 Konturen schärfen. In Kanal 6 wird die Maske aus Kanal 4 geladen (Auswahl, Auswahl laden, #4). Mit der Pipette wird bei gedrückter Wahltaste das 50%ige Grau der Maske als Hintergrundfarbe aufge-

5a

Unbehandelte Maske laden und Hintergrundfarbe auf ein 50%iges Grau festlegen

5b

Auswahl mit der Hintergrundfarbe gefüllt

6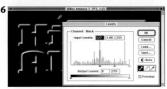

Helle Bereiche isoliert

7

Dunkle Bereiche isolieren

8

Prägung aufgehellt

9a

Lichtkanten erzeugt

9b

Schattenkanten erzeugt

nommen. Dann Wahltaste loslassen und Rückschrittaste betätigen. Die Auswahl füllt sich mit der grauen Hintergrundfarbe und schärft auf diese Weise die Konturen der hervorstehenden Relieffläche.

6 Lichtermaske erstellen. Kanal 6 (mit den geschärften Konturen) in Kanal 7 duplizieren. Im neuen Kanal den Dialog Tonwertkorrektur aufrufen. Schwarze Pipette auswählen und auf das 50%ige Grau im Kanal klicken. Das 50%ige Grau und alle dunkleren Partien verwandeln sich in schwarze Flächen – übrig bleibt eine Maske zur Auswahl der Lichter.

7 Tiefenmaske erstellen. Erneut Kanal 6 duplizieren, diesmal trägt der neue Kanal die Nummer 8. Bevor der Schwarzpunkt neu definiert wird, werden die Tonwerte in der Maske umgekehrt (Bild, Festlegen, Umkehren), so daß die Tiefen weiß und die Lichter schwarz dargestellt werden. Wenn nun mit der schwarzen Pipette auf das Grau geklickt wird, verwandeln sich alle Schattierungen außer den Tiefen (weiß dargestellt) in schwarze Flächen.

8 Relieffläche aufhellen. Im RGB-Kanal die unbehandelte Maske (#4) als Auswahl laden und die Auswahl im Dialog Tonwertkorrektur aufhellen.

9 Seitliche Kanten erzeugen. Die Lichtermaske laden (Auswahl, Auswahl, #7) und mittels Korrektur der Tonwerte die ausgewählten Bereiche stark aufhellen. Anschließend die Schattenmaske laden (#8) und diese Bereiche stark abdunkeln.

Variationen. In Kanal 6 entstehen interessante Reliefvariationen, wenn die Schritte 1 bis 4 mit leichten Abweichungen ausgeführt werden. Die Schritte 5 bis 9 sind zur Erzeugung der Auswahlmasken für die Lichter und Tiefen wie oben beschrieben zu Ende zu führen.

A *Weichgezeichnete Maske (#6) als Relief. Diese Technik kam bei dem Effekt Geprägtes Papier auf Seite 27 zur Anwendung.*

C *Mit A beginnen, Kanal 5 laden, Auswahl umkehren und mit 50%igem Grau füllen, Kanal 4 laden, Auswahl umkehren und Tonwerte umkehren (Bild, Festlegen, Umkehren).*

B *Mit A beginnen, Kanal 5 laden, Auswahl umkehren, Auswahl mit 50%igem Grau füllen, Kanal 4 laden und mit 50%igem Grau füllen. Auf diese Weise werden die Licht- und Schattenkanten sowohl an der Relieffläche als auch am Untergrund scharfkonturig.*

D *Die Prägung dieses Druckplatteneffekts wird mit aus Beispiel A erstellten Lichter- und Tiefenmasken erreicht. Dann Kanal 4 laden und die Auswahl mit Farbe füllen oder deren Farbbalance ändern.*

Stickerei-Effekt

Übersicht: Grafik im Alpha-Kanal erstellen, Maske duplizieren, durch Weichzeichnen, Prägen und Tonwertkorrektur Masken für Lichter und Tiefen erstellen, das Hauptbild mit den Masken bearbeiten.

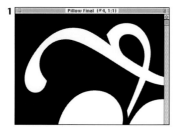

Ursprüngliche Maske in Kanal 4

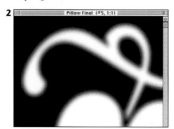

Maske in Kanal 5 weichgezeichnet

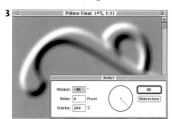

Maske in Kanal 5 mit Relieffilter behandelt

Kanal 4 in Kanal 5 als Auswahl geladen

DIESES »KOPFKISSEN«, das das Aussehen von gesteppptem oder besticktem Stoff nachahmt, fällt auch in die Kategorie der Reliefeffekte. Über ein Foto von edlem Satin legten wir ein Schriftrelief und ergänzten es mit »Nahtstichen«.

1 Grafik importieren. RGB-Datei öffnen (Ablage, Neu) und einen neuen Alpha-Kanal anlegen (Fenster, Kanälepalette einblenden, Neuer Kanal). Grafische Elemente plazieren oder Text eingeben. Wir begannen mit einem Foto weißen Satins. In Adobe Illustrator erstellten wir ein Dokument mit einem Linoscript-Schriftzug und einem Dingbat aus dem Zeichensatz Zapf Dingbats und speicherten es im EPS-Format ab, damit es in Photoshop im neuen Alpha-Kanal (#4) plaziert werden konnte (Ablage, Plazieren). Nach dem Import der Grafik hoben wir die Auswahl auf (Befehl D) und kehrten die Tonwerte des Kanals um (Befehl I).

2 Maske weichzeichnen. Die Grafik aus dem ersten Schritt wird in einen zweiten Alpha-Kanal (#5) kopiert (Bild, Berechnen, Duplizieren; oder: Alles auswählen, Kopieren, Neuer Kanal, Einsetzen). Mit dem Gaußschen Weichzeichner (Filter, Weichzeichnungsfilter) wird die Maske weichgezeichnet. Der Pixelradius betrug bei diesem 1100 Pixel breiten Bild 6 Pixel.

3 Reliefeffekt erzeugen. Der Maske mit dem Relieffilter (Filter, Stilisierungsfilter) eine geprägte Struktur auferlegen. Im Beispiel wird der Eindruck erweckt, als scheine das Licht von links oben herab (Winkel: -45°). Die Höhe betrug 6 Pixel und die Stärke war auf 200% eingestellt. (Dieser Wert regelt die Stärke des Kontrasts zwischen den Lichter- bzw. Schattenkanten und dem 50%igen Grau, das der Filter kontrastarmen Flächen zuweist.)

4 Schattenmaske erstellen. Um die Vertiefungen der Steppnähte nachzuahmen, wird Kanal 4 in Kanal 5 als Auswahl geladen und innerhalb der Auswahl werden alle Tonwerte umgekehrt: Kanal 5 aktivieren, Menü Auswahl, Auswahl laden, #4; Menü Bild, Festlegen, Umkehren (Befehl I). Ohne weitere Veränderungen wird dieser Kanal dupliziert (Bild, Berechnen, Duplizieren, Quelle: #5, Ziel: #6). Nun müssen nur noch die Schattenbereiche des Reliefs isoliert werden: Im Dialog Tonwertkorrektur (Bild, Einstellen) die schwarze Pipette wäh-

4b

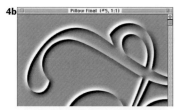

Tonwerte innerhalb der Auswahl umgekehrt

4c

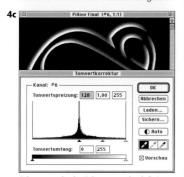

Schwarzpunkt der Schattenmaske definiert

5a

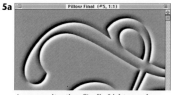

Ausgangssituation für die Lichtermaske

5b

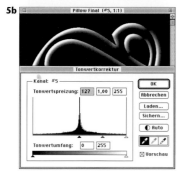

Schwarzpunkt der Lichtermaske definiert

6

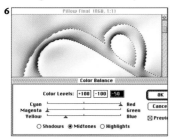

Stickerei mit Farbe versehen

len und mit der Pipette das 50%ige Grau des Hintergrundes aufnehmen. Dieses Grau und alle dunkleren Schattierungen werden schwarz, als nicht maskierte Bereiche bleiben die weißen Bereiche und die helleren Grautöne (Schattenpartien im Relief) übrig.

5 Lichtermaske erstellen. Zur Maskierung der hellen Wölbungen an den Nahtstellen wird Kanal 5 in der Kanälepalette gewählt und aktiviert. Im gesamten Kanal werden alle Tonwerte umgekehrt (Bild, Festlegen, Umkehren). Um die Bereiche, die aufgehellt werden sollen, zu isolieren, wird wieder die schwarze Pipette im Dialog Tonwertkorrektur gewählt und mit der Pipette auf das 50%ige Grau geklickt. Auf diese Weise entsteht eine Maske für die hellen Nahtstellen.

6 Masken anwenden und den Satin kolorieren. Die Maske zur Auswahl der Schatten in den RGB-Kanal laden (Auswahl, Auswahl laden, #6) und die Partien im Dialog Tonwertkorrektur mit dem schwarzen Regler für die Tonwertspreizung oder dem weißen Regler für den Tonwertumfang abdunkeln. Dann die Lichtermaske laden und mit dem weißen Regler für die Tonwertspreizung bzw. dem schwarzen Regler für den Tonwertumfang aufhellen.

Soll der Stoff eingefärbt werden, wird die ursprüngliche Grafikmaske geladen (Auswahl, Auswahl laden, #4) und die Farbbalance des ausgewählten Bereichs neu eingestellt: Bild, Einstellen, Farbbalance und Regler verschieben. Dann die Grafik mit Auswahl, Auswahl umkehren abwählen und gleichzeitig den Hintergrund auswählen. Auch für diesen Bereich wird die Farbbalance verändert.

Abschließende Arbeiten. Die Naht ist nichts anderes als eine gestrichelte Kontur der Grafik, die im EPS-Format aus Illustrator in einen Alpha-Kanal importiert wurde (Ablage, Plazieren). Nachdem sie als Auswahl im Hauptkanal geladen wurde, brauchte nur noch die Farbbalance nachgeregelt werden. Um insgesamt den Eindruck einer Stoffstruktur zu verstärken, wählten wir das gesamte Bild aus und wendeten den KPT-Filter Protected Noise an (befindet sich auf der WOW!-Diskette).

STRUKTUREN VERSTÄRKEN

Ein Hintergrund mit einer Satinstruktur (oder jeder anderen Struktur) läßt sich weiterentwickeln und verfeinern, indem ein Foto der gewünschten Materialstruktur in Alpha-Kanäle kopiert wird. Um beispielsweise die weichen Licht- und Schattenzonen auf Satin zu erzeugen, werden zwei Alpha-Kanäle benötigt. Eine der Masken wird in ein Negativ umgewandelt (Bild, Festlegen, Umkehren) – sie dient zur Auswahl der Schattenzonen. Im Dialog Tonwertkorrektur (Bild, Einstellen) wird der Kontrast der Maske stark erhöht. Wenn die Masken im Bild als Auswahlen geladen werden, wird der Dialog Tonwertkorrektur dazu verwendet, die Partien aufzuhellen bzw. abzudunkeln.

Ausgangsbild   *Lichtermaske*   *Schattenmaske*

Lichtkranz um Konturen

Übersicht: *Text oder eine importierte Grafik in einem Alpha-Kanal als Auswahl laden, Auswahl für eine Lichtkranzmaske vergrößern und weichzeichnen, Lichtkranz mit der ursprünglichen Maske vereinigen, den Hintergrund mit Hilfe der Maske mit einer Farbe füllen, Farben nachstellen.*

1   ▭▭▭ **LightBulb proj (#4, 1** ▭▭

3.90M

Objektmaske in Kanal 4

EIN LICHTKRANZ UM SCHRIFTZEICHEN oder Grafiken erweckt den Eindruck, als befände sich hinter dem Objekt eine Lichtquelle. Das in den nachfolgenden Schritten beschriebene Verfahren erzeugt einen Lichthof sowohl außen als auch innen an der Kontur. Diese Technik läßt sich auf aus Adobe Illustrator importierte Grafiken ebensogut anwenden wie auf in Photoshop erstellte Buchstaben und Formen. Bei dem Beispiel handelt es sich um eine in Photoshop plazierte Illustrator-Grafik.

1 Grafik in einem Alpha-Kanal speichern. Nachdem die Grafik erstellt oder plaziert wurde, wird sie in einem Alpha-Kanal gesichert. Es bietet sich an, den neuen Kanal (#4) mit Bild, Berechnen, Duplizieren zu erstellen und die Option Umkehren zu aktivieren. Das grafische Element sollte sich im Alpha-Kanal weiß auf schwarzem Hintergrund abzeichnen.

2 Kanal für den Lichtkranz einrichten. Die Grafik wird ein zweites Mal in einen weiteren Alpha-Kanal (#5) dupliziert (Bild, Berechnen, Duplizieren). Um die Form der Grafik oder der Schriftzeichen zu vergrößern, wird der Filter Helle Bereiche vergrößern (Filter, Sonstige Filter) gewählt und ein günstiger Pixelradius eingestellt. Der Filter Helle Bereiche vergrößern »bläht« die hellen Bereiche in die dunklen Bereiche hinein auf. Die Wahl des Pixelradius hängt einerseits von der Größe und Auflösung des Bildes ab und andererseits von der gewünschten Ausdehnung zu beiden Seiten der Kontur. Wir wählten für das mit 300 dpi aufgelöste Bild einen Radius von

2a

2b

Vergrößerte Maske in Kanal 5

3a

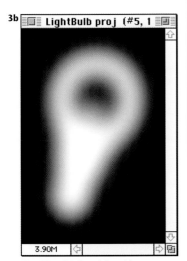

3b

Vergrößerte Maske weichgezeichnet

10 Pixel. (Je niedriger die Auflösung, desto kleiner muß der Pixelradius sein, um den gleichen Effekt zu erzielen. Hätte die Auflösung 150 dpi betragen, hätten wir, um den abgebildeten Lichtkranz zu erzeugen, einen Radius von 5 Pixel eingeben müssen.) Eine Alternative zum Filter Helle Bereiche vergrößern stellt der Befehl Kontur füllen dar (Menü Bearbeiten). Eine 10 Pixel starke Kontur hätte die gleiche Wirkung gehabt.

3 Maske für den Lichtkranz weichzeichnen. Die Konturen der vergrößerten Maske mit dem Gaußschen Weichzeichner verwischen (Filter, Weichzeichnungsfilter). Auch für die Wahl des Weichzeichnungsradius sind Größe und Auflösung des Bildes sowie die Ausdehnung des Lichtscheins zu berücksichtigen. Im Beispiel verwendeten wir einen Radius von 50 Pixeln.

4 Ursprüngliche Form einfügen. Nun wird die ursprüngliche Form der Grafik über der weichgezeichneten Version eingefügt, damit sich über dem Lichtkranz eine harte Kontur abbildet, hinter der das Licht hervorzustrahlen scheint (Auswahl, Auswahl laden, #4). Die Tonwerte der ausgewählten Glühlampe werden umgekehrt (Bild, Festlegen, Umkehren). Die äußeren, nicht ausgewählten Bereiche und der innere Zahnkranz bleiben unberührt. Im Dialog Tonwertkorrektur (Bild, Einstellen) werden Helligkeit und Kontrast der Glühlampe nachgestellt.

5 Lichtkranz vor einem Hintergrund entstehen lassen. Im RGB-Kanal wird ein Hintergrund eingefügt – dies kann eine Farbe, eine Struktur oder ein Bild sein. Dazu wird das gesamte Bild ausgewählt und der Hintergrund mit dem Befehl Fläche füllen (Menü Bearbeiten) eingefügt. Oder aber der Hintergrund wird aus einer an-

4a

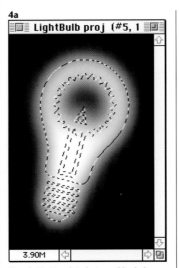

Kanal 4 in Kanal 5 als Auswahl geladen

4b

Tonwerte der Auswahl umgekehrt

5

Kanal 5 im RGB-Kanal als Auswahl geladen und mit der Hintergrundfarbe gefüllt

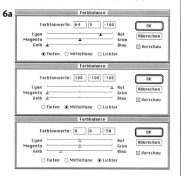

6a

6b

Farbbalance der Auswahl verändert

deren Photoshop-Datei in den RGB-Kanal kopiert. (Im Beispiel
stammt der Hintergrund aus einer anderen Photoshop-Datei.) Im
RGB-Kanal Kanal 5 als Auswahl laden (Auswahl, Auswahl laden, #5).
Der ausgewählte Bereich wird mit der Rückschrittaste mit der weißen
Hintergrundfarbe (oder einer anderen passenden Farbe) gefüllt. Auf
diese Weise entsteht der Lichtkranz.

6 Farbe des Lichtkranzes einstellen. Die noch aktive Auswahl
erhält eine weiche Auswahlkante (Auswahl, Weiche Auswahlkante,
10 Pixel im Beispiel), damit sich die Auswahl etwas mit dem Hintergrund vermischt. Im Dialog Farbbalance (Bild, Einstellen) werden die
Tiefen, Mitteltöne und Lichter einzeln getönt. Für die Glühlampe
wurden die nebenstehenden Werte verwendet. Zusätzlich wurde im
Dialog Farbton/Sättigung die Sättigung auf 100% erhöht. Gegebenenfalls kann der Lichteffekt durch Korrektur der Tonwerte (Befehl L)
weiter verfeinert werden. Falls das Ergebnis in diesem Stadium befrie-
digt, sind keine weiteren Modifikationen mehr notwendig.

Farbe im Innern der Grafik angleichen. Kanal 4 wird als
Auswahl geladen und die Grafik oder Schrift im Innern der Konturen
gefärbt. Zu diesem Zweck können die Tonwerte des ausgewählten
Bereichs umgekehrt werden, oder die Auswahl wird mit einer Farbe,
einem Muster oder einem Bild gefüllt. Für den Effekt der eingangs
gezeigten Illustration wurden die Farbwerte umgekehrt.

Um diese Glühlampenvariation zu erzeugen,
werden die Schritte 1 bis 6 ausgeführt und
dann wie folgt vorgegangen: Kanal 4 in
Kanal 5 als Auswahl laden, Auswahl in die
Zwischenablage kopieren und in Kanal 0
(RGB) einsetzen, Tonwerte innerhalb der
Auswahl umkehren (Bild, Festlegen, Umkeh-
ren) und Farben im Dialog Farbbalance
(Bild, Einstellen) verändern.

Für diesen Lichtkranzeffekt wurden in Photoshop Buchstaben eingegeben und in Kanal
4 als Maske gesichert. Der Lichtkranz wurde
wie in den Schritten 1 bis 4 beschrieben in
Kanal 5 erstellt. Dann wurde Kanal 4 in
Kanal 0 (RGB) als Auswahl geladen und die
Auswahl mit einem gescannten Strukturpapier gefüllt. Anschließend wurde die Maske aus Kanal 5 in Kanal 0 geladen und mit
Gelb gefüllt.

SCHADSTELLEN ENTFERNEN

Nachdem ein Objekt in ein Bild eingefügt wurde, sollte die Auswahlbegrenzung ausgeblendet (Befehl H)
und die Kontur auf eventuell vorhandene Schadstellen überprüft werden.
Unsaubere Pixel sollten mit Rand
entfernen (Menü Auswahl) eliminiert
werden, bevor die Auswahl aufgehoben wird.

Steingravur

Übersicht: *Grafik oder Text erstellen bzw. importieren, fünf Masken anlegen: normal, vergrößert, mit Lichtkanten, mit Schattenkanten und mit Innenfläche, Masken auf einen ausgeleuchteten Hintergrund anwenden.*

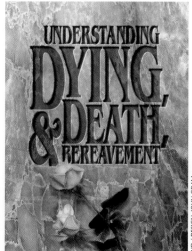

JHD / DESIGN: JOHN ODAM

1

Hintergrund   *Plazierte Schrift*

2a

Ausgangsmaske (#4)

2b

Vergrößerte Maske (#5)

3a

Kopie von Kanal 4 weichgezeichnet (#6)

DIE SCHRIFT DIESER NIEDRIG AUFLÖSENDEN KOMPOSITION für einen Buchumschlag sollte nicht nur wie in die Oberfläche eingelassen erscheinen, sondern auch abgeschrägte Kanten erhalten. Diese Schrägkanten und einige manuelle Korrekturen an den Schattenpartien lassen das Relief äußerst echt erscheinen.

1 Ausgangsmaske erstellen. In der Datei, die den zum Eingravieren vorgesehenen Hintergrund enthält, wird ein Alpha-Kanal (#4) geöffnet und das Reliefelement in ihm plaziert (Ablage, Plazieren).

2 Vergrößerte Maske erstellen. Kanal 4 mit Bild, Berechnen, Duplizieren in einen neuen Kanal (#5) kopieren. Den Filter Helle Bereiche vergrößern (Filter, Sonstige Filter) mit einem Radius von 2 Pixel auf den neuen Kanal des 750 Pixel breiten Bildes anwenden. Weil sich das Reliefelement schwarz auf weißem Grund abzeichnen soll, werden die Tonwerte umgekehrt (Bild, Festlegen, Umkehren). Die Kanäle 4 und 5 werden zur Auswahl der abgeschrägten Kanten benötigt.

3 Reliefmaske erstellen. Von Kanal 4 eine zweite Kopie in Kanal 6 anlegen (Bild, Berechnen, Duplizieren). Die neue Maske mit dem Gaußschen Weichzeichner (Filter, Weichzeichnungsfilter) und anschließend mit dem Relieffilter (Filter, Stilisierungsfilter) behandeln. (Wir verwendeten einen Weichzeichnungsradius von 5 Pixeln und eine Reliefhöhe von 3 Pixeln.)

4 Masken für Licht- und Schattenkanten erstellen. Anschließend Kanal 6 in Kanal 7 kopieren, um eine zweite Reliefmaske zu erhalten. Der Kontrast von Kanal 6 wird im Dialog Tonwertkorrektur erhöht, indem mit der schwarzen Pipette das 50%ige Grau des Reliefhintergrundes aufgenommen wird. In Kanal 7 werden die Tonwerte umgekehrt, damit die Schattenpartien weiß erscheinen. Der Kontrast wird auf die gleiche Weise wie in Kanal 6 erhöht.

    Um Kanal 6 und Kanal 7 zu Masken zu machen, die die hellen und dunklen Schrägkanten auswählen, muß nun in beiden Kanälen gleich-

3b

Zum Definieren des Schwarzpunkts nimmt die schwarze Pipette die graue Farbe auf

4a

Kanal 5 in den abgedunkelten Kanal 6 geladen und mit Schwarz gefüllt

4b

Kanal 4 in Kanal 6 geladen und ebenfalls mit Schwarz gefüllt

5a

Kanal 4 in Kanal 8 dupliziert, weichgezeichnet und verschoben

5b

Kanal 4 in Kanal 8 geladen, Auswahl umgekehrt und mit Schwarz gefüllt

6a

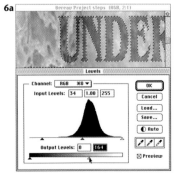

Schrift im Steingrund »eingraviert«

zeitig gearbeitet werden (Stiftsymbole für beide Kanäle in der Kanälepalette aktivieren). Die vergrößerte Maske aus Kanal 5 wird geladen und durch Betätigen von Wahl- und Rückschrittaste mit der schwarzen Vordergrundfarbe gefüllt. Auf diese Weise entstehen scharfe Kanten an der Reliefoberfläche. Als nächstes wird die unbehandelte Maske aus Kanal 4 geladen und ebenfalls mit Schwarz gefüllt. Übrig bleiben nur die abgeschrägten Lichtkanten (#6) und die abgeschrägten Schattenkanten (#7). In diesem Stadium sind vier Masken vorhanden: die normale (#4), die vergrößerte (#5), die mit den hellen Schrägkanten (#6) und die mit den dunklen Schrägkanten (#7).

5 Maske für den Reliefschatten erstellen. Kanal 4 in einen weiteren neuen Kanal (#8) duplizieren, dessen Tonwerte umgekehrt werden, um schwarze Schrift auf weißem Hintergrund zu erhalten. Die neue Maske mit dem Gaußschen Weichzeichner weichzeichnen (wir verwendeten eine Radius von 5 Pixel) und mit dem Filter Verschiebungseffekt (Filter, Sonstige Filter) ein wenig nach rechts und nach unten verschieben. Kanal 4 als Auswahl laden, die Auswahl umkehren (Auswahl, Auswahl umkehren) und mit Schwarz füllen.

6 Licht- und Schattenwirkung. Um die Innenfläche des Reliefs abzusetzen, wird Kanal 4 im RGB-Kanal als Auswahl geladen. Die Reliefinnenfläche wird im Dialog Tonwertkorrektur abgedunkelt. Anschließend werden Kanal 6 und Kanal 7 nacheinander geladen und die Schrägkanten aufgehellt bzw. abgedunkelt.

6b

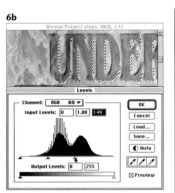

Die hellen Schrägkanten sind ausgewählt

7a

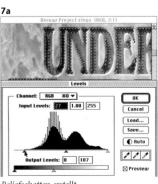

Reliefschatten erstellt

7 Reliefschatten anwenden. Die Maske mit den sich auf der Reliefinnenfläche abzeichnenden Schattenpartien laden (Auswahl, Auswahl laden, #8) und abdunkeln. Um zu verhindern, daß die spitzen Ecken der Buchstaben schwebend erscheinen, werden ihre Schatten mit dem Nachbelichter nachbehandelt. (Vergleiche die nachbelichtete Punze des Y mit der noch unbehandelten Punze des N).

7b

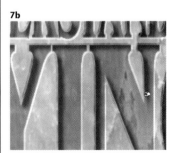

Der Reliefschatten wird retuschiert

Geschliffe- nes Glas

Übersicht: *Grafik erstellen oder importieren, für die Ober- flächen, Lichter und Schatten Masken anlegen, die Kanäle nacheinander im RGB-Kanal als Auswahl laden, Farbe und Farbton der ausgewählten Hin- tergrundpartien verändern.*

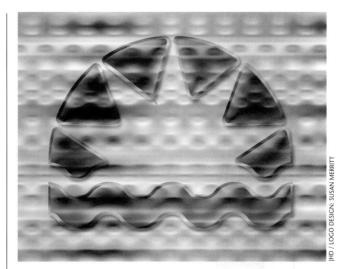

JHD / LOGO DESIGN: SUSAN MERRITT

Die Alpha-Kanäle

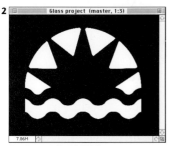

Der Ausgangskanal »Vorlage«

Der Kanal »Vorlage HBV«

DEN EFFEKT VON GLAS in Photoshop nachzuahmen, gehört zu den schwierigeren Aufgaben. Damit farbiges Glas auch überzeugend wirkt, müssen viele Eigenschaften vereinigt werden: Transparenz (Glas ist durchsichtig), Lichtbrechung (der Hintergrund erscheint durch das Glas hindurch verschoben), Kantenstruktur (im Beispiel wurden die Kanten schräg abgeschliffen), Lichtstreuung (einfallendes Licht wird teilweise im Glas diffus gestreut) und Lichtspiegelung (ein Teil des Lichtes wird von der Oberfläche des Glases zurückgeworfen). Um die optischen Eigenschaften von Glas vortäuschen und bearbei- ten zu können, müssen eine ganze Reihe von Alpha-Kanälen ange- legt werden, an denen verschiedenste Arbeitsschritte vorgenommen werden.

1 Planung. Insgesamt werden in den nachfolgenden Schritten sieben Kanäle angelegt, die in unterschiedlicher Weise aufeinander aufbauen. Die Vergabe von Namen macht die Verwaltung der Mas- ken sehr viel einfacher. (Auf einen Alpha-Kanal in der Kanälepalette doppelklicken und den Namen in den Dialog Kanal-Optionen einge- ben.) Der Kanal »Schatten« (#9) wurde gemäß den Anweisungen auf Seite 142 erstellt. Alle anderen Masken wie nachfolgend beschrieben erstellen.

2 Glasform festlegen: der »Vorlage«-Kanal. Im RGB-Kanal mit dem Textwerkzeug oder einem glatten, scharfkantigen Auswahlwerk- zeug die Form für das Glasobjekt erzeugen. Natürlich kann auch eine Form importiert werden. Die naheliegendste Möglichkeit, die Grafik in einen neuen Alpha-Kanal zu kopieren, bietet der Befehl Bild, Berechnen, Duplizieren. Als Zieldatei dieselbe Datei wählen und als Zielkanal einen neuen Kanal. Falls das Objekt schwarz und der Hin- tergrund weiß ist, wird die Option Umkehren im Dialog Duplizieren gewählt. Der Kanal erhält den Namen »Vorlage«.

3 Vergrößern für abgeschrägte Kanten: der Kanal »Vorlage HBV«. Den »Vorlage«-Kanal in einen neuen Alpha-Kanal duplizieren

4a

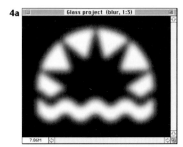

Der Kanal »Gauß«

4b

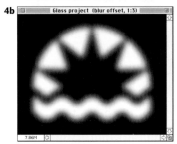

Der Kanal »Versatz«

4c

4d

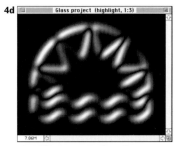

Die Differenz aus »Gauß« und »Versatz«

5

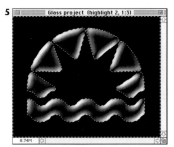

Konturen geschärft in Kanal »Lichter 2«

(Bild, Berechnen, Duplizieren, selbe Datei, Neu) und den Filter Helle Bereiche vergrößern auf ihn anwenden (Filter, Sonstige Filter). Der eingegebene Radius bestimmt die Stärke der abgeschrägten Kanten. Im Beispiel reichten 10 Pixel bei einer gesamten Bildbreite von 1080 Pixel.

4 Grundlage für helle Bereiche: Die Kanäle »Gauß«, »Versatz« und »Lichter«. Den »Vorlage«-Kanal ein weiteres Mal duplizieren. Auf den neuen Kanal den Gaußschen Weichzeichner anwenden (Filter, Weichzeichnungsfilter; wir stellten einen Radius von 20 Pixel ein) und ihm den Namen »Gauß« zuweisen. Den Kanal »Gauß« ebenfalls duplizieren und auf den neuen Kanal den Filter Verschiebungseffekt anwenden (Filter, Sonstige Filter; für den horizontalen und vertikalen Versatz stellten wir jeweils 7 Pixel ein und wählten die Option Durch verschobene Bereiche ersetzen). Dieser Kanal erhielt den Namen »Versatz«. Wie ausgeprägt das Spiel von Licht und Schatten im Glas ausfällt, hängt von der Stärke des Verschiebungseffekts ab.

Der »Lichter«-Kanal wird als Differenz (Bild, Berechnen, Differenz) aus Kanal »Gauß« (Quelle 1) und Kanal »Versatz« (Quelle 2) berechnet (Ziel: Neu). Die Funktion Differenz vergleicht die Helligkeitswerte der Pixel des ersten Quellkanals mit denen des zweiten Quellkanals. Wenn die korrespondierenden Pixel beider Quellkanäle denselben Helligkeitswert besitzen, wird das korrespondierende Pixel des Zielkanals schwarz. Wenn das Pixel aus Kanal 1 schwarz und das aus Kanal 2 weiß ist (oder umgekehrt), erhält das Zielpixel die Farbe Weiß. Alle anderen Helligkeitswerte in den Quellkanälen haben Grauwerte im Zielkanal zur Folge. Helle Pixel sind das Ergebnis eines großen Unterschieds und dunkle Pixel das Resultat geringer Differenz. Der Name dieses Zielkanals sollte »Lichter« lauten. Im Dialog Tonwertkorrektur wird der Tonwertumfang durch Anklicken der Schaltfläche Auto auf den gesamten Bereich erweitert.

5 Die Maske »Lichter 2«. Den Kanal »Vorlage HBV« im »Lichter«-Kanal als Auswahl laden. Auswahl umkehren, um alles bis auf die Elemente selbst auszuwählen. Auswahl mit der Vordergrundfarbe füllen (Wahl- und Rückschritttaste) – dadurch werden die weichen Konturen der »Lichter«-Maske geschärft.

6 Abgeschrägte Kanten in Kanal »Lichter 2« isolieren. Den Kanal »Vorlage« im Kanal »Lichter 2« als Auswahl laden und die Tonwerte des ausgewählten Bereichs umkehren. Die Glasoberflächen und die abgeschrägten Kanten erhalten dadurch eine unterschiedliche Helligkeitsverteilung.

7 Untergrund unter dem Glas verschieben. Dieser Schritt erzeugt die Täuschung einer Lichtbrechung, bei der das Licht im Glas scheinbar gekrümmt wird. Den Inhalt des RGB-Kanals durch einen Hintergrund ersetzen. In dem Beispiel erzeugten wir in dem leeren RGB-Kanal eine Struktur mit dem KPT-Filter Texture Explorer (siehe Seite 109). Natürlich läßt sich jedes beliebige andere Muster oder Bild verwenden. Vor dem Hintergrund wird der Kanal »Vorlage HBV« als

6

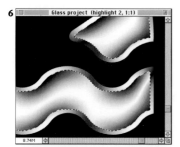

Der Kanal »Lichter 2« fertiggestellt

7

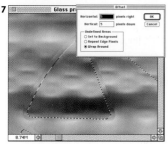

Durch Verschieben der Glashintergrundpartien entsteht die Illusion von Lichtbrechung

8

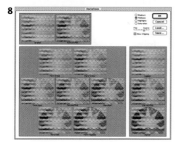

Kanal »Vorlage HBV« geladen und im Dialog Variationen angezeigt

9

Kanal »Lichter 2« geladen und die Lichter eingefärbt

10

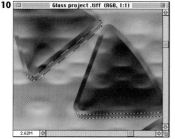

Kanal »Schatten« als Auswahl geladen

Auswahl geladen und mit dem Filter Verschiebungseffekt verschoben (Filter, Sonstige Filter; Option Durch verschobene Bereiche ersetzen aktivieren). (Im Beispiel wurde der Hintergrund waagerecht und senkrecht um je 5 Pixel versetzt.) Anschließend den Kanal »Vorlage« laden und die Auswahl mit den gleichen Einstellungen wie für den Kanal »Vorlage HBV« verschieben. Diese Verschiebung ahmt den optischen Effekt der Lichtbrechung nach.

8 Vorrangige Farbe des Glases bestimmen. Wie in Schritt 7 den Kanal »Vorlage HBV« laden und die Farbe der ausgewählten Bereiche im Dialog Variationen verändern (Bild, Einstellen). Mit dem Fein/ Grob-Regler läßt sich bei allen Farbzuweisungen die Stärke der Veränderung variieren.

9 Farbe für die Lichter festlegen. Die Maske aus Kanal »Lichter 2« als Auswahl laden. (Der Kanal »Lichter 2« sollte das in Abbildung 6 gezeigte Aussehen besitzen.) Auch die Farbe der Lichter wird im Dialog Variationen eingerichtet (Bild, Einstellen). Durch Experimentieren mit den Optionen Tiefen, Mitteltöne, Lichter, Sättigung sowie Heller und Dunkler lassen sich interessante Farbwirkungen erzielen. Das Glas sollte genug Kontrast gegenüber dem Hintergrund aufweisen – ist der Hintergrund hell, bietet es sich an, das Glas abzudunkeln, ist er dunkel, sollte das Glas aufgehellt werden.

10 Schatten erzeugen. Der Kanal »Vorlage HBV« dient als Vorlage für den Kanal »Schatten«, der wie auf Seite 142 beschrieben entwickelt wird. Den Kanal »Schatten« als Auswahl laden und im Dialog Tonwertkorrektur den Gammaregler für die Tonwertspreizung und den Weißpunktregler für den Tonwertumfang so einstellen, daß die ausgewählten Bereiche abgedunkelt werden und wie Schatten des Glases erscheinen.

11 Abgeschrägte Kanten aufhellen: Alpha-Kanäle kombinieren. Um die abgeschrägten Kanten zum Aufhellen auswählen zu können, wird die Differenz aus den Kanälen »Vorlage« und »Vorlage HBV« (Quellkanäle) gebildet, als Ziel wird Auswahl eingestellt. Mit Hilfe des Dialogs Tonwertkorrektur werden die abgeschrägten Kanten aufgehellt.

11

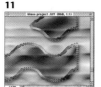 

Kanal »Lichter 2« geladen und geschliffene Kanten aufgehellt

Chrom-effekt

Übersicht: *Grafik in einem Alpha-Kanal erstellen, eine vergrößerte und zwei verschobene Masken erstellen, Differenz aus den verschobenen Masken bilden, Graustufenbild mit 50%iger Deckkraft einfügen, Chromgrafik freistellen, in den RGB-Kanal kopieren und kolorieren.*

JHD / LOGO DESIGN: SUSAN MERRITT

1a

Ausgangsmaske   *Konturen gefüllt*

Beide Kanäle diametral verschoben

1b

Helle Chrombereiche

2

Das reflektierte Motiv wird weichgezeichnet

3a

Motivbild in Kanal 8 eingefügt

DIE METHODE FÜR CHROMEFFEKTE zielt darauf ab, die natürlichen und ungleichmäßigen Spiegelungen einer verchromten Oberfläche so nachzubilden, daß sie nicht per Hand in das Bild gemalt werden müssen. Die für dieses Logo einer Kunstgalerie angewendete Technik kann auch für Spiegelungen in anderen Materialien wie beispielsweise Glas eingesetzt werden.

1 Alpha-Kanal für Chromelement einrichten. Alpha-Kanal anlegen (Fenster, Kanälepalette einblenden, Neuer Kanal) und die zu verchromende Grafik oder Schrift importieren bzw. erstellen. Weil sich die Grafik weiß vom schwarzen Hintergrund abheben soll, müssen, falls nötig, die Tonwerte umgekehrt werden. Kanal duplizieren (Bild, Berechnen, Duplizieren) und im neuen Kanal (#5) die Maske aus Kanal 4 als Auswahl laden. Aus der noch aktiven Auswahl wird mit Bearbeiten, Kontur füllen, Mitte eine fettere Version der Grafik erstellt (Weiß als Vordergrundfarbe; wir verwendeten eine Konturstärke von 8 Pixel bei einer Gesamtbildbreite von 1100 Pixel). Anders als der Filter Helle Bereiche vergrößern erzeugt der Befehl Kontur füllen leicht abgerundete Ecken. Kanal 4 in zwei weitere Kanäle (#5 und #6) duplizieren (Bild, Berechnen, Duplizieren). Beide Kanäle werden mit dem Gaußschen Weichzeichner behandelt (Filter, Weichzeichnungsfilter; in beiden Kanälen stellten wir einen Radius von 10 Pixel ein). Die Masken beider Kanäle sollen nun in entgegengesetzter Richtung verschoben werden (Filter, Sonstige Filter, Verschiebungseffekt; unsere Einstellungen waren -5/-5 und +5/+5). Schließlich wird aus den Kanälen 6 und 7 (als Quellkanälen) in Kanal 8 (Zielkanal) die Differenz gebildet (Bild, Berechnen, Differenz). Kanal 8 mit Bild, Festlegen, Umkehren invertieren und den Kontrast mit der Schaltfläche Auto im Dialog Tonwertkorrektur (Bild, Einstellen) erhöhen. Auf diese Weise wird die für Chromelemente charakteristische Lichtspiegelung an den Ecken nachempfunden.

2 Reflektiertes Motiv weichzeichnen. Als Ausgangsbild für das sich in der verchromten Oberfläche spiegelnde Motiv eignet sich fast jedes Foto. In der Regel werden in solchen Fällen Landschaftsbilder mit Horizont verwendet, beispielsweise sich vor einem Himmel ab-

Bild skaliert und Deckkraft eingestellt

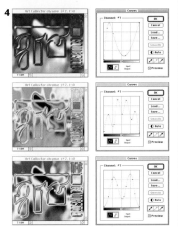

Unterschiedliche Gradationskurven

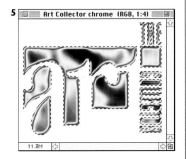

Ausschnitt aus dem Dialog Variationen

zeichnende Berge – aber für dieses Beispiel leistete eine gewöhnliche Alltagsszene ebenso gute Dienste. Bilddatei öffnen, in den Graustufenmodus umwandeln (Modus, Graustufen) und mit dem Gaußschen Weichzeichner weichzeichnen (Filter, Weichzeichnungsfilter). (Der von uns eingestellte Weichzeichnungsradius war groß genug, um die Details des Bildes verschwimmen zu lassen. Falls das Chromelement jedoch bestimmte Gegenstände seiner Umgebung detailgenau widerspiegeln soll, sollte ein weniger starker Weichzeichner eingesetzt werden.) Schließlich den Kontrast mit Bild, Einstellen, Tonwertkorrektur, Auto erhöhen.

3 Reflektiertes Motiv in den Alpha-Kanal einfügen. Das weichgezeichnete Bild auswählen (Befehl A) und kopieren (Befehl C). Den Alpha-Kanal mit dem Chrombild (#8) öffnen und das Bild einfügen. Das Bild an einer Ecke des Alpha-Kanals ausrichten und ohne Rücksicht auf seine Proportionen auf volle Kanalgröße vergrößern (Bild, Effekte, Skalieren). In der Werkzeugspitzenpalette oder im Dialog Montagekontrolle (Menü Bearbeiten) die Deckkraft des eingesetzten Bildes auf 50% festlegen (Modus: Normal).

4 Spiegelungen verfeinern. Die von einer verchromten Oberfläche her gewohnte, kontrastreiche Hell/Dunkel-Verteilung sowie die spezifische Spiegelung an den Kanten wird im Dialog Gradationskurven verfeinert (Bild, Einstellen). Es lohnt sich, mit verschiedenen Kurvenformen zu experimentieren. Wir entschieden uns für einen »zweihöckrigen« Kurvenverlauf (siehe links).

5 Chromelement laden. Im nächsten Schritt das Chromelement freistellen und in den RGB-Kanal laden. Im Gegensatz zu den meisten anderen Beispielen in diesem Kapitel wird das fertige Chromelement in den RGB-Kanal kopiert und nicht bloß als modifizierbare Auswahl geladen. Chromelement mit einer scharfkantigen Maske auswählen: Kanal 5 in Kanal 8 als Auswahl laden (Auswahl, Auswahl laden, #5) und die Auswahl in die Zwischenablage kopieren (Befehl C). Den RGB-Kanal durch Anklicken seines Namens in der Kanälepalette aktivieren. Die Begrenzung der geladenen Auswahl ist auch hier sichtbar. Das Element aus der Zwischenablage über der Auswahl einfügen (Befehl V) und die Auswahl nicht aufheben.

6 Farbe hinzufügen. Da das Chromelement noch ausgewählt ist, kann es im Dialog Variationen koloriert werden. Die Farben lassen sich in den Lichtern, Mitteltönen und Tiefen einzeln variieren. Je nachdem, ob geringe oder starke Farbveränderungen gewünscht sind, wird der Fein/Grob-Regler nach links oder nach rechts bewegt. Wir färbten die Lichter gelb, die Mitteltöne cyanfarben und die Tiefen blau ein.

Details ausarbeiten. Die kleineren Buchstaben versahen wir mit abgeschrägten Kanten. Dazu erstellten wir eine Maske (Bild, Berechnen, Differenz, #4, #5), luden sie als Auswahl und kehrten die Farben innerhalb der Auswahl um. Wir behandelten das Bild mit dem Filter Störungen hinzufügen und unterlegten das gesamte Chromelement mit einem leichten Schatten (siehe Seite 142 und 143).

Kristallglas

Übersicht: Aus einem Schriftzug oder einer Grafik eine Verschiebungsmatrix erstellen und mit dem Filter Versetzen auf ein Hintergrundbild anwenden, Masken für Farben, Schatten und Lichtspiegelungen erstellen, Masken nacheinander laden und Farbbalance einstellen sowie Tonwerte korrigieren.

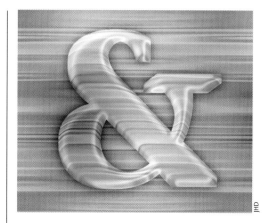

1 Hintergrund   **2** Ausgangsmaske

3 Weichgezeichnet   **4** Kanten geschärft

5 8-DISPLACE (1:2)

Verschiebungsmatrix

6a Versetzen

Werte für die Skalierung einstellen

6b Verschiebungsmatrizen

Verschiebungsmatrix laden

PHOTOSHOP ERLAUBT unzählige Bildverzerrungen. Einige Verzerrungen lassen sich manuell vornehmen, wie im Falle des Verzerreffekts (Bild, Effekte, Verzerren), andere benutzen vorgegebene Algorithmen, wie beispielsweise der Ripple-Filter, und wieder andere stellen eine Kombination aus manueller und vorgegebener Verformung dar, wie etwa der Effekt Perspektivisch verzerren (Bild, Effekte). Mit einer der Photoshop-Funktionen aber, dem Verzerrungsfilter Versetzen, läßt sich die Verformung eines Bildes exakt steuern. Die mit Photoshop mitgelieferten Verschiebungsmatrizen erzeugen Verzerrungen auf der Grundlage von Zufallsmustern, die den von Fremdherstellern angebotenen Mustern für Maleffekte simulierende Filter ähneln. Eine Verschiebungsmatrix muß aber nicht notwendigerweise aus einem Zufallsmuster bestehen. Mit einem wiedererkennbaren Bild als Verschiebungsmatrix lassen sich interessante Ergebnisse erzielen.

Der Filter Versetzen macht nichts anderes, als die Pixel eines Bildes zu verschieben. Die Distanz, um die ein Pixel versetzt wird, hängt von der Helligkeit des korrespondierenden Pixels in der Verschiebungsmatrix ab. Als Verschiebungsmatrix kommt jedes beliebige im Photoshop-2.5-Format erstellte Bild in Frage – mit Ausnahme von Bitmaps. Weiße Pixel in der Verschiebungsmatrix versetzen das korrespondierende Pixel im gefilterten Bild um den maximalen positiven Wert (nach rechts oder nach oben), schwarze Pixel hingegen um die maximale negative Distanz (nach links oder nach unten). Pixel mit einer Helligkeit von 50% versetzen ihr Pendant nicht. Die Größe der Distanz gibt der Anwender durch Skalierungswerte vor. Bei einer aus zwei Kanälen bestehenden Verschiebungsmatrix wird der erste Kanal für die horizontale und der zweite für die vertikale Skalierung herangezogen. Besteht sie nur aus einem Kanal, steuert dieser beide Skalierungsrichtungen. Die Verschiebungsmatrizen dürfen plastische Muster (wie die Widgets auf der WOW!-Diskette) oder Grafiken (wie das Et-Zeichen in diesem Kristalleffekt) zum Inhalt haben.

1 Hintergrund erstellen. Hintergrund für den verzerrten Kristalleffekt erstellen. Bei Linienmustern oder Gitternetzen tritt die Wirkung des Kristalleffekts deutlicher zutage. Unser Hintergrundmuster wurde mit dem KPT-Filter Texture Explorer erzeugt.

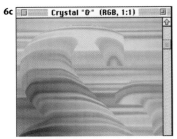

Bild nach dem Versetzen

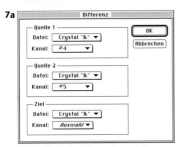

Maske für die Schattenpartien erstellen

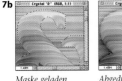

Maske geladen   *Abgedunkelt durch Tonwertkorrektur*

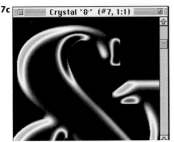

Maske zur Auswahl der Lichter (basierend auf Beispiel 15 von Seite 27)

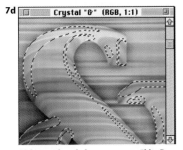

Lichtermaske geladen, um ausgewählte Partien mittels Tonwertkorrektur aufzuhellen

2 Alpha-Kanal anlegen. Neuen Alpha-Kanal (#4) einrichten (Fenster, Kanälepalette einblenden, Neuer Kanal) und Text eingeben oder eine Grafik importieren. Falls nötig, den Kanal invertieren (Befehl I), um weiße Grafik auf schwarzem Grund zu erhalten.

3 Maske weichzeichnen. Kanal 4 duplizieren (Bild, Berechnen, Duplizieren, #4, Neu). Den Inhalt des neuen Kanals weichzeichnen (Filter, Weichzeichnungsfilter, Gaußscher Weichzeichner). Wir stellten den Radius des 500 Pixel breiten Bildes auf 10 Pixel ein.

4 Kanten schärfen. Kanal 5 in einen neuen Kanal duplizieren (#6) und die Ausgangsmaske im neuen Kanal als Auswahl laden (Auswahl, Auswahl laden, #4). Auswahl umkehren, um den Hintergrund auszuwählen (Auswahl, Auswahl umkehren). Indem die Auswahl mit Schwarz gefüllt wird (Wahl- und Rückschrittaste), werden die äußeren Bereiche der Weichzeichnung scharf abgeschnitten.

5 Kanal als Verschiebungsmatrix speichern. Kanal 5 in eine neue Datei duplizieren (Bild, Berechnen, Duplizieren, #5, Datei: Neu) und die Datei im Photoshop-2.5-Format sichern.

6 Verschiebungsmatrix anwenden. Im Hauptkanal des Dokuments den Filter Versetzen aus dem Menü Filter, Verzerrungsfilter aufrufen. Im erscheinenden Dialog die Werte für die Skalierungsdistanzen eingeben. Die günstigste Einstellung hängt von der gewünschten Stärke der Verzerrung und von dem Kontrast der Verschiebungsmatrix ab. Als Richtmaß für Effekte der hier gezeigten Art und bei Verschiebungsmatrizen mit reinen Schwarz- und Weißtönen und gegebenenfalls auch mit hellen Grautönen können Werte zwischen 2 und 10 Pixeln gelten. (Wenn die Verschiebungsmatrix die gleiche Größe wie der Hintergrund besitzt, haben die Optionen Auf Auswahlgröße skalieren und Wiederholen keinerlei Auswirkung. Sobald aber eine Matrix auf Auswahlgröße skaliert oder wiederholt wird, erfordern die Kanten eine Nachbearbeitung.) Nachdem die Einstellungen im Dialog Versetzen mit OK bestätigt wurden, kann die selbsterstellte Verschiebungsmatrix ausgewählt werden.

7 Kolorieren und veredeln. Der Filter Versetzen hatte Bereiche des Hintergrundbildes so verschoben, daß der Eindruck einer Lichtbrechung entstand. Um die Illusion perfekt zu machen, sollte das Element farblich abgesetzt und ein Lichteinfall vorgetäuscht werden. Die Ausgangsmaske als Auswahl laden (Auswahl, Auswahl laden, #4) und die Farbe des ausgewählten Bereichs in den Dialogen Variationen oder Farbbalance neu justieren (Bild, Einstellen). Für den Schatten auf dem Hintergrund die Differenz aus Kanal 4 und Kanal 5 bilden (Bild, Berechnen, Differenz) und mit der neu entstandenen Maske den Hintergrund nahe des Elements leicht abdunkeln (Bild, Einstellen, Tonwertkorrektur). Wir kopierten Beispiel 15 von Seite 27 in einen neuen Alpha-Kanal, stellten den Schwarzpunkt neu ein und füllten den Hintergrund mit Schwarz, indem wir Beispiel 1 von Seite 26 als Auswahl luden, die Auswahl umkehrten und Wahl- und Rückschrittaste betätigten. Durch diese Maske hindurch konnten wir die Kanten des Elements aufhellen (Bild, Einstellen, Tonwertkorrektur), so daß der Eindruck von Lichtspiegelungen entstand.

Die Wow!-Widgets

Übersicht: *Verschiebungs-matrix WOW-Drops anwenden, Muster erstellen und Masken für die Lichter, Schatten und die Oberflächen erstellen, Masken anwenden.*

1a

Die Verschiebungs-matrix Wow Drops

Ausgangsbild

1b

Versetzen-Filter anwenden (Filter, Verzerr.)

2a

Kanal mit den Licht-spiegelungen in ein Muster umwandeln

2b

Alpha-Kanal mit dem Muster gefüllt

3

Maske mit den Lichtspiegelungen geladen (links) und einzelne Tropfen entfernt (rechts)

DIE DIESEM BUCH BEILIEGENDE DISKETTE enthält Verschiebungsmatrizen mit sich nahtlos replizierenden Mustern. Wie das Et-Zeichen aus Kristallglas (siehe Seite 158 und 159) wurden die hier gezeigten Wassertropfen aus einer weichgezeichneten Maske mit scharf abgeschnittenen Kanten erstellt. Bei der Verschiebungsmatrix handelt es sich um eine Einkanal-Graustufendatei (Wow Drops.disp map). In der Mehrkanaldatei (Drops.highlights & shadows) befinden sich weitere Masken zur Auswahl der Tropfenoberflächen, der Schatten und der Lichtspiegelungen – sie können nach der Anwendung des Versetzen-Filters (Filter, Verzerrungsfilter) geladen werden.

1 Verschiebungsmatrix anwenden. Das Bild, dem Tropfen hinzugefügt werden sollen, öffnen und duplizieren (Bild, Berechnen, Duplizieren). Filter, Verzerrungsfilter, Versetzen wählen, als Skalierungswerte je 2 Pixel eingeben und die Optionen Wiederholen und Durch verschobene Bereiche ersetzen aktivieren.

2 Lichter hervorheben. Nun jeden Kanal des Mehrkanaldokuments in ein sich wiederholendes Muster umwandeln, so daß die Verteilung des Musters automatisch mit der Verschiebung des Versatzeffekts übereinstimmt. Den Lichterkanal vollständig auswählen und als Muster definieren (Bearbeiten, Muster festlegen). In der RGB-Bilddatei einen neuen Alpha-Kanal öffnen (Fenster, Kanälepalette einblenden, Neuer Kanal), den Kanal vollständig auswählen und mit Bearbeiten, Fläche füllen, Muster das festgelegte Muster mehrfach in den Alpha-Kanal einfügen. Den mit dem Muster gefüllten Alpha-Kanal im RGB-Bild als Auswahl laden (Auswahl, Auswahl laden, #4) und die Auswahl im Dialog Tonwertkorrektur (Bild, Einstellen) aufhellen oder, wie in diesem Beispiel, mit einem hellen Blauton füllen. Die Masken für die Schatten und die Tropfenoberflächen auf die gleiche Weise erstellen und anwenden.

3 Effekt auf spezielle Bedürfnisse abstimmen. Um den Effekt auf einen Teil des Bildes zu begrenzen, werden die Tropfen, die beibehalten werden sollen, unter Zuhilfenahme der Befehlstaste und der Umschalttaste aus- bzw. abgewählt. Anschließend das ursprüngliche RGB-Bild kopieren und mit Bearbeiten, Hinter der Auswahl einsetzen einfügen. Das eingefügte Bild etwa um das gleiche Maß und in die gleiche Richtung verschieben, um die es durch die Verschiebungsmatrix versetzt worden war.

■ **Stephen King** diente eine aus Aldus FreeHand importierte Strichgrafik als Grundlage für die *ImagiTrek*-Werbeanzeige, die in einer früheren Photoshop-Version erstellt wurde. Da die Strichgrafik keine Füllungen enthielt, konnte sie direkt aus FreeHand importiert werden, ohne vorher ins Illustrator-Format umgewandelt zu werden. Die Grafik wurde nicht im RGB-Kanal, sondern zunächst in einem für den Hintergrund eingerichteten Alpha-Kanal (#4) plaziert. Der Alpha-Kanal wurde in einen neuen Kanal dupliziert (Bild, Berechnen, Duplizieren) und weichgezeichnet, um eine Maske zur Auswahl des Lichtschimmers der Neonröhren zu erhalten. Der weichgezeichnete Kanal wurde im RGB-Kanal als Auswahl geladen (Auswahl, Auswahl laden) und mit einem hellen, der Vordergrundfarbe zugewiesenen Blau gefüllt (Wahl- und Rückschrittaste). Anschließend wurde die Strichgrafik als Auswahl geladen und auch diese mit dem Blauton gefüllt. Weitere Farbelemente wurden unter Zuhilfenahme eines druckempfindlichen Wacom-Grafiktabletts mit dem Pinselwerkzeug in das Bild gemalt. Der Lichtschein um diese Elemente wurde mit dem Airbrush und einer ziemlich großen Werkzeugspitze erstellt. Die scheinbaren Lichtspiegelungen auf den Neonröhren trug er mit einem spitzen Pinsel und einem helleren Ton der jeweiligen Neonfarbe auf. Obwohl diese Illustration nach dem gleichen Verfahren auch in Photoshop 2.5 erstellt werden könnte, würde King heute vermutlich anders vorgehen: Statt die Strichgrafik in FreeHand zu erstellen, könnte er sie mit dem Zeichenstift der Pfadpalette zeichnen und der Bézier-Kurve mit Pfadkontur füllen aus dem Einblendmenü der Pfadpalette zuerst den diffusen Airbrush-Lichtschein und anschließend die mit schmalpinseligen und scharfkonturigeren Werkzeugen erstellte Neonröhre hinzufügen.

■ Für das *Revealer*-Cassettencover speicherte **Jack Davis** diesen Schriftzug in drei Alpha-Kanälen. Nachdem er den Lichtkegel auf dem schwarzen Hintergrund mit dem Lasso und einer weichen Auswahlkante ausgewählt und im Dialog Tonwertkorrektur aufgehellt hatte (Bild, Einstellen), verzerrte er die Schrift in einem der drei Kanäle (Bild, Effekte, Neigen, anschließend Bild, Drehen). Vor dem Hintergrund lud er die verzerrte Schrift als Auswahl und füllte sie mit Schwarz (Wahl- und Rücktaste), so daß der Eindruck eines Schattens entstand. Im nächsten Kanal vergrößerte er die Schrift mit dem Filter Helle Bereiche vergrößern (Filter, Sonstige Filter). Er lud diese Auswahl und füllte sie mit einem sich diagonal erstreckenden, linearen Verlauf. Als Verlaufsfarben wählte er ein dunkles Grau (links oben) und ein helles Grau (rechts unten). Schließlich lud er den letzten der drei Kanäle als Auswahl und füllte diese Auswahl mit einem diagonalen Verlauf in entgegengesetzter Richtung. Die kleinere Abbildung (rechts) zeigt eine Variation hinsichtlich der Hintergrundausleuchtung und der Verlaufsrichtungen.

■ Für das *Bow Down Album Cover*, das einen Regenbogen um den himmlischen Thron Gottes zeigt, scannte **Jack Davis** einen Holzschnitt von Doré und wählte den Hintergrund mit dem Lasso aus. Die Auswahl füllte er mit einem kreisförmigen Spektralverlauf von Weiß bis Rot (im UZS). Er fügte dem Bild Störungen hinzu, um ihm ein wenig Struktur zu verleihen. Als der Hintergrund fertiggestellt war, sprühte er mit dem Airbrush im Modus Abdunkeln Regenbogenfarben auf die Gewänder der Anbeter.

■ Die Buchstaben dieses in Stein gemeißelten *Monogramms* zeichnete **Jack Davis** in Adobe Illustrator und stattete die Zeichenformen mit schwarzen, weißen und graugestuften Flächen aus. Der Hintergrund wurde mit einem 50%igen Grau gefüllt. Davis öffnete die Datei in Photoshop als Graustufenbild und sicherte sie in einem Alpha-Kanal (#2). In Kanal 2 wählte er die einzelnen Flächen der Zeichen mit dem Zauberstab bei eingeschalteter Option Glätten und mit einer Toleranz von 0 Pixel aus. Die Buchstabenseiten wurden durch lineare Verläufe »aufgehellt«. Auf den gesamten Kanal wurde der Stilisierungsfilter Kristallisieren angewendet (mit einer Zellengröße von 3 Pixel bei einer gesamten Bildbreite von 505 Pixel). Auf diese Weise wurden die Kanten der Buchstaben ein wenig aufgerauht, so daß sie sich besser in den Hintergrund, einem Scan von einer Mauer mit deutlicher Oberflächenstruktur, einfügen. Die Auswahl wurde in den Hintergrund geladen und die Schattenseiten der eingravierten Buchstaben im Dialog Tonwertkorrektur (Bild, Einstellen) abgedunkelt. Danach wurde die Auswahl umgekehrt und die übrigen Flächen der Buchstaben aufgehellt (Bild, Einstellen, Tonwertkorrektur). Da es sich bei der Hintergrundfarbe um ein 50%iges Grau handelte, wurde er bei der ersten Tonwertkorrektur mit abgedunkelt und bei der zweiten wieder mit aufgehellt. (Durch das Abdunkeln und Aufhellen veränderte sich der Hintergrund dennoch ein wenig. Wenn der Hintergrund für die Bearbeitung vollständig maskiert werden soll, sollte wie auf Seite 144 beschrieben vorgegangen werden.) Das Bild wurde in den Duplex-Modus umgewandelt und neben Schwarz mit einer zweiten Duplex-Farbe versehen.

■ Als erstes fertigte **Jack Davis** den Hintergrund für dieses *HiRez Audio CD-ROM-Cover* an: In einer RGB-Datei erzeugte er ein zufälliges Störungsmuster (Filter, Störungsfilter, Störungen hinzufügen) und wendete den Bewegungsunschärfefilter (Filter, Weichzeichnungsfilter) an, so daß bunte Streifen entstanden. Nachdem er im Dialog Tonwertkorrektur (Befehl L) die gewünschte Farbe und den gewünschten Kontrast eingestellt hatte, importierte er die Schriftzeichen aus Adobe Illustrator, plazierte sie in einem Alpha-Kanal und erzeugte einen Schatten nach dem auf Seite 140 beschriebenen Schnellverfahren. Bevor er die Buchstaben einfügte, wählte er die obere Hälfte des Hintergrundes aus und kehrte dessen Tonwerte um (Befehl I). Die Buchstaben wurden aus der Zwischenablage eingefügt und für die spätere Verwendung als Auswahl gesichert. Der Chromeffekt wurde mit einer Betaversion des Gallery-Effects-Filters Chrome erzeugt. Für die abgeschrägten Kanten wurde die Ausgangsmaske (der Alpha-Kanal mit den importierten Schriftzeichen) in einer vergrößerten Maske (Filter, Sonstige Filter, Helle Bereiche vergrößern) als Auswahl geladen und mit Schwarz gefüllt. Die so entstandene Kantenmaske wurde gesichert und als Auswahl geladen. Um den Eindruck abgeschrägter Kanten zu erzeugen, wurden die Tonwerte der Auswahl umgekehrt. Im Maskierungsmodus wurde das V zwecks Aufhellung des linken oberen Bereichs mit einem Verlauf gefüllt und die Farben in diesem Bereich im Dialog Farbbalance angepaßt (Bild, Einstellen).

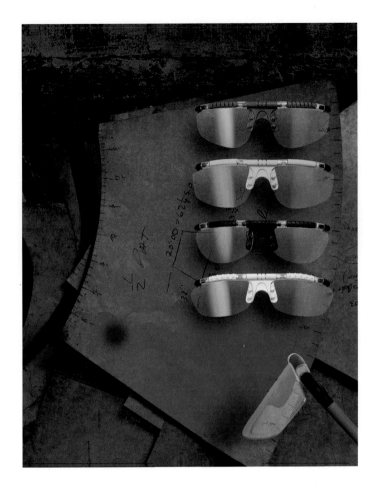

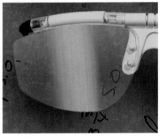

■ Die transparenten und reflektierenden Eigenschaften der Brillengläser und die Schatten dieses Bildes, das im preisgekrönten *Industrial-Strength-Eyewear*-Katalog veröffentlicht wurde, erzeugte **Jeff McCord** in Photoshop. Als Ausgangsmaterial verwendete McCord Produktaufnahmen mit gelblich getönten Brillen, die Tom Collicott auf einer Glasplatte vor neutralem Hintergrund arrangierte. McCord öffnete die Scitex-Scans in Photoshop im CMYK-Modus. Zusammen mit Prepress-Consultant Doug Peltonen wählte er den grauen Hintergrund mit dem Zauberstab aus und füllte ihn mit Weiß, so daß die weiße Fläche auch durch die Brillengläser hindurch sichtbar war. Nachdem er den Hintergrund erneut mit dem Zauberstab ausgewählt und die Auswahl umgekehrt hatte, um die Brillen auszuwählen, ging er dazu

über, die Masken für die Schlagschatten zu erstellen. Jede der Brillen kopierte er in die Zwischenablage. Aber bevor er die Brillen über dem neuen Hintergrund, einem anderen gescannten und bearbeiteten Foto, einfügte, setzte er sie in einen Alpha-Kanal ein und speicherte sie dort als Auswahl. Auf den Kanal wendete er den Gaußschen Weichzeichner und den Verschiebungseffekt an. Mit dieser Maske wählte er die Schattenpartien im Hauptbild aus, um sie abzudunkeln. Als die Schatten fertig erstellt waren, fügte McCord die Brillen aus der Zwischenablage in den CMYK-Kanal des Bildes (#0) ein. Im Dialog Montagekontrolle stellte er die Deckkraft der schwebenden Auswahl auf 60 % ein, damit der Hintergrund und die Schatten durch die Gläser hindurchscheinen konnten. Bei noch aktiver Auswahl fügte er eine zweite Kopie der Bril-

len aus der Zwischenablage genau über der ersten ein. Mit Befehlstaste und Lasso entfernte er die Gläser aus der Auswahl und reduzierte sie somit ausschließlich auf die Brillenrahmen, damit diese mit voller Deckkraft im Bild erscheinen konnten. Die verlorengegangenen Lichtspiegelungen auf den Gläsern stellte McCord wieder her, indem er die Brillen ein drittes Mal einfügte, als Modus im Dialog Montagekontrolle aber Aufhellen wählte. Im Dialog Tonwertkorrektur (Bild, Einstellen) erhöhte er soweit den Kontrast der Auswahl, bis der gewünschte Spiegelungseffekt eintrat. McCord speicherte die Datei im EPS/DCS-Format und importierte sie in QuarkXPress, wo sie mit Text ergänzt wurde. (Die Art-direction des Katalogs hatte die Werbeagentur Matthaeus, Donahoe und Halverson aus Seattle übernommen.)

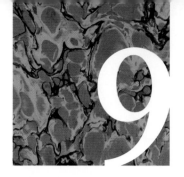

3D/4D – RÄUMLICHE TIEFE UND BEWEGUNG

FAST ALLE FOTOGRAFIEN und viele Illustrationen geben neben Höhe und Breite eine dritte Dimension wieder: räumliche Tiefe. Photoshop-Bilder stellen im allgemeinen nicht bloß eine Sammlung flacher Linien und Farbfüllungen dar, sondern bieten meist die Ansicht einer realen oder virtuellen Szene.

Räumliche Tiefe läßt sich bereits mit einfachen Mitteln erzeugen: Das Abdunkeln ausgewählter Bereiche im Dialog Tonwertkorrektur erzeugt die Illusion von Schlagschatten, während das Aufhellen den Eindruck von Lichtspiegelungen zur Folge hat. Darüber hinaus lassen sich ausgewählte Bildbereiche oder auch vollständige Bilder mit drei Photoshop-Effekten aus dem Menü Bild (Neigen, Perspektivisch verzerren und Verzerren) so verzerren, daß eine perspektivische Wirkung entsteht. Auch der Spherize-Filter stattet eine Kulisse mit Tiefenwirkung aus.

Einige Filter von Drittanbietern wie beispielsweise der KPT-Filter Glass Lens und der 3D-Filter der Andromeda Series 2 (siehe Seite 107) verstärken ebenfalls die räumliche Wirkung. Aber nur 3D-Programme sind in der Lage, zweidimensionale Objekte zu extrudieren und in einer dritten Ebene zu rotieren und Elemente des Bildes zu modellieren. Sie allein erlauben, in einem Arrangement solcher Objekte zu einer Kulisse quasi per Knopfdruck die Betrachterperspektive zu ändern oder die Szene so neu auszuleuchten, daß praktisch ein neues Bild entsteht.

Photoshop kann bezüglich der in 3D-Programmen erstellten Modelle in zweifacher Weise agieren. Einerseits dient Photoshop als Empfänger von Bildern dreidimensionaler Objekte, andererseits kann es auch PICT-Bilder erzeugen, die dann in einem 3D-Renderprogramm als Oberflächenstruktur verwendet und mit Farben, Mustern und Details ausgestattet werden.

Jenseits der dritten Dimension liegt die vierte Dimension, genauer gesagt die Bewegung durch den dreidimensionalen Raum, durch virtuelle Welten. Auch in diesem Fall kann Photoshop als Quellprogramm für Bilder dienen, die in Programmen wie Adobe Premiere, Diva Video Shop und CoSA After Effects für Animationen und Videos oder für Multimedia-Präsentationen in Programmen wie MacroMind Director eingesetzt werden.

3D-Ansicht

Übersicht: *Grafik in einem Vektorgrafikprogramm vorbereiten und in einem 3D-Programm wie Adobe Dimensions perspektivisch verzerren, Ergebnis in Photoshop importieren, weitere Elemente hinzufügen, zur Verstärkung der dreidimensionalen Wirkung Schatten und Lichtspiegelungen erzeugen.*

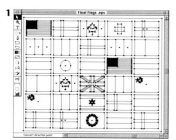

Flaggen in Illustrator: Füllungen ohne Umriß

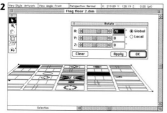

Grafik in Dimensions um die x-Achse rotiert

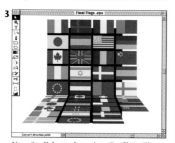

Ursprüngliche und geneigte Grafik in Illustrator vereint, im Hintergrund das Rechteck

OBWOHL SICH MIT DEM PHOTOSHOP-EFFEKT Perspektivisch verzerren (Bild, Effekte) eine Fluchtpunktperspektive erzeugen läßt, ist das Ergebnis meist überzeugender, wenn die perspektivische Verzerrung in einem 3D-Programm durchgeführt und das Objekt in Photoshop importiert wird. Diese Illustration für den Umschlag eines Buches über die Problematik der Gesundheitsversorgung bei Reisen ins Ausland besteht aus horizontal angeordneten Flaggen vor einem Hintergrund mit einer Überblendung aus Flaggen und Banknoten. Die Flaggen wurden in Adobe Illustrator präzise mit einer Scan-Vorlage nachgezeichnet und in Adobe Dimensions räumlich geneigt. Die Banknoten wurden gescannt und die Strichgrafik, aus der die Weltkugel entstand, wurde im Programm Azimuth erstellt.

1 Grafik in Illustrator zeichnen und speichern. Die gewünschte Grafik in Adobe Illustrator zeichnen. Ausschließlich Füllungen verwenden und keine Umrißlinien, da Adobe Dimensions nicht in der Lage ist, die Stärke der Konturen der perspektivischen Verzerrung anzupassen. Elemente gruppieren und im EPS-Format abspeichern.

2 In Dimensions Perspektive erzeugen. Die Illustrator-Datei in Dimensions öffnen und das Bild mit dem Trackball-Werkzeug und dem Dialog Rotieren neigen. Eine Kopie des Flaggenbildes wurde um 70° an der horizontalen Achse (*x*) gedreht. Da keine besonderen Farb- oder Aufhellungsarbeiten notwendig waren, war die Arbeit damit in Dimensions beendet und die Datei konnte im Illustrator-Format gespeichert werden.

3 Elemente der horizontalen und vertikalen Ebene verbinden. Die ursprüngliche Version der Grafik mit der perspektivisch verzerrten Version in Illustrator verbinden. Eine der beiden Grafiken

Banknoten-Scan

Flaggen in Photoshop importiert, mit einem diagonalen, linearen Verlauf maskiert

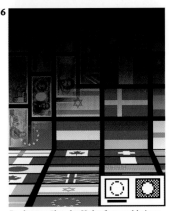

Banknoten über der Verlaufsauswahl eingefügt, oberer Teil des Bildes abgedunkelt

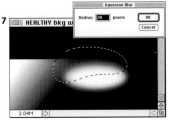

Schattenmaske

skalieren, so daß sie an der Seite, an der die beiden Ebenen aufeinandertreffen, die gleiche Länge aufweisen. Im Hintergrund der Grafik kann ein Rechteck in der endgültigen Form der Illustration aufgezogen und in Schnittmarken umgewandelt werden, um die Grafik für Photoshop zu beschneiden. (Mehr über den Import von Illustrator-Dateien mit Schnittmarken in Photoshop siehe Seite 136 und 137.) Die Datei im EPS-Format speichern.

4 Zweites Bild vorbereiten. Für das zweite Bild wird unabhängig davon, ob es gescannt, gemalt oder importiert wird, eine zweite Datei mit derselben Auflösung wie die erste Bilddatei und einer für die Überblendung ausreichenden Bildgröße eingerichtet. Im Beispiel wurden Geldscheine auf einen Flachbett-Scanner gelegt und eingelesen. Der Scan wurde retuschiert und so skaliert, daß er wie ein Gitternetz an der Flaggenanordnung ausgerichtet werden konnte. Wenn das Bild fertiggestellt ist, vollständig auswählen und in die Zwischenablage kopieren.

5 Datei in Photoshop öffnen und mit einem Verlauf maskieren. Sicherstellen, daß die Option PostScript glätten im Dialog Grundeinstellungen: Allgemeine (Menü Ablage) aktiviert ist. Die Illustrator-EPS-Datei in Photoshop öffnen und im Dialog EPS-Umwandlungsoptionen die gewünschte Auflösung und Bildgröße eingeben. Das etwa 19 x 23,5 cm große Beispielbild brachte es bei einer Auflösung von 200 Pixel pro Inch auf eine Gesamtbildbreite von 1500 Pixel.

Bei aktiver Montagedatei durch Anklicken des Maskensymbols in der Werkzeugpalette in den Maskierungsmodus wechseln. Mit dem Verlaufswerkzeug einen Verlauf aufziehen. Der Verlauf erscheint in der gewählten Maskenfarbe. (Einstellungsoptionen für den Verlauf befinden sich im Werkzeugdialog, der mit einem Doppelklick auf das Verlaufssymbol in der Werkzeugpalette geöffnet wird.) Im Beispiel wurde ein linearer Verlauf angewendet und für einen ausgeglichenen Verlauf die Option Halbe Farbänderung auf 50% eingestellt. Nahe des Bildmittelpunktes wurde das Verlaufswerkzeug nur ein kurzes Stück diagonal gezogen, was einen schmalen Überblendungsbereich von den Banknoten zu den Flaggen sicherstellte.

6 Bilder überblenden. Nachdem die Verlaufsmaske erstellt wurde, wieder in den Standardmodus wechseln, um die Maske in eine Auswahl zu verwandeln. Das zweite Bild aus der Zwischenablage mit Bearbeiten, In die Auswahl einsetzen einfügen. Anschließend eine zweite Verlaufsmaske erstellen und den oberen Teil der Montage durch die Verlaufsmaske hindurch im Dialog Tonwertkorrektur (Bild, Einstellen) abdunkeln.

7 Schatten erzeugen. Die durch die perspektivische Verzerrung der Flaggen erzeugte räumliche Wirkung kann durch Hinzufügen von Schatten weiter verstärkt werden. Im Beispiel wurde zunächst ein weiterer linearer Verlauf im Maskierungsmodus erstellt, mit dem der linke Teil der Bodenfläche ausgewählt werden konnte. Die Auswahl wurde in einem Alpha-Kanal (#4) gesichert (Auswahl, Auswahl sichern), um die linke Ecke des Raumes später noch abdunkeln zu können. Mit dem Auswahloval wurde eine elliptische Auswahl mit

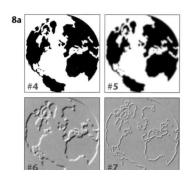

8a

#4 · #5 · #6 · #7

Reliefmasken für die Kontinente, durch Anwendung des »Kopfkisseneffekts« (siehe Seite 146 und 147)

8b

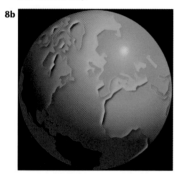

Globus mit Relief und Lichtspiegelung

8c

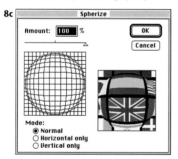

Aufgeblähte Auswahl (Spherize-Filter)

8d

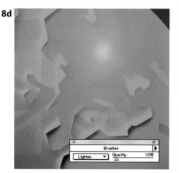

Niedrige Deckkraft für die Widerspiegelung der Umgebung (Flaggen)

weicher Kante getroffen (weiche Auswahlkante im Werkzeugdialog festlegen, der mit einem Doppelklick auf das Ovalsymbol geöffnet wird). Während alle Kanäle eingeblendet waren, aber nur Kanal 4 für die Bearbeitung aktiv war, wurde die Auswahl in den Schattenkanal (#4) eingefügt und mit Weiß gefüllt (Rückschrittaste). Um den Übergang vom Schatten zum Untergrund weicher erscheinen zu lassen, wurde die von der Lichtquelle abgewendete Hälfte der Schattenfläche mit dem Lasso und einer weichen Auswahlkante von 50 Pixel ausgewählt und mit dem Gaußschen Weichzeichner weichgezeichnet (Filter, Weichzeichnungsfilter). Die Maske wurde im RGB-Kanal als Auswahl geladen und im Dialog Tonwertkorrektur wurden die Schattenpartien abgedunkelt.

8 3D-Objekt einfügen. Mit einem 3D-Objekt im Vordergrund wird die Illustration perfekt. Die Weltkugel entstammt dem Programm Azimuth, einer Software, die 3D-Ansichten der Erde mit jedem beliebigen Längen- und Breitengrad als Zentrum und aus jeder beliebigen Betrachtungshöhe als schwarzweiße PICT-Bilder liefert. Dieses PICT-Bild wurde mit Ablage, Importieren, Geglättetes PICT-Bild geöffnet, um die Kanten der Bitmap beim Rastern zu glätten. Die Kugel wurde mit einem Relief zur Unterscheidung der Kontinente und Meere versehen, wie es auf den Seiten 146 und 147 für das »Satinkopfkissen« beschrieben ist. Die Masken für diesen Effekt wurden als Kopie des in Kanal 4 gesicherten PICT-Bildes in Kanal 5 weichgezeichnet und in Kanal 6 in ein Relief umgewandelt. Anschließend wurde Kanal 4 in Kanal 6 als Auswahl geladen, die Tonwerte der Auswahl umgekehrt (Bild, Festlegen, Umkehren) und das Ergebnis in Kanal 7 gesichert.

Um die Globusfläche mit Farbe zu füllen, wurde mit dem Auswahloval und der Umschalttaste eine Kreismarkierung in der Größe der Weltkugel aufgezogen. Innerhalb der Auswahl wurde mit dem Verlaufswerkzeug ein kreisförmiger Verlauf mit versetztem Zentrum von einem Lindgrün als Vordergrundfarbe bis zu einem dunklen Grün als Hintergrundfarbe erstellt. Weitere radiale Verlaufsfüllungen wurden auf ausgewählte Bereiche angewendet wie beispielsweise auf die helle Lichtspiegelung. Kanal 4 wurde als Auswahl geladen (Auswahl, Auswahl laden, #4), um sich mit der grünen Kreisfläche zu vereinigen. Die Farbe der ausgewählten Wasserflächen wurde im Dialog Farbton/Sättigung (Bild, Einstellen) auf Blau geändert.

Nachdem der »Kopfkisseneffekt« auf das Bild angewendet wurde, wurde eine scheinbare Spiegelung auf der Kugeloberfläche erzeugt. Ein Teil des ursprünglichen Flaggenbildes wurde mit dem Auswahlrechteck ausgewählt und in eine schwebende Auswahl umgewandelt, mit dem Spherize-Filter behandelt (Filter, Verzerrungsfilter), in die Zwischenablage kopiert (Befehl X) und in den ausgewählten Globus eingefügt. Die Deckkraft der Vereinigung wurde in der Werkzeugspitzenpalette stark herabgesetzt. Die noch ausgewählte Weltkugel wurde kopiert und in die Montagedatei eingefügt. Die Ränder der Auswahl wurden mit Auswahl, Rand entfernen geglättet.

Import aus Dimensions

Übersicht: *Räumliche Figuren in Adobe Dimensions konstruieren, Schriftzug in Illustrator erstellen und in Outlines umwandeln, Outlines auf Matrizen von 3D-Objekten übertragen, Datei in Illustrator importieren, einzelne Komponenten in separaten Dateien speichern, Dateien in Photoshop plazieren, Strukturen und Schatten hinzufügen.*

1a

Die Dimensions-Werkzeuge für Grundformen

1b

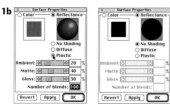

Oberflächeneigenschaften in Dimensions spezifizieren

2a

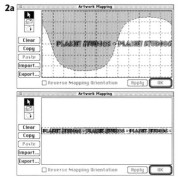

Objektmatrizen im Modus Artwork Mapping von Dimensions

IN ADOBE DIMENSIONS lassen sich mit den Zeichenwerkzeugen dreidimensionale Objekte erstellen und mit der Renderfunktion mit Oberflächeneigenschaften ausstatten. Außerdem kann Dimensions 2D-Material importieren und extrudieren oder auf ein 3D-Objekt projizieren. Dimensions fehlen nur wenige Fähigkeiten für eine perfekte fotorealistische Darstellung der 3D-Objekte, aber in Photoshop lassen sich die eher technisch anmutenden Objekte durch Hinzufügen von Strukturen, Schatten, Spiegelungen und weichen Kanten in real wirkende Körper verwandeln. Planet Studios bat uns, ein Firmenlogo im 3D-Look zu kreieren. Wir wollten in der Lage sein, verschiedene Variationen auszuprobieren, ohne daß unsere Arbeit durch die aufwendige Benutzerführung und die zeitraubenden Berechnungen eines professionellen Renderprogramms immer wieder ins Stocken gerät. Die Lösung des Problems war die Vereinigung von Illustrator, Dimensions und Photoshop, was uns erlaubte, ein Schriftbanner als Ring um einen Himmelskörper zu legen, so daß sich der Schatten der Buchstaben auf der Oberfläche des Planeten abzeichnete.

1 3D-Objekte in Dimensions erstellen. Im Artwork-Modus von Dimensions ein 3D-Objekt aus einer der vier vom Programm zur Verfügung gestellten *Grundformen* aufbauen. Oder ein 2D-Bild importieren und mit Extrude oder Revolve aus dem Menü Operations in 3D-Formen umwandeln. Bei aktiviertem Modus Shaded Render im Dialog Surface Properties (Menü Appearance) die Farb- und Reflexionseigenschaften einstellen. Wir wählten für den Planeten die Kugel-Grundform ohne Umriß, eine rotbräunliche Füllung und die Eigenschaft Reflectance: Plastic. Für die um den Planeten kreisende Firmenbezeichnung wählten wir einen Zylinder ohne Umriß und ohne Füllung, und aktivierten die Reflectance-Option No Shading.

2 Schriftzug erstellen und auf ein 3D-Objekt projizieren. Den Text in Illustrator erstellen und in Outlines umwandeln, weil Dimensions keine Schriftobjekte, sondern nur Grafikobjekte verwal-

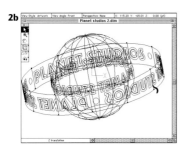

2b

3D-Gitterkonstruktion in Dimensions

2c

Lichtquellen positionieren

3

Teile der Illustration werden in getrennten Illustrator-Dateien gespeichert

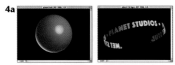

4a

Zwei gerasterte RGB-Dateien

4b

Drei Alpha-Kanäle

4c

Beispiel für die Stärke der Weichzeichnung in einem Alpha-Kanal

ten kann. (Die Schrift kann auch in FreeHand erstellt und in Zeichenwege umgewandelt werden, wenn sie mit EPS-Exchange, das eigens diesem Zweck dient, ins Illustrator-Format konvertiert wird.) Es darf nicht vergessen werden, daß die Textkette lang genug sein muß, um vollständig um das Objekt herum gelegt werden zu können. Im Beispiel wurde der Text für den Schatten auf dem Planeten zweimal und für den unsichtbaren Ring dreimal eingegeben.

Im Modus Artwork Mapping wird eines der Objekte ausgewählt und der dazugehörige Schriftzug importiert und wie gewünscht auf der Matrix des Objekts positioniert. Die grauen Bereiche der Matrix zeigen die Teile der Objekte an, die auf der von der »Kamera« abgewandten Seite liegen und somit nicht sichtbar sind. Im Modus Artwork kann das Erscheinungsbild der Objekte überprüft werden. Kameraposition einstellen und gegebenenfalls mit verschiedenen Lichtquellen experimentieren. Schließlich das Objekt rendern, um seine endgültige Körperform mit weichen Farbübergängen zu erhalten.

3 Bildmaterial exportieren und in Illustrator in Teile zerlegen. Dieser Schritt zerlegt das Logo in einzelne Teile, die in Photoshop in Alpha-Kanälen plaziert werden, um sie einzeln mit unterschiedlichen Effekten zu behandeln. Die Dimensions-Datei im Illustrator-Format exportieren und in Illustrator öffnen. Diese Datei wird in mehrere Dateien mit identischem Positionsrahmen aufgeteilt – dadurch bleibt die relative Position der einzelnen Elemente zueinander auch beim Importieren in Photoshop erhalten. Für den unsichtbaren Positionsrahmen wird ein Rechteck um alle Elemente der Datei aufgezogen und in Schnittmarken umgewandelt (Umformen, Schnittmarken setzen). (Wie die Schnittmarken der Kopien einer Illustrator-Datei als Positionierhilfen eingesetzt werden, wird ausführlich auf den Seiten 136 und 137 beschrieben.)

Sobald der Positionsrahmen gesetzt ist, wird die Gruppierung der Objekte aufgehoben und jedes Objekt (oder jede Gruppe zusammengehörender Objekte) zusammen mit dem Positionsrahmen in separaten Dateien gesichert. Im Beispiel speicherten wir in einer Datei die Planetenkugel ohne die Buchstabenschatten und in einer anderen Datei das Buchstabenband. Die Datei mit dem Buchstabenring enthielt außerdem eine schwarz gefüllte Version des Himmelskörpers, damit die hinter dem Planeten verschwindenden Teile des Zeichenbandes abgedeckt werden können.

Die gesamte Aufteilungsprozedur wird wiederholt. In der importierten Datei wird die Gruppierung der Objekte aufgehoben und die Objekte erneut bei immer gleichen Positionsrahmen in separaten Dateien gespeichert. Dieses Mal jedoch werden die Farbabstufungen der Objekte entfernt, so daß »reine« Versionen der Objektformen übrig bleiben, die in Photoshop als Auswahlen in Alpha-Kanälen gespeichert werden können.

4 Illustrator-Dateien in Photoshop importieren. Die Illustrator-Dateien der Objekte mit Farbabstufungen in Photoshop öffnen (Ablage, Öffnen). Für das Logo öffneten wir zwei RGB-Dateien (eine

5a

KPT-Filter Texture Explorer

5b

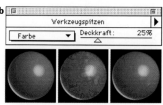

Die Originalversion (links) wird durch gezielte Wahl von Modus und Deckkraft nur teilweise mit der strukturierten Version (mitte) überdeckt (rechts)

5c

Die mit dem KPT-Filter Texture Explorer behandelte Strukturversion wurde im Modus Luminanz mit dem ursprünglich weißen Schriftzug vereinigt

6

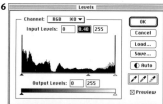

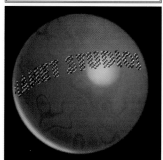

Schattenpartien ausgewählt

für die Kugel und eine für das Schriftband). Durch die Schnittmarken besitzen alle Dateien die gleiche Größe. Falls der Positionsrahmen der Illustrator-Dateien bereits die Größe der endgültigen Photoshop-Illustration besitzt, können die vorgegebenen Abmessungen im Dialog EPS-Umwandlungsoptionen übernommen werden. Falls nicht, wird die Option Proportionen einschränken aktiviert, entweder die Höhe oder die Breite eingegeben (Photoshop berechnet die andere Abmessung automatisch) und schließlich noch die gewünschte Bildauflösung bestimmt.

Die »reinen« Illustrator-Dateien werden als Masken in Alpha-Kanälen plaziert. (Neue Alpha-Kanäle werden mit Neuer Kanal aus dem Einblendmenü der Kanälepalette eingerichtet. Um eine Illustrator-Datei in einen Kanal zu importieren und zugleich zu rastern, wird aus dem Menü Ablage der Befehl Plazieren gewählt.) Wir plazierten die reinen Elementeformen in Alpha-Kanälen der Kugel-Datei.

Für eine stimmungsvollere Wirkung wurden sowohl die rote Kugel als auch der die farblose Kugel enthaltende Alpha-Kanal etwas weichgezeichnet (Filter, Weichzeichnungsfilter, Gaußscher Weichzeichner). Dazu wurden vor der Filteranwendung in der Kanälepalette die Stiftsymbole für den RGB-Kanal und für Kanal 4 aktiviert. Die Maske für die Buchstabenschatten auf der Planetenoberfläche wurde ebenfalls weichgezeichnet.

5 Oberflächenstruktur hinzufügen. Elemente, die eine Struktur erhalten sollen, werden mit der entsprechenden Maske aus einem der Alpha-Kanäle ausgewählt (Auswahl, Auswahl laden). Die Oberfläche des ausgewählten Elements mit Filtern oder Malwerkzeugen bearbeiten. Wird die Auswahl in eine schwebende Auswahl umgewandelt, erlangt der Anwender eine größere Flexibilität, im Dialog Montagekontrolle oder über die Werkzeugspitzenpalette die Stärke und den Modus der Überlagerung von strukturierter Version und ursprünglicher Version zu steuern. Wir wendeten den KPT-Filter Texture Explorer mit der Option Procedural Blend (siehe Seite 109) auf eine schwebende Auswahl des Planeten an und stellten, bevor die Auswahl aufgehoben wurde, in der Werkzeugspitzenpalette den Modus auf Farbe und die Deckkraft auf 25 % ein (auf diese Weise fiel der Effekt sehr schwach aus).

Der KPT-Filter Texture Explorer wurde mit der Option Procedural Blend und geänderten Einstellungen auch auf eine schwebende Auswahl des Schriftbandes angewendet. In der Werkzeugspitzenpalette wurde der Modus auf Luminanz eingestellt, damit nur die Helligkeitswerte, nicht aber die Farbwerte von der Filteranwendung betroffen wurden.

6 Schatten erstellen. Die Maske zur Auswahl der Schatten laden (Auswahl, Auswahl laden; im Beispiel handelte es sich um Kanal 6). Die Farben des Planeten innerhalb der Auswahl im Dialog Tonwertkorrektur (Bild, Einstellen) abdunkeln. Wir erreichten die Schattenwirkung durch Verschieben des grauen (Gamma-)Reglers für die Tonwertspreizung nach rechts.

7a

Schriftband eingesetzt

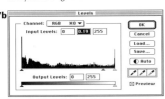

7b

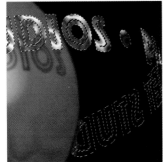

Abdunkelung für eine 3D-Kante

7c

*Helle Buchstaben eingesetzt, verschoben
und mit schwarzen Umrissen versehen*

7 Objekte kombinieren. Um die in Illustrator getrennten Elemente wieder zu einer vollständigen Komposition zusammenzumontieren, werden die Elemente in eine der Dateien eingefügt (»Clientdatei«). In der Serverdatei die Maske des gewünschten Elements laden, um das Element auszuwählen und vor dem Hintergrund zu isolieren. Auswahl in die Zwischenablage kopieren (Befehl C) und in der Clientdatei in den gleichen Kanal einfügen (Befehl V). Die Auswahl der Maske stellt sicher, daß das Element an der richtigen Stelle positioniert wird.

Im Fall des Planetenlogos wurde die Maske zur Auswahl des Schriftbandes in einem Alpha-Kanal (#5) der Planetendatei gesichert (siehe Schritt 4). Da der Schriftzug, der sich in einer anderen RGB-Datei befand, mit dieser Maske ausgewählt werden sollte, wurde sie in diese Datei als Auswahl dupliziert. Dazu wurde der Befehl Bild, Berechnen, Duplizieren aufgerufen und als Zieldatei das Dokument mit dem Schriftband und als Zielkanal *Auswahl* gewählt. Der auf diese Weise ausgewählte Schriftzug wurde in die Zwischenablage kopiert. In der Montagedatei (Planet) wurde die Maske für den Schriftzug als Auswahl geladen (Auswahl, Auswahl laden, #5). Diese Auswahl diente sozusagen als Positionierhilfe beim Einfügen des Schriftzuges aus der Zwischenablage.

Die schwebende Auswahl wurde im Dialog Tonwertkorrektur abgedunkelt (Bild, Einstellen). Durch Verschieben des Gammareglers nach rechts wurden die Mitteltöne und die Tiefen abgedunkelt, nicht aber die Lichter. (Dieses dunkle Schriftband war als Kante für den eigentlichen Schriftzug vorgesehen, um ihm einen dreidimensionalen Touch zu verleihen. Diese Arbeit konnte nicht in Dimensions verrichtet werden, weil Dimensions nicht in der Lage ist, auf andere Objekte projizierte Elemente zu extrudieren.) Anschließend wurde der originale Schriftzug erneut eingefügt und ein wenig nach rechts und nach oben versetzt, um den Eindruck räumlicher Buchstaben zu erwecken. Um die Konturen der hellen Zeichenoberflächen zu schärfen, erhielten sie schwarze, 1 Pixel starke Umrisse (Bearbeiten, Kontur füllen).

Abschließend wurden einzelne Teile der Illustration durch Laden der entsprechenden Alpha-Kanäle ausgewählt und ihre Farben im Dialog Farbbalance (Bild, Einstellen) aufeinander abgestimmt.

POSITIONSGENAUES EINSETZEN

Normalerweise positioniert Photoshop ein aus der Zwischenablage eingefügtes Element in der Mitte des Dokumentfensters. Mit einem Trick läßt sich ein Element aber genau an einer vorgegebenen Stelle einsetzen. Wenn vor dem Einfügen des Elements eine Auswahl von exakt der gleichen Größe und Form des Elements getroffen wird, wird es genau in die Auswahl eingesetzt. Damit eine Auswahl nicht bis zum Zeitpunkt des Einsetzens aktiv bleiben muß, bietet es sich an, sie in einem Alpha-Kanal zu sichern. Dann kann sie zu jedem beliebigen späteren Zeitpunkt geladen werden (Auswahl, Auswahl laden), um als Positionierhilfe beim Einfügen des Zwischenablageninhaltes dienen zu können.

Animation eines Logos

Übersicht: *QuickTime-Filme und PICT-Bilder aus Photoshop nach Adobe Premiere exportieren, die Standbilder mit dem Rollfilter animieren, Animation in Premiere mit Alpha-Kanälen aus Photoshop maskieren, Elemente in MacroMind Director montieren, mit QuicKeys die Einzelbilder aus Photoshop in die Animation einfügen.*

ANIMATION: GREG UHLER / LOGO: JHD

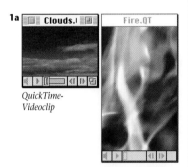

1a

QuickTime-Videoclip

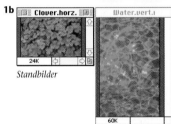

1b

Standbilder

1c

Standbilder in Premiere animieren

PHOTOSHOP HAT SICH ZU EINEM WICHTIGEN WERKZEUG auch bei der Herstellung computeranimierter Filme entwickelt. Photoshop erlaubt eine exzellente Bildbearbeitung, stellt Auswahlmasken zur Verfügung, die sich in Adobe Premiere importieren lassen, und besitzt Farbumwandlungsfunktionen, die die Funktionen der meisten Animationsprogramme übertreffen. Bei der Animation des von Jack Davis erstellten Logos für Presto Studios setzte Greg Uhler neben Photoshop noch die Programme Adobe Premiere 2.0, MacroMind Director 3.1.1 und QuicKeys 2.0 ein. Uhler spaltete das Bild in Vorder- und Hintergrund auf. Die aus dem Hut und der leuchtenden Perle bestehende Vordergrundebene sollte bewegungslos bleiben. Den Hintergrund, auf dem alle Animationsbewegung stattfinden sollte, teilte er in die Bereiche Erde, Luft, Feuer und Wasser auf. Jeder der vier Hintergrundbereiche sollte einzeln animiert, dann zusammengeführt und schließlich von der Vordergrundebene überlagert werden.

1 »Clip-Animation« und Animation von Standbildern. Mit Adobe Premiere gleichmäßige Filmsequenzen herstellen. Für die Animation der Luft und des Feuers entnahm Uhler der Videoclipbibliothek Wraptures Reels QuickTime-Sequenzen und beschnitt sie auf die richtige Größe. Die Filme für die Erde und das Wasser erstellte er aus Standbildern. Dazu importiere er Photoshop-Bilder in Premiere und wendete den Rollfilter auf sie an. Uhler ließ die Erde von links nach rechts durch das Bild rollen und das Wasser von oben nach unten fließen.

2 Alpha-Kanäle importieren. Um zwei Animationsebenen im Hintergrund zu erzeugen, werden schwarzweiße Alpha-Kanäle aus Photoshop importiert. Diese Kanäle dienen als Masken für die Animation. Dabei kann eine Sequenz im weißen Maskenbereich und eine andere im schwarzen Maskenbereich abgespielt werden. Den Photoshop-Kanal mit der Transparenzfunktion von Premiere in die richtige Spur laden.

2a

Alpha-Kanäle in Photoshop

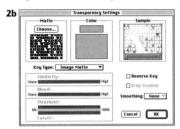

2b

Masken in Premiere importieren

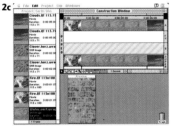

2c

Einstellungen für die Maskierung in Premiere

3

Der Animationshintergrund wird aus
MacroMind Director als eine Serie von
PICT-Bildern exportiert

Uhler skalierte die von Davis bei der Erstellung des Logos eingerichteten Alpha-Kanäle und importierte eine Maske für jeden der vier Hintergrundbereiche. Für jede der vier Sequenzen belegte er in Premiere die A-Video-Spur und die Super-Video-Spur. Die A-Spur beinhaltete das Bild, das innerhalb der Buchstaben erscheint. Die Super-Video-Spur wurde mit dem Bild, das außerhalb der Buchstaben erscheint, belegt. Aus diesem Grund wies er den Alpha-Kanal mit den schwarzen Buchstaben auf weißem Grund der Super-Video-Spur zu. Damit die Buchstaben in der Animation auch sichtbar werden, war das in der A-Spur enthaltene Bild (oder der Film) dunkler als das in der Super-Video-Spur.

3 Sequenzen vereinigen. Die Sequenzen als einzelne PICT-Bilder exportieren, in MacroMind Director laden und auf einem Hintergrund anordnen. Anschließend die zusammenmontierten Sequenzen für die Nachbearbeitung in Photoshop als einzelne PICT-Dateien exportieren.

4 Vordergrundelemente einfügen. Die Vordergrundelemente auf jedes Einzelbild des Animationshintergrundes montieren. Uhler speicherte die Position des Hutes und der Perle in einem Alpha-Kanal, so daß diese Elemente in jeder der PICT-Dateien präzise an der richtigen Stelle eingefügt werden konnten. Er automatisierte den Montageablauf mit Hilfe eines QuicKeys-Skripts. Das Skript öffnete die PICT-Datei, lud den Alpha-Kanal zur Positionierung der Vordergrundelemente, fügte den Hut und die Perle aus der Zwischenablage ein, lud den Alpha-Kanal zur Auswahl der Ränder, dunkelte die Ränder im Dialog Tonwertkorrektur ab, schloß die Datei, öffnete die nächste, usw.

Farben auf die Systempalette beschränken. Eine kommerziell verbreitete Computeranimation muß so gestaltet sein, daß ihre Farben auch auf einem Mac mit 8-Bit-Grafikkarte einen ansehnlichen Eindruck hinterlassen. Deshalb sollten die Farbbilder in die Apple-Systempalette mit 256 Farben konvertiert werden. Photoshop führt diese Umwandlung besser durch (mit weniger auffälligem Dithering) als die meisten anderen Programme, die eine entsprechende Umwandlungsfunktion besitzen. Die wiederholte Umwandlung aller Einzelbilder ist eine weitere Aufgabe, die sich mit QuicKeys automatisieren läßt.

4

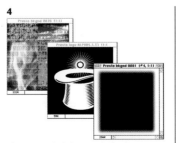

Animation fertigstellen. Nachdem die PICT-Bilder montiert und in den 8-Bit-Farbmodus umgewandelt worden waren, importierte Uhler sie wieder in MacroMind Director und unterlegte die Animation mit Musik.

Elemente und Alpha-Kanäle für die
Montage in Photoshop

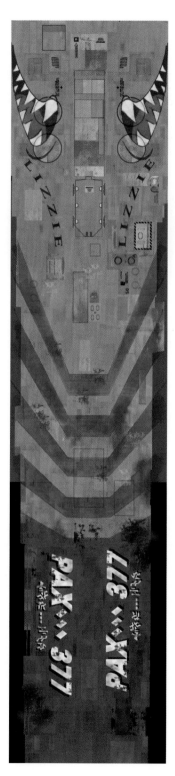

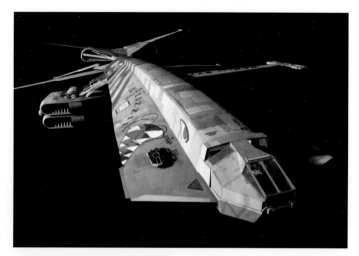

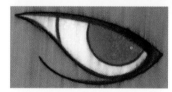

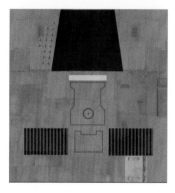

■ Für ein *Raumschiff* der Science-fiction-Fernsehserie *Space Rangers* übertrug **John Knoll** von Industrial Light & Magic (Knoll ist auch Mitentwickler von Photoshop) eine von Ty Ellington, dem Art Director von ILM, gezeichnete Skizze in ein 3D-Modell. In Photoshop erstellte er Strukturen und Muster als Flächen, die auf die Oberfläche eines Raumschiffmodells gelegt wurden. So verwandelte sich das Gefährt in einen ramponierten Raumgleiter eines auf die Verfolgung Krimineller spezialisierten, unterbesetzten und unterbezahlten Polizeivorpostens. Knoll scannte verschiedene Fotos von Seitenteilen der Karosserien militärischer Flugzeuge, schnitt Elemente aus den Scans aus und fügte sie zu einem »Patchwork«-Bild zusammen. Das über 2000 Pixel lange Bild für den Rumpf des Raumgleiters wurde auf diese Weise aus vielen stumpfen Metallplatten mit Nieten, kleinen Türen und jeder Menge Schrammen zusammengeflickt. Da das vordere Ende des Schiffes in mehreren Nahaufnahmen gezeigt werden sollte, wurde der Rumpf mit einer höheren Auflösung erstellt als die Flügel oder der hintere Teil des Gleiters. Für die Haifischzähne, die dem Schiff eine ganz »persönliche« Note verleihen, wurden Zeichnungen von Ellington gescannt. Das Schiff wurde in dem 3D-Programm Electric Image gerendert (beim Rendern wird das flache Bild von der Raumschiffhaut um das 3D-Modell gelegt) und in eine Animation eingesetzt. Mit dem Photoshop-Plug-in von Electric Image speicherte Knoll das Bild zuvor in dem vom 3D-Programm verlangten Bildformat.

■ Der *Mars-Canyon* wurde von **Jack Davis** und **Michel Kripalani** für *The Journeyman Project* erstellt, dem ersten interaktiven Abenteuerspiel auf CD-ROM, das eine fotorealistische Bildschirmdarstellung bietet. Zuerst wurde von dem Canyon in Photoshop eine topografische Ansicht als Graustufenbild erstellt und im CyberSave-Format exportiert (mittels des mit Electric Image mitgelieferten Photoshop-Plug-ins). Nachdem das Bild im Transporter-Modul von Electric Image geöffnet wurde, übersetzte das Programm die Graustufenwerte in ein dreidimensionales Drahtgeflecht. Die hellen Pixel wurden als Erhöhungen und die dunklen Pixel als Vertiefungen interpretiert. (StrataVision 3D besitzt ebenfalls die

Fähigkeit, Graustufenbilder in dreidimensionale Strukturen umzuwandeln.) Der rote Pfeil im topografischen Bild deutet den Blickwinkel der Kamera im gerenderten Bild an. Das Modell wurde in Electric Image mit verschiedenen Struktur- und Oberflächeneigenschaften ausgestattet. Das Bild eines Himmels wurde auf die Innenfläche eines den gesamten Canyon umgebenden Zylinders projiziert. Auf diese Weise ändert sich der Himmel beim Flug durch diese bizarre Landschaft. Den letzten Schliff erhielt die Szene durch Anwendung des Filters Blendenflecke. Er wurde auf alle Einzelbilder angewendet, in denen die Sonne hinter den Steinfelsen zum Vorschein kommt.

■ Für *The Mine Transport*, einer anderen Animation für *The Journeyman Project*, zeichnen **Phil Saunders**, **José Albañil**, **Eric Hook** und **Jack Davis** verantwortlich. Das Minenfahrzeug wurde in Swivel 3D Professional modelliert und in Macro-Mind 3D gerendert. Die Schattenbereiche wurden per Hand in Photoshop gemalt. Die Schattenpartien wurden mit dem Lasso und einer weichen Auswahlkante ausgewählt. Im Dialog Tonwertkorrektur (Bild, Einstellen) wurde der Kontrast der Partien durch Verschmälern des Tonwertumfangs vermindert und die Schatten gleichzeitig abgedunkelt. Weitere Details wie beispielsweise ein auf dem Klemmbrett befestigtes Fenster des Macintosh-Finders wurden separat erstellt und nachträglich in die Szene eingefügt.

■ Den *NORAD-Kontrollraum* für *The Journeyman Project* erstellten **Phil Saunders, José Albañil, Michel Kripalani, Geno Andrews,** und **Jack Davis.** Davis kombinierte 16 unterschiedliche Bilder und eine Wandstruktur zu einem großen Bild, das in Electric Image importiert und auf die Innenseite des den Kontrollraum umschließenden Zylinders projiziert wurde. Die endgültige, aus 36 Bildern bestehende Animation der Szene aus Wänden, Erdkugel und Inneneinrichtung wurde in Electric Image gerendert. Dabei besitzt die Erdkugel in jedem Bild einen anderen Rotationswinkel. In QuickKeys wurde ein Makro geschrieben (ein Miniprogramm, das eine Reihe von Befehlen wiederholt ausführen kann), das den Ladevorgang aller 36 Bilder in Photoshop automatisiert, der Erdkugel in jedem Bild einen Lichtkranz mit einer dem auf Seite 75 beschriebenen Verfahren ähnlichen Methode hinzufügt, das Bild mit einem Photoshop-Bild bewußtloser Arbeiter vereinigt und die Dateien nach der Bearbeitung sichert.

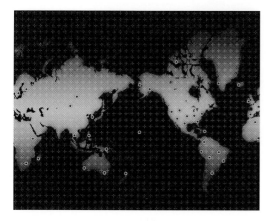

■ **Jack Davis** erstellte die Bilder für den *Holografischen Globus* des futuristischen NORAD-Kontrollraums in Photoshop. Hier sind drei der fünf Strukturen abgebildet, aus denen der Globus in der Animation zusammengesetzt ist. Die fünf Strukturbilder wurden auf durchsichtige Kugeln von gering abweichender Größe projiziert, so daß der Eindruck einzelner Schichten entsteht.

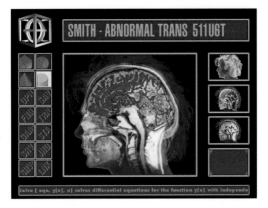

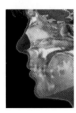

■ Wenn Benutzerschnittstellen für interaktive Multimedia-Präsentationen wie die auf dieser Doppelseite abgebildeten Beispiele von **Jack Davis** erstellt werden, kommen nahezu alle Photoshop-Werkzeuge und -funktionen zum Einsatz. Die nebenstehende »Computeranalyse« wurde für den Film *Lawnmower Man* erstellt und zeigt die verstärkte Gehirnaktivität des »unschuldigen Bösewichts« Jobe. Davis verwendete ein halbes Dutzend Fotografien – von dem Foto eines Primatengehirns bis hin zu einem Polaroid vom Profil des Darstellers. Der Schädel und das Gehirn wurden dem Profil des Darstellers angepaßt, indem Bereiche mit den Lasso und einer weichen Auswahlkante ausgewählt und mit Bild, Effekte, Skalieren auf die passende Größe gebracht wurden. Andere Bereich wurden mit dem Stempel retuschiert.

■ Die Benutzerschnittstelle für die Informations-CD *A Radius Rocket Home Companion* besitzt einen Hintergrund mit einem Ausschnitt aus einer »Stuckfassade« (in Photoshop importiertes PostScript-Muster, das mit dem Störungsfilter und dem Relieffilter behandelt wurde). Der Hintergrund wird von einem Lichtkegel beschienen. Dazu traf Davis eine weiche Auswahl und hellte sie im Dialog Tonwertkorrektur auf. Die dreidimensional wirkenden Schaltflächen stellen die eigentliche Schnittstelle dar.

■ Das Interface für den Beitrag *"Look & Feel"* von Linnea Dayton auf der CD *Multimedia Magazine* über die Rolle von Computern und Multimedia in der Erziehung beinhaltet importierte PostScript-Grafiken, nachgeahmte Strukturen, in Alpha-Kanälen erstellte Lichtkränze, Relieffekte, abgeschrägte Kanten und Schlagschatten. Die Herstellung der für dieses kühne Projekt benötigten Bilder und Animationen wäre ohne Photoshop nicht denkbar gewesen.

■ Die Benutzerschnittstelle für die CD *HiRez Audio* ist ein gutes Beispiel für gelungenes Interface-Design: Alle wichtigen Optionen werden auf dem Bildschirm angezeigt, so daß der Anwender nicht erst auf der CD nach ihnen suchen und lange Zugriffszeiten in Kauf nehmen muß. Bei einigen der Schaltflächen wurde die auf den Seiten 146 und 147 beschriebene Relieftechnik (»Kopfkisseneffekt«) angewendet. Für den Hintergrund wurde ein mit dem Bewegungsunschärfefilter verwischtes Störungsmuster gewählt.

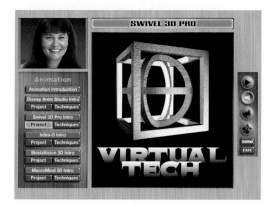

■ Das Layout und die Schaltflächen dieser Komposition für die dem Buch *Multimedia Power Tools* (Verbum) beiliegende CD-ROM wurden in Adobe Illustrator erstellt (wie bei den meisten der hier gezeigten Schnittstellen). Da die aufgehellten Kanten und die Lichtspiegelungen im PostScript-Programm in unterschiedlichen Ebenen geschichtet waren, ließen sich Hunderte von Text- und Farbvariationen erstellen, indem die Grafik mit Text und bereits zugewiesenen Farben importiert wurde. Die Knöpfe wurden nach einer von Tztom Toda entwickelten Technik gebildet, der diese Elemente ursprünglich in Aldus FreeHand zeichnete.

■ Die an eine Virtual-Reality-Szene erinnernde Schnittstelle für *Seemis*, einem Sicherheitstrainingsprogramm für Arbeiter einer Ölbohrinsel, präsentiert sich als eine normale, samstägliche Fernsehstunde. Aus einer Fernsehzeitschrift kann der Schüler Lektionen auswählen, ihr Inhalt wird auf dem sich vergrößernden Fernsehschirm angezeigt und ein Trinkglas (wahlweise mit Fruchtsaft, Milch oder Cola) leert sich, je mehr der Schüler in der Lektion vorankommt – bisweilen klingelt das Telefon, um das gelernte Wissen abzufragen. Die Muster und Stoffe wurden in Photoshop erstellt, die Einrichtungsgegenstände hingegen in Swivel 3D. Die 3D-Objekte wurden in Photoshop importiert, wo sie an die Lichtverhältnisse der drei möglichen Tageszeiten (Vormittag, Nachmittag, Abend) angepaßt wurden. Dazu wurden einzelne Partien hauptsächlich mit weichen Auswahlkanten markiert und aufgehellt bzw. abgedunkelt (Tonwertkorrektur). Für die Gardinenfalten wurden einzelne Stoffstreifen mit dem Auswahlrechteck ausgewählt und mit Bild, Effekte, Verzerren verformt.

■ Für diese *Logotype* gab **Jack Davis** in Adobe Illustrator Text auf einer Kreislinie ein. Der Kreissatz wurde in Adobe Dimensions importiert und extrudiert, gedreht und mit Lichtspiegelungen versehen. Davis speicherte die 3D-Schrift im EPS-Format und öffnete sie in Photoshop. Im Dialog Farbbalance (Bild, Einstellen) gab er ihr eine goldene Farbe, betonte in den Lichtern die gelbe Komponente und in den Tiefen die magentafarbene. Die Datei wurde dupliziert (Bild, Berechnen, Duplizieren) und das Duplikat mit dem Gallery-Effects-Filter (Vol. 2) Photocopy verfremdet. Wie ein Fotokopierer verstärkt dieser Filter den Kontrast in einem Bild, indem er graue Bereiche zu Weiß hin verschiebt, so daß die dunklen Kantenlinien hervorgehoben erscheinen. Die ursprüngliche Version wurde kopiert und auf der gefilterten Version eingefügt. In der Werkzeugspitzenpalette wurde der Modus Multiplizieren gewählt und die Deckkraft ein wenig reduziert. Das Ergebnis war ein airbrushähnlicher Art-deco-Effekt.

■ In dem für einen Zeitschriftentitel vorgesehenen Bild *TBN Nameplate* verwendete **Jack Davis** eine vor Jahren in Pro3D erstellte Illustration von der Erde. Er renderte die Erde in Electric Image mit Matrizen von Wolkenspiegelungen und öffnete das Objekt in Photoshop. Er teilte das Bild in vier Rechtecke ein und kehrte von zweien die Tonwerte um (Bild, Festlegen, Umkehren), um ein schwarzweißes Muster zu erhalten. Dann wählte er die Illustration grob mit dem Lasso und einer weichen Auswahlkante von 30 Pixel aus (bei einer Gesamtbreite von 885 Pixel). Mit dem KPT-Filter Gradient on Paths füllte er die Auswahlbegrenzung mit einem Verlauf. Der Effekt hängt von der Größe des Pixelradius der weichen Auswahlkante ab. Anschließend wurden die Rechtecke einzeln ausgewählt und mit Hilfe des Farbtonreglers im Dialog Farbton/Sättigung (Bild, Einstellen) koloriert.

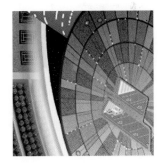

■ Das dreidimensionale Erscheinungsbild von *Orbital World* gelang **Bert Monroy** ohne ein 3D-Programm. Die Formen der Orbitalstation zeichnete er in Adobe Illustrator, speicherte die Grafik im EPS-Format ab und öffnete die Datei in Photoshop. Nachdem er die Formen mit Farbe gefüllt hatte, fügte er mit einem spitzen Pinsel und einem feinen Airbrush sorgfältig die winzigen Details ein. Monroy nimmt die meisten Modifikationen am Bild bei relativ niedrigen Auflösungen vor und erhöht die Auflösung im Dialog Bildgröße (Menü Bild) erst dann, wenn die abschließenden Feinarbeiten durchzuführen sind.

© Bert Monroy 1993

■ Indem **Jack Davis** in Photoshop einen Scan von einem Doré-Holzschnitt weichzeichnete und seine Tonwerte manipulierte, erzeugte er einen stereoskopischen Effekt. Die von ihm befolgte Technik kann auch zur Erhöhung der Tiefenwirkung in einem Foto eingesetzt werden. Mit dem Lasso wählte er vier getrennte Figurengruppen aus dem Hintergrund aus und zeichnete sie jeweils mit dem Gaußschen Weichzeichner weich. Je nach Nähe zum Betrachter wendete er den Weichzeichner einmal, zweimal, dreimal oder viermal auf eine Gruppe an, wobei die kleinsten, am weitesten entfernt erscheinenden Figuren die größte Unschärfe erhielten. Außerdem hellte er die Figuren sehr differenziert im Dialog Tonwertkorrektur (Bild, Einstellen) auf.

Anhang A Bildbiblio-theken

Adressen und Telefonnummern der Vertreiber dieser Bild-CDs sind in Anhang C aufgeführt. Die angegebenen Bildgrößen beziehen sich auf geöffnete RGB-Dateien. Die über die beim Kauf der CDs erworbenen Rechte informierenden Buchstabenkodes sind auf Seite 187 erklärt.

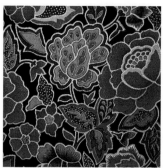

Island Designs *(2 CDs)*
200 isländische und hawaiianische Stoffdrucke; bis 900 KB; 150 Audioclips und Soundeffekte; D; Aris Entertainment

Business Backgrounds
100 Fotos; bis 900 KB; 100 Audioclips und Soundeffekte; D; Aris Entertainment

Deep Voyage
100 Unterwasserfotografien von Fischen und anderen Meerestieren bzw. -pflanzen; bis 900 KB; 100 authentische Tonaufnahmen und Soundeffekte; 25 Videoclips; D; Aris Entertainment

Full Bloom
100 wunderschöne Fotos exotischer Blumen aus aller Welt; bis 900 KB; 25 Videoclips sich bewegender Blumen; 100 klassische Audioclips; D; Aris Entertainment

Jets und Props *(2 CDs)*
200 Farbfotos von Flugzeugen; bis 900 KB; 50 Mac/MPL-Filme; 200 Audioclips und Soundeffekte; D; Aris Entertainment

Majestic Places
100 Naturfotos – von Nahaufnahmen bis zu Landschaftspanoramen; bis 900 KB; 100 Audioclips und Soundeffekte; D; Aris Entertainment

Money, Money, Money
100 Fotos von Münzen und Geldscheinen; bis 900 KB; 25 Mac/MPL-Filme; 100 Audioclips und Soundeffekte; D; Aris Entertainment

Tropical Rainforest
100 Fotos von Regenwaldvögeln und südamerikanischen Landschaften; bis 900 KB; 100 Audioclips von Panflötenmusik der Anden; 25 Videoclips; D; Aris Entertainment

Wild Places
*100 Fotos von Nordamerika; bis 900 KB;
50 Audioclips und Soundeffekte; D; Aris
Entertainment*

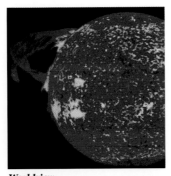

Worldview
*100 Fotos der Erde und andere astronomi-
sche Bilder des Universums; bis 900 KB; 25
Mac/MPL-Filme von Raketenstarts; 100
Audioclips; D; Aris Entertainment*

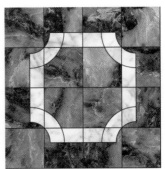

Marble und Granite (2 CDs)
*40 hochauflösende Scans exotischen Mar-
morgesteins; Sammlung von Kacheln u.a.
für 3D-Rendering und Multimedia; bis 25
MB; A; Artbeats*

Sky (Vol. 1)
*100 Himmelsfotos unterschiedlicher Tages-
zeiten und Witterungen; bis 15 MB; A; CD
Folios*

Historic Ornament
*25 Teller der historischen Ornamentsamm-
lung von Auguste Racinet; bis 33 MB; The
Classic Archives Company.*

Image Samples (2 CDs)
*60 professionelle Fotos unterschiedlicher
Motive: Hintergründe, Strukturen, Natur,
Landschaften, Tierwelt, Reisen, Busineß,
Industrie, Architektur, Sport, Umweltver-
schmutzung; bis 18 MB; D; ColorBytes.*

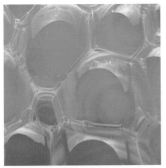

Folio 1 (3 CDs)
*100 Fotos mit unterschiedlichen Motiven:
abstrakte Formen, Stoffe, Nahrungsmittel,
Marmor, Stein, Metall, Natur, Krimskrams,
Papier, Holz; bis 1.8 MB; A; D'Pix, Inc.*

Digital Sampler: Cliff Hollenbeck
*50 Bilder aus Natur und Zivilisation im Ko-
dak-Photo-CD-Format, eine Ausgabe aus einer Reihe berühmter Fotografen; B; bis 18
MB; Digital Zone.*

Digital Sampler: Kevin Morris
*50 Bilder aus Natur und Zivilisation im Ko-
dak-Photo-CD-Format, eine Ausgabe aus einer Reihe berühmter Fotografen; B; bis 18
MB; Digital Zone.*

Wraptures One
130 Fotos nahtlos replizierbarer Strukturen und Hintergründe; bis 900 KB; D; Form and Function

Wraptures Two
130 Fotos nahtlos replizierbarer Strukturen und Hintergründe; bis 900 KB; D; Form and Function

African Wildlife
200 Fotos von Carl und Ann Purcell; bis 2,2 MB; C; Gazelle Technologies, Inc.

Antique Toys
150 historische Bilder von Spielzeugantiquitäten; bis 2,1 MB; A; Gazelle Technologies, Inc.

Aquatic Art
200 Bilder vom hawaiianischen und karibischen Meeresleben; bis 1,8 MB; A; Gazelle Technologies, Inc.

Aviation
200 Fotos von militärischen und zivilen Flugzeugen von 1940 bis heute; bis 2 MB; C; Gazelle Technologies, Inc.

Creative Backgrounds und Textures
200 Farbfotos von Strukturen, Sonnenuntergängen, Skylines, Brücken, Wüsten, und Wolkenformationen; bis 2,3 MB (1 CD) oder bis 18 MB (3 Kodak-Photo-CDs); D; Gazelle Technologies, Inc.

Far East und Asia
200 Bilder von Tempeln, Landschaften und Mode von Carl und Ann Purcell; bis 2,2 MB; C; Gazelle Technologies, Inc.

Kids
200 Bilder von Kindern; bis 2,1 MB; C; Gazelle Technologies, Inc.

Male Models
25 Männerfotos in natürlicher Umgebung oder als Portraits; bis 500 KB; auf fünf 800-KB-Disketten; Gazelle Technologies, Inc.

Nature's Way
196 Bilder von Naturlandschaften; bis 2,3 MB; B; Gazelle Technologies, Inc.

Ocean Imagery
Boote, maritimes Leben, Küsten, Surfing, Wasserskifahren, Windsurfing; 2,5 MB; B; Gazelle Technologies, Inc.

Ocean Magic
160 Farbbilder von Meerestieren und -pflanzen bzw. Korallen; bis 2,5 MB; A; Gazelle Technologies, Inc.

People at Leisure
200 Fotos; bis 2,2 MB; A; Gazelle Technologies, Inc.

People in Business
200 Fotos; bis 1,8 MB; A; Gazelle Technologies, Inc.

People of the World
200 Fotos; bis 2,1 MB; A; Gazelle Technologies, Inc.

Professional Photography Collection
100 Fotos unterschiedlicher Themenbereiche: Busineß, Freizeit, Regierung, Reisen, Nahrung; 1,6 MB; A; DiscImagery; Gazelle Technologies, Inc.

Swimsuit Volumes 1-3
200 Farbbilder von Frauen zum Thema Bademoden; bis 2,2 MB; C; Gazelle Technologies, Inc.

USA Travel
200 Standardfotos von Carl und Ann Purcell; bis 2,2 MB; C; Gazelle Technologies, Inc.

World Travel Europe
240 Standardfotos von Carl und Ann Purcell; bis 2,3 MB; C; Gazelle Technologies, Inc.

PhotoTone-Fontek
Über 500 Bilder für die Verwendung als Hntergund: Industrie, Natur, Papier, Textilien, Nahrung; E; Letraset USA

Vol. 1 – Business und Industry
408 Bilder Geschäftsleuten und Arbeitssituationen; bis 7,1 MB; A; PhotoDisc

Vol. 2 – People and Lifestyles
409 Bilder von Familien, Jugendlichen, Kindern und Senioren in Aktion; bis 8,5 MB; A; PhotoDisc

Vol. 3 – Full-Page Backgrounds
111 Studiofotos und Fotos natürlicher Hintergründe; bis 17,2 MB; A; PhotoDisc

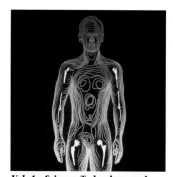

Vol. 4 – Science, Technology, and Medicine
220 Bilder von Computern, Situationen der Gesundheitspflege, Laborgeräten und Menschen; bis 8,4 MB; A; PhotoDisc

Vol. 5 – World Commerce and Travel
350 Bilder von Eingeborenen und Situationen europäischen, asiatischen, afrikanischen und amerikanischen Geschäftslebens; bis 8,4 MB; A; PhotoDisc

One Twenty-Eight
128 digitale Fotografien nahtlos replizierbarer Strukturen; 512 x 512 Pixel; Pixar

Sampler
2500 Fotos unterschiedlicher Motive; bis
800 KB; E; The Stock Solution

Mosaic Album 2
300 Fotos von Menschen, Natur, Strukturen,
Fahrzeuge, Tiere und Pflanzen; bis 532 KB;
A; Vintage

**Photo Pro Volume 1: Patterns in
Nature**
100 Bilder von Naturszenen; bis 4 MB; B;
Wayzata Technology, Inc.

Anhang B Photoshop-Zusätze

*Die hier aufgeführten Produkte
erweitern die Fähigkeiten von
Photoshop.*

Buchstabenkodes* *für die
Verwertungsrechte der in Anhang A aufgeführten CDs:*

A *Unbeschränkt*

B *Unbeschränkt, mit Abgaben
an den Fotografen*

C *Beschränkungen hinsichtlich
Bildgröße und Weitergabe, mit
Abgaben an den Fotografen*

D *Beschränkungen hinsichtlich
Bildgröße und Weitergabe, mit
Abgaben an den Fotografen,
Verpflichtung zur Angabe des
Copyrights*

E *Ausschließlich für die Ausgabe auf Bildschirmen und in
Präsentationen*

* *Lassen Sie sich Ihre Verwertungsrechte vom
Hersteller bestätigen.*

Chromassage
*Erlaubt die Bearbeitung von Farbtabellen
und ihre Rotation für Spezialeffekte; Second
Glance Software*

Photolix
*Video mit Tips und Tricks für die Arbeit mit
Photoshop; NeoView*

Flo
*Eigenständiges Programm, das eine Bildko-
pie durch Dehnen und Verzerren zu einer
plastischen Oberfläche verformt; ist in der
Lage, neben unbewegten Bildern auch Animationen zu erstellen; Valis Group*

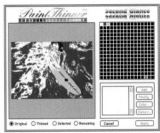

Paint Thinner und PhotoSpot
*Schmuckfarbenseparation für Photoshop.
Erstellt für jede Farbe eines Bildes einen
Farbauszug mit 1-Bit-Farbtiefe*

FastEdit CT und FastEdit TIFF
*Erlaubt das Öffnen ausgewählter Dateifrag-
mente (Scitex CT oder TIFF) für Detailarbei-
ten, die Hauptdatei wird automatisch aktualisiert; Total Integration, Inc.*

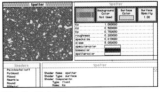

Shader Detective
*Wandelt Renderman-Shaders (mathemati-
sche Beschreibungen bestimmter Materialien) in hochauflösende Strukturen um; erfordert MacRenderman; Valis Group*

Anhang C

Bezugsadressen für erwähnte Software und aufgeführte Bild-bibliotheken und Publikationen

BILDBIBLIOTHEKEN
Beispiele siehe Anhang A

Aris Entertainment, Inc.
4444 Via Marina
Suite 811
Marina Del Rey, CA 90292, USA
Tel.: 001/310 821 0234
Fax: 001/310 821 6463

Artbeats
P.O. Box 1287
Myrtle Creek, OR 97457, USA
Tel.: 001/503 863 4429 oder
001/503 863 4547

CD Folios
6754 Eton Avenue
Canoga Park, CA 91303, USA
Tel.: 001/800 688 3686 oder
001/818 887 2003

The Classic Archives Company
3 West Rocks Road
Norwalk, CT 06851, USA
Tel.: 001/203 847 0930
Fax: 001/203 845 0679

ColorBytes, Inc.
2525 South Wadsworth Blvd.
Suite 308
Denver, CO 80227, USA
Tel.: 001/800 825 2656 oder
001/303 989 9205

Digital Zone Inc.
P.O. Box 5562
Bellevue, WA 98006, USA
Tel.: 001/800 538 3113 oder
001/206 623 3456

D'Pix, Inc.
929 Harrison Avenue
Suite 205
Columbus, OH 43215, USA
Tel.: 001/800 238 3749

Form and Function
San Francisco, CA, USA
Tel.: 001/800 843 9497

Gazelle Technologies, Inc.
7434 Trade Street
San Diego, CA 92121, USA
Tel.: 001/619 536 9999

Letraset USA
40 Eisenhower Drive
Paramus, NJ 07653, USA
Tel.: 001/201 845 6100
Fax: 001/201 845 7539

PhotoDisc, Inc.
2013 Fourth Avenue
Suite 200
Seattle, WA 98121, USA
Tel.: 001/206 441 9355
Fax: 001/206 441 9379

Pixar
1001 West Cutting Blvd.
Richmond, CA 94804, USA
Tel.: 001/800 888 9856 oder
001/510 236 4000
Fax: 001/510 236 0388

The Stock Solution
307 W. 200 South, No. 3004
Salt Lake City, UT 84101, USA
Tel.: 001/801 363 9700

Vintage
422 4th Avenue SE
Pacific, WA 98047, USA
Tel.: 001/800 995 9777 oder
001/206 833 3995

Wayzata Technology Inc.
P.O. Box 807
Grand Rapids, MI 55744, USA
Tel.: 001/800 735 7321
oder 001/218 326 0597
Fax: 001/218 326 0598

SOFTWARE

Adobe Systems GmbH
Carl-Zeiss-Ring 11
D-85737 Ismaning
Tel.: (089) 996 55 80
Fax: (089) 96 32 23

Dimensions: Objektorientiertes 3D-Grafik-programm.

Illustrator: Vektorgrafikprogramm mit leistungsstarken Funktionen für Illustrationen und Text.

Premiere: Programm für die digitale Produktion von Videoclips.

Separator: Programm zur Farbseparation.

Type Manager (ATM): Verbessert die Bildschirmanzeige und den Ausdruck von PostScript-Schriften auf nicht-PostScript-fähigen Druckern.

Aldus Software GmbH
Hans-Henny-Jahnn-Weg 9
D-22085 Hamburg
Tel.: (040) 22 71 92-0
Fax: (040) 22 71 92-49

Fetch: Datenbank für die Katalogisierung von Bildern.

FreeHand: Vektorgrafikprogramm für professionelle Grafiker. Verbindet eine intuitive Benutzerführung mit außergewöhnlicher Leistung.

Gallery Effects (Vol. 1 & 2): Photoshop-Zusätze (Plug-in-Filter), wandeln Bitmaps, Graustufen- oder Farbbilder in anspruchsvolle Kunstwerke um.

PageMaker: Professionelle DTP-Software. Ermöglicht die Integration von Text und Grafik für qualitativ hochwertige Drucksachen.

Andromeda Software Inc.
849 Old Farm Road
Thousand Oaks, CA 91360, USA
Tel.: 001/800 547 0055
Fax: 001/805 379 4109

Series 1 Photography Filters: Fotografische Filtereffekte.

Series 2 Three-D Filter: Dient der Projektion von Bildern auf dreidimensionale Grundformen.

Art Parts
P.O. Box 2926
Orange, CA 92669-0926, USA
Fax: 001/714 633 9617

Cliparts verschiedener Themenbereiche: Tiere, Menschen, Dingbats, Urlaub, Busineß/Reisen.

CE Software
P.O. Box 65580
West Desmoines, IA 50265, USA
Tel.: 001/800 523 7638 oder
001/515 221 1806

QuicKeys: Zeichnet Tastatureingaben, Menüauswahlen, Mausaktionen etc. in einem Skript auf, das per Tastenkombination aufgerufen und ausgeführt werden kann.

Eastman Kodak Company
343 State Street
Rochester, NY 14650-00536, USA

Kodak Photo CD Access: Öffnet im Photo-CD-Format gespeicherte Bilder.

Kodak Photo CD Acquire: Plug-in für den Zugriff auf Photo-CD-Bilder in Photoshop.

Kodak Shoebox: Datenbank für Photo-CD-Bilder.

Electric Image
117 E. Colorado Blvd.
Suite 300
Pasadena, CA 91105, USA
Tel.: 001/818 577 1627
Fax: 001/818 577 2426

Electric Image Animation System: Professionelle 3D-Rendering- und Animations-
Software für Film und Video.

Fractal Design Corp.
335 Spreckels Drive
Suite F
Aptos, CA 95003, USA
Tel.: 001/408 688 8800

Color Studio: Professionelles Programm
für Farbbildherstellung und -bearbeitung.

Painter: Professionelle Mal- und Foto-Soft-
ware, die sowohl dem modernen Maler als
auch dem klassisch versierten Künstler alle
Freiheiten bietet.

Graphsoft
8370 Court Ave.
Suite 202
Ellicott City, MD 21043, USA

Azimuth: 3D-CAD-Programm für die Herstellung von Landkarten.

HSC Software
1661 Lincoln Blvd.
Suite 101
Santa Monica, CA 90404, USA
Tel.: 001/310 392 8441
Fax: 001/310 392 6015

Kai's Power Tools (KPT): Der Satz KPT-Filter umfaßt 33 Photoshop-Plug-ins für Spezialeffekte, die von Kai Krause entworfen
wurden.

Macromedia
600 Townsend Street
Suite 310-W
San Francisco, CA 94103, USA
Tel.: 001/415 252 2000 oder
001/415 626 0554

Macromind 3D: Professionelle Animations-
und Rendering-Software für fotorealistische
Standbilder oder Animationssequenzen.

Macromind Director: Programm für die
Herstellung interaktiver Präsentationen.

Macromodel: High-end-Programm für 3D-
Modelle.

Swivel 3D: Programmpaket für die Herstellung von 3D-Modellen mit semiprofessio-
neller Rendering- und Animations-Soft-
ware.

Light Source Inc.
17 East Sir Francis Drake Blvd.
Suite 100
Larkspur, CA 94939, USA
Tel.: 001/800 231 7226

Ofoto: Selbsjustierende Scan-Software.

Pixar
1001 West Cutting Blvd.
Richmond, CA 94804, USA
Tel.: 001/800 888 9856 oder
001/510 236 4000
Fax: 001/510 236 0388

One Twenty Eight: Sammlung mit 128
Digitalfotografien von sich nahtlos anfü-
genden Strukturen.

Typestry: Wandelt PostScript-Type1-Fonts
und TrueTypen-Schriften in fotorealistische
3D-Bilder um.

Quark, Inc.
1800 Grant Street
Denver, CO 80203, USA
Tel.: 001/303 894 8888
Fax: 001/303 894 3399

XPress: Professionelle DTP-Software.
Ermöglicht die Integration von Text und
Grafik für qualitativ hochwertige Drucksa-
chen.

Ray Dream, Inc.
P.O. Box 7446
Fremont, CA 94537-7446, USA
Tel.: 001/800 846 0111

JAG II: Glättet Bitmap-Grafiken und erhöht
die Auflösung von Schwarzweiß-Bitmaps,
ohne Graustufen zu erzeugen.

Second Glance Software
25381-G Alicia Parkway
Suite 357
Laguna Hills, CA 92653, USA
Tel.: 001/714 855 2331
Fax: 001/714 586 0930

Chromassage: Zum Umordnen von Farben aus Farbpaletten für Spezialeffekte.

Paint Thinner: Reduziert die Anzahl der in
einem Dokument verwendeten Farben für
die Schmuckfarbenseparation.

PhotoSpot: Schmuckfarbenseparation für
Adobe Photoshop. Erstellt für alle in einem
Bild vorkommenden Farben Schmuck-
farbauszüge mit 1-Bit-Farbtiefe.

Scantastic: Photoshop-Plug-in für den di-
rekten Zugriff auf Scanner.

Storm Technology, Inc.
1861 Landings Drive
Mountain View, CA 94043, USA
Tel.: 001/800 275 5734 oder
001/415 691 9825
Fax: 001/415 691 6600

Picture Press: Komprimiert Bilder nach mit
dem JPEG-Kompressionsalgorithmus.

Strata Inc.
2 West St. George Blvd.
Suite 2100
St. George, UT 84770, USA
Tel.: 001/800 869 6855
Fax: 001/801 628 9756

StrataVision 3D: Programm für fotorealistische 3D-Konstruktionen, Rendering und
Animation.

Total Integration, Inc.
155 E. Wood Street
Palatine, IL 60067, USA
Tel.: 001/708 776 2377
Fax: 001/708 776 2378

FASTedit Technology: Ermöglicht das Öffnen und Bearbeiten von Ausschnitten aus
Scitex-CT-, TIFF- und DCS-Dateien (*desktop
color separation*). Die Ausschnitte werden
nach der Bearbeitung wieder in die Origi-
nalbilder integriert.

The Valis Group
P.O. Box 422
Pt. Richmond, CA 94807-0422, USA
Tel.: 001/510 236 4124
Fax: 001/510 236 0388

Shader Detective: Hilfsprogramm zum
Ändern des Erscheinungsbildes von Renderman-Shaders. Ist zudem in der Lage,
Shader zu hochauflösenden PICT-Mustern
zu rendern. Erfordert MacRenderman.

Xaos Tools, Inc.
600 Townsend St.
Suite 270 East
San Francisco, CA 94103, USA

Paint Alchemy: Preiswerter Photoshop-Zu-
satzfilter für Maleffekte und Muster.

PUBLIKATIONEN

Adobe Systems GmbH
Carl-Zeiss-Ring 11
D-85737 Ismaning
Tel.: (089) 996 55 80
Fax: (089) 96 32 23

Adobe Technical Notes: Behandelt unter an-
derem Photoshop-Themen wie Lab-Farb-
modus, Grundlagen des Scannens, Schrift-
handling in Photoshop, Farbseparation,
Performance-Steigerung, das Photoshop-
Format Raw, Kommunikation mit dem
Druckereibetrieb, Photoshop-Tips und die
Verwendung von Farbseparationstabellen.

Agfa Gevaert AG
Am Kettnersbusch
D-51379 Leverkusen
Tel.: (0214) 3 01
Fax: (0214) 30 48 57

Einführung in die digitale Farbe, Teil 1 und
Teil 2: Knappe technische Publikationen
(vierfarbig) über digitale Farbverarbeitung
in der Druckvorstufe, auch als Kleinbilddias
erhältlich.

NeoView
8760 Research Blvd.,
Austin, TX 78758, USA
Tel.: 001/800 880 8888

Photolix von Design Edge: Video mit Tips
und Tricks für die Arbeit mit Photoshop.

Random House Electronic Publishing
201 E. 50th Street
New York, NY 10022, USA
Tel.: 001/212 751 2600

Designer Photoshop von Rob Day: Über Pho-
toshop-Techniken und Farbverarbeitung
bzw. -kalibrierung.

Step-By-Step Publishing
111 Oakwood Road
E. Peoria, IL 61611, USA
Tel.: 001/800 255 8800

Step-By-Step Electronic Design: Monatlich
erscheinende Newsletter über Photoshop,
Illustrator, FreeHand, PageMaker, Quark-
XPress und andere Programme, sowie über
aktuelle Themen im Bereich computerun-
terstütztes Grafikdesign.

Step-By-Step Graphics: Zweimonatlich er-
scheinendes Magazin über traditionelle und
digitale Grafikgestaltung.

Verbum
P.O. Box 12564
San Diego, CA 92112, USA
Tel.: 001/619 944 9977

The Desktop Color Book: Ein kleines, anwen-
derfreundliches Buch (vierfarbig) über Farb-
systeme, Farbreproduktion, digitale Farbverarbeitung, Vektorgrafiken, Bitmap-Grafiken
und über Möglichkeiten der Eingabe, Ausgabe und Speicherung.

Anhang D
Künstler und Fotografen

KÜNSTLER

José Albañil 176, 177
Presto Studios, Inc.
P.O. Box 262535
San Diego, CA 92196-2535, USA
Tel.: 001/619 689 4895

Geno Andrews 177
Presto Studios, Inc.
P.O. Box 262535
San Diego, CA 92196-2535, USA
Tel.: 001/619 689 4895 oder
          001/310 454 8210

Jim Belderes
Digital Design, Inc.
5835 Avenida Encinas, Suite 121
Carlsbad, CA 92008, USA
Tel.: 001/619 931 2630
Fax: 001/619 931 2632

Jack Cliggett 78
College of Design Arts
Drexel University
Philadelphia, PA, USA
Tel.: 001/215 222 8511

Rob Day 74
10 State Street
Newburyport, MA 01950, USA
Tel.: 001/508 465 1386

Ellie Dickson 112, 126
321 West 29th Street, Suite 3-D
New York, NY 10001, USA
Tel.: 001/212 563 0674

Katrin Eismann 50
Praxis Digital Solutions
14 Jacobs Avenue
Camden, ME 04843, USA
Tel.: 001/207 236 6934

Ty Ellington 175
Industrial Light & Magic

Virginia Evans 74
10 State Street
Newburyport, MA 01950, USA
Tel.: 001/508 465 1386

Diane Fenster 67
Computer Art and Design
140 Berendos Ave.
Pacifica, CA 94044, USA
Tel.: 001/415 355 5007 oder
          001/415 338 1409

Louis Fishauf 85, 112, 113, 135, 139
Reactor Art + Design Ltd.
51 Camden Street
Toronto, Ontario, Kanada, M5V1V2
Tel.: 001/416 362 1913 ext. 241
Fax: 001/416 362 6356

Michael Gilmore 82, 83, 91
Tokyo, Japan
Tel.: 0081/3 239 6238

Francois Guérin 89, 119, 121
7545 Charmant Drive, Suite 1322
San Diego, CA 92122, USA
Tel.: 001/619 457 1546

Lance Hidy 84, 85
10 State Street
Newburyport, MA 01950, USA
Tel.: 001/508 465 1346

Eric Hook 176
Presto Studios, Inc.
P.O. Box 262535
San Diego, CA 92196-2535, USA
Tel.: 001/619 689 4895

Peter Kallish 93
The Kallish Group
78 West 85th Street, Suite 7B
New York, NY 10024, USA
Tel.: 001/212 496 6879

Peter Kaye
One on One Design
North Hollywood, CA, USA

Stephen King 31, 161
980 Hermes Avenue
Encinitas, CA 92024, USA
Tel.: 001/619 944 8914

John Knoll 175
Industrial Light & Magic, USA

Kai Krause 113
HSC Software
1661 Lincoln Blvd.
Suite 101
Santa Monica, CA 90404, USA
Tel.: 001/310 392 8441
Fax: 001/310 392 6015

Michel Kripalani 176, 177
Presto Studios, Inc.
P.O. Box 262535
San Diego, CA 92196-2535, USA
Tel.: 001/619 689 4895

Steve Lyons 138
136 Scenic Road
Fairfax, CA 94930, USA
Tel.: 001/415 459 7560

Craig McClain 28
Tel.: 001/619 469 9599

Jeff McCord 49, 163
Free-Lancelot
1932 First Avenue, Suite 819
Seattle, WA 98101, USA
Tel.: 001/206 443 1965

Susan Merritt 153
CWA, Inc.
4015 Ibis Street
San Diego, CA 92103, USA
Tel.: 001/619 299 0431
Fax: 001/619 299 0451

Bert Monroy 127, 181
1052 Curtis Street
Albany, CA 94706, USA
Tel.: 001/510 524 9412

John Odam 132, 166, 176, 177
John Odam Design Associates
2163 Cordero Road
Del Mar, CA 92014, USA
Tel.: 001/619 259 8230

Doug Peltonen 163
Pre-Press Associates
1722 32nd Avenue
Seattle, WA 98122, USA
Tel.: 001/206 325 3031

Phil Saunders 176, 177
Presto Studios, Inc.
P.O. Box 262535
San Diego, CA 92196-2535, USA
Tel.: 619 689 4895

Max Seabaugh 130
246 First Street, Suite 310
San Francisco, CA 94105, USA
Tel.: 001/415 543 7775

Russell Sparkman 67, 81
34-2 Kanda Iwatsuka-Cho
Nakamura-Ku, Nagoya-Iechi
Japan 453
Tel.: 0081/52 412 5706

Cher Threinen 66, 122
475 San Gorgonio Street
San Diego, CA 92106, USA
Tel.: 001/619 226 6050

Greg Uhler 173
Presto Studios, Inc.
P.O. Box 262535
San Diego, CA 92196-2535, USA
Tel.: 001/619 689 4895

Tommy Yun 124, 127
Ursus Studios
P.O. Box 4858
Cerritos, CA 90703-4858, USA

FOTOGRAFEN

Tom Collicott 163

Ellen Grossnickle 60

Susan Heller 62

Grant Heilman 70

Douglas Kirkland 50

Mary Kristen 66

Craig McClain 10, 11, 24, 28, 39,

Kazuo Nogi 34

Carl and Ann Purcell 32, 96

Roy Robinson 55

Yuji Sado 96

Taizo Tashiro 93

INDEX

PAGE . PUBLIZIEREN UND PRÄSENTIEREN MIT DEM PERSONAL COMPUTER

C 10842 E
September 1992
7. Jahrgang
12 Mark
12 Franken
90 Schilling
1000 Ptas

ISSN 0935-6274

PAGE.

Revolution im Studio

Digitale Fotografie

Lokaltermin bei internationalen Fotografen

Gratis!

Deutschlands erstes Magazin auf CD-ROM
Abrufkarte in diesem Heft

■ **Jan Tschichold – Renaissance eines Klassikers**

■ **Alles über Filmmaterial für Laserbelichter**

Starfotograf Gerhard Vormwald und Modell, fotografiert mit Rollei 6008 und ScanPack.

PAGE.
Das Magazin zur Edition

Fordern Sie ein kostenloses Probeheft an!

PAGE. Das Computermagazin für Kreative

Die Monatszeitschrift zu Techniken und Trends der visuellen Kommunikation

■ Zu den aufregendsten Herausforderungen unserer Zeit gehört die grafische Gestaltung von Medien. Darüber informiert PAGE. Aktuell und unabhängig von speziellen Rechnersystemen berichtet PAGE über computergestützte Werkzeuge, Methoden und Trends der visuellen Kommunikation. Bereits seit 1986 vermittelt PAGE anwendungsorientiert traditionelles gestalterisches Können und zeigt auf, wie es Designer und Produktioner mit neuen Techniken zeitgemäß umsetzen. PAGE wendet sich gleichermaßen an gestaltungsinteressierte, erfahrene PC-Nutzer wie an professionelle Computereinsteiger, zum Beispiel Grafiker, Produktioner, Setzer, Gestalter und Illustratoren.

In PAGE finden Sie

→ Gestaltungsanregungen und Typografietips
→ Digitale Fotografie und Bildbearbeitung
→ Internationales Grafikdesign
→ Soft- und Hardwarebesprechungen
→ Anwenderreportagen
→ Produktionsabläufe Schritt für Schritt
→ Meldungen zu Produkten und aus der Szene
→ Multimedia-Berichte und Trends
→ Branchenhintergrund aus Europa und den USA
→ Einen großen Serviceteil mit umfassender Belichtungstabelle

PAGE informiert über neue Ideen, Produkte und Techniken und gibt geldwerte Anregungen für Ihren unternehmerischen Erfolg.

Olympias neue Kleider

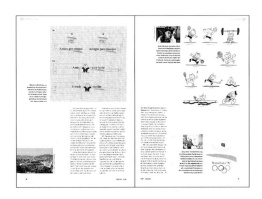

Pinsel oder Maus – auf die Hand kommt's an

Bildschirmillustrierte

PAGE. Das Probeheft für Sie!

**Fordern Sie noch heute
ein Ansichtsexemplar von PAGE an –
kostenlos und unverbindlich**

■ Sie sollten uns kennenlernen.
Fordern Sie deshalb umgehend Ihr
persönliches Ansichtsexemplar einer
aktuellen PAGE-Ausgabe an.
Sie brauchen bei Ihrer Bestellung nur
den Titel dieses Buchs zu vermerken,
und schon geht bei uns die Post ab –
mit Ihrem Probeheft von PAGE.
Schreiben Sie (Brief oder Postkarte) an

MACup Verlag GmbH
Große Elbstraße 277
2000 Hamburg 50

Bitte übermitteln Sie uns genaue
Absenderangaben (Name, Straße, Ort,
Telefonnummer), damit wir Ihre
Bestellung korrekt und zügig
bearbeiten können. Vielen Dank.

Übrigens: Ganz Eilige können auch per Fax
unter der Nummer (0 40)3 91 09-1 06 oder
telefonisch unter (0 40)3 91 09-1 43 bestellen.

Springer-Verlag und Umwelt

Als internationaler wissenschaftlicher Verlag sind wir uns unserer besonderen Verpflichtung der Umwelt gegenüber bewußt und beziehen umweltorientierte Grundsätze in Unternehmensentscheidungen mit ein.

Von unseren Geschäftspartnern (Druckereien, Papierfabriken, Verpackungsherstellern usw.) verlangen wir, daß sie sowohl beim Herstellungsprozeß selbst als auch beim Einsatz der zur Verwendung kommenden Materialien ökologische Gesichtspunkte berücksichtigen.

Das für dieses Buch verwendete Papier ist aus chlorfrei bzw. chlorarm hergestelltem Zellstoff gefertigt und im pH-Wert neutral.